国家出版基金项目
NATIONAL PUBLICATION FOUNDATION

国家“十三五”重点图书出版规划　广东省原创精品出版项目

中国房地产与宏观经济研究丛书

中国城市土地市场：发展历程与未来趋势

陈多长 等　编著

China's Real Estate and Macroeconomic Studies Series

SPM
南方出版传媒
广东经济出版社
—广州—

图书在版编目（CIP）数据

中国城市土地市场：发展历程与未来趋势 / 陈多长等编著. —广州：广东经济出版社，2019. 2
ISBN 978－7－5454－6633－1

Ⅰ. ①中… Ⅱ. ①陈… Ⅲ. ①城市土地－土地市场－研究－中国 Ⅳ. ①F299. 232. 7

中国版本图书馆 CIP 数据核字（2018）第 299160 号

出 版 人：李 鹏
责任编辑：张晶晶
责任技编：陆俊帆
封面设计：朱晓艳

《中国城市土地市场：发展历程与未来趋势》
Zhongguo Chengshi Tudi Shichang：Fazhan Licheng Yu Weilai Qushi
陈多长 等 编著

出版发行	广东经济出版社（广州市环市东路水荫路 11 号 11～12 楼）
经销	全国新华书店
印刷	佛山市迎高彩印有限公司 （佛山市顺德区陈村镇广隆工业区兴业七路 9 号）
开本	787 毫米×1092 毫米 1/16
印张	17. 5
字数	200 000 字
版次	2019 年 2 月第 1 版
印次	2019 年 2 月第 1 次
书号	ISBN 978－7－5454－6633－1
定价	68. 80 元

广东经济出版社官方网站：**http://www.gebook.com** 微博：**http://e.weibo.com/gebook**
图书营销中心地址：广州市环市东路水荫路 11 号 11 楼
电话：（020）87393830 邮政编码：510075
如发现印装质量问题，影响阅读，请与承印厂联系调换。
广东经济出版社常年法律顾问：胡志海律师

目　录

第一章　绪　论

一、基本范畴

（一）土地市场

1. 土地市场定义

所谓土地市场，从狭义角度来看，是指土地产权交易的场所；从广义角度来看，是指土地产权交换关系的总和。从经济分析的视角来看，土地市场其实就是关于土地产权交易活动的制度安排。

2. 土地市场分类

根据土地产权交易的对象和内容的不同，我们通常可以把土地市场大致划分为以下几个类型：

第一类是土地所有权交易市场，即所谓的土地买卖市场。在允许土地私有制存在的国家和地区，土地所有权交易是一种极为常见的交易形式。

第二类是土地使用权交易市场，或者称之为土地租赁市场。无论土地私有制还是土地公有制经济体，此类交易均广泛存在。从经济分析角度考虑，土地使用权交易形式更应受到重视。因为，无论土地所有权归谁所有，投入经济利用的，实际上都是土地使用权。

第三类是土地抵押市场。其实是基于土地产权的融资市场，它通常包括土地所有权抵押市场和土地使用权抵押市场两类市场。

在土地市场分析中，我们通常主要关注的是土地所有权交易市场和土地使用权交易市场两类土地市场。因土地所有制结构不同，世界上各个国家和地区的土地市场类型也不尽相同。美国、日本、德国等资本主义国家，土地私有制与公有制共存，决定了其土地市场上土地所有权交易和土地使用权交易共生。中国大陆地区，实行的是单一的土地公有制，集体所有和国家所有的二元土地所有制。集体所有土地只可以单向、不可逆地转变为城镇国有建设用地，而国有建设用地只许租赁或批租，由此就决定了中国大陆地区不存在国有土地所有权的交易市场，只存在国有土地使用权交易市场。因而，中国大陆地区的土地市场与大多数西方土地私有制经济体的土地市场结构迥然不同，与中国台湾地区的土地市场结构差异显著，而与中国香港地区的土地市场结构有点类似。关于中国大陆地区的土地市场类型，后文将专门予以介绍。

3. 土地市场特征

根据交易对象的特殊性，我们把各国或地区土地市场共同且典型的特征归纳如下：

（1）土地市场的不完全竞争性。土地自然地理位置的固定性、交易对象的异质性以及市场信息的不完全性，共同决定了土地市场通常是一种典型的不完全竞争市场。从交易双方的市场势力来看，土地产权交易的卖方通常具有一定的市场优势。比如，在中国大陆地区，在城市国有建设用地使用权交易的一级市场上，地方政府通常是卖方的垄断者，其对市场的掌控力非常强，完全可以掌控土地批租的数量、土地供给的节奏，甚至可以调控土地市场的交易价格。相比较而言，土地使用权的需求方数量较多，具有一定的竞争性，因而在土地交易市场上单个需求者的市场势力相对较弱。

（2）土地供给的低弹性。严格地讲，从土地自然供给和总量供给角度看，一个国家或地区的土地供给是零弹性的。但是，由于土地用途不同，不同用途的土地之间可以相互转换，因此，一般来讲，土地的经济供给又是具有一定弹性的，只是由于土地用途转换需要一定的时间和成本，土地经济供给即便具有弹性，其弹性也远低于其他商品或生产要素。

（3）易于成为投机对象。由于土地供给的低弹性，土地需求的上升很容易拉升土地租金和价格。于是，土地很容易成为投机交易的对象，土地市场很容易成为投机市场。20 世纪 90 年代日本的泡沫经济危机，很大程度上也是由土地投资造成的。

（4）土地市场通常是政府管制的对象。土地市场的易投机性，以及土地市场在一个国家或地区房地产市场上的上游市场的重要地位，决定了许多国家或地区都对土地市场实施相对严格的管制政策，以预防土地投机交易盛行，诱发房地产市场泡沫危机。社会主义的中国如此，资本主义的德国、日本等国也是如此。以德国为例，德国政府对土地市场实行严格管制，除了常规的土地用途管制、规划控制以外，还对土地交易信息进行有效的监督、管控。其基本的政策取向是，尽力促进土地交易信息的公开透明化。此外，德国土地发展规划部门对一定区域内的土地所有权、私有住房、区域内地价、房价等基本地产信息定期向社会公布，保证信息的时效性以及信息的真实、准确性，引导社会形成稳定的市场预期，保证土地交易安全、稳定、可靠，有效地抑制土地投机交易。（贺超，2015）

（二）土地供给

1. 土地供给定义

土地供给可以区分为土地自然供给和土地经济供给。所谓土地自然供给（land natural supply），是指一个国家或地区所能够提供的所有已经利用和未利用的土地资源总和。这种意义上的土地供给具有零弹性的供给曲线。所谓土地经济供给（land economic supply），是指在土地自然供给的基础上经过人类活动改造以后，可供人类生产、生活、建设使用的土地供给数量。随着科学技术水平的提高，人类改造、利用自然的能力提升，可利用的土地面积扩大，再加上不同类型土地可以相互转换，土地经济供给便具有了一定的弹性，因此，其供给曲线具有正斜率。通常情况下，我们在进行土地市场分析时，更加注重土地的经济供给。

2. 土地供给主体和供给方式

土地供给的主体和供给方式主要取决于一个国家或地区的经济体制和土地所有制结构。如美国这样的西方市场经济国家，实行的是土地私有与国有并存的所有制，土地所有权交易中，供给主体既有政府（公共主体），也有私人单位（个人、家庭和企业），土地使用权交易的主体也是如此。土地供给形式，既有土地所有权的供给（出售），也有土地使用权的供给（租赁）。中国大陆地区是社会主义经济体，经济体制过去是计划经济，目前是社会主义市场经济。土地实行国有和集体所有二元所有制，但归根结底是公有制。目前国有土地的供给方式是唯一的，即土地的租赁和批租，不允许土地所有权的买卖。城镇国有土地供给主体，在一级市场上只能是地方政府，在次级市场上包括各类土地使用者。

3. 影响土地经济供给的因素

影响土地经济供给的因素很多，但总体来看，主要的因素有以下 9 个，分别简述如下：

第一，土地的自然供给。从一定意义上看，土地的自然供给水平基本决定了一个国家或地区土地经济供给的上限。自然供给量越大，各类土地的经济供给潜力也就越大。

第二，科学技术水平。科学技术越进步，人类开发未利用土地的能力提高得越快，土地经济供给就越大。

第三，政府计划、规划和管制的水平。很多国家和地区都有关于土地利用计划、规划方面的法律、法规，对土地市场供给也有诸多管制措施。有关土地利用的计划、规划和管制的水平及其严格程度，在一定程度上会影响到某地区一定时期内土地经济供给的水平。

第四，土地需求水平和价格。毫无疑问，土地需求上升，租金和地价水平提高，这会在相当大的程度上刺激土地经济供给水平的提高。

第五，区域城镇化的速度。区域城镇化进程加快，土地用途转换加快，土地经济供给也相应增加。城镇化进程放慢，或者城镇化进入稳定发展状态，土地经济供给也相对稳定，甚至减少。

第六，区域交通运输条件。交通运输条件的改善，扩大了人类活动的边界，有效延展了城镇土地供给的范围，土地经济供给水平会有效提升。

第七，土地利用的产出效率。土地利用的产出效率越高，该类土地的经济供给就越高。

第八，土地制度因素。不同的土地所有制，土地保护的程度有所不同，土地交易和利用成本有所不同，由此决定了土地经济供给特征不同。通常情况下，在土地私有制下，由于受到土地产权保护法律的严格约束，某类土地经济供给因严格的产权保护而难以在短期内快速有效地增加（如美国），而在土地集体所有制下，由于集体土地所有者的弱势地位和政府的强势地位，集体土地相对比较容易地转变为城市国有建设用地，从而决定了土地经济供给比较容易增加（如中国大陆地区）。

第九，供地制度和土地财政的影响。在土地一级市场由卖方垄断的情况下，尤其是像中国大陆和中国香港地区这类经济体，为了追求土地财政收入的最大化，政府通常采用“饥饿供地”方式。

（三）土地需求

1. 土地需求的定义

土地需求有土地资产需求和土地要素需求之分。所谓土地资产需求，是指社会对土地所有权的市场需求。而土地要素需求是指社会对土地使用权的需求，这是一种典型的引致需求。在经济分析中，土地需求通常是指土地要素需求。

2. 土地需求的主体

在实践中，土地需求的主体有多种类型。需求主体类型也会受到土地所有制的影响。在以土地私有制为主的经济体中，土地资产需求的主体主要是企业和个人，土地要素需求的主体既有企业和个人，也有政府和公共团体。

在土地公有制经济体（如中国大陆地区）中，由于城市土地所有权不允许买卖，也就不存在城市国有土地的资产性需求，因而也就没有所有权意义上的城市土地资产市场，只存在土地要素需求和要素市场。在土地要素市场上，土地要素需求的主体包括政府、企业、个人等，也同样呈现出需求主体多元化的特征。

3. 影响土地要素需求的主要因素

由于土地要素需求是一种典型的引致需求，所以，凡是影响到相关产业发展的因素都会引起土地要素需求的涨落。

例如，人口因素是影响住宅需求的最基本的因素之一，人口总量增长，住宅需求会增加，住宅用地需求便会相应地增加。同样地，城市人口增长对基础设施的需求也会增加，城镇公共基础设施用地需求也就相应地增加。再如，工业经济增长会导致工业用地需求增加，商业繁荣会引致商业用地需求增加。

不仅如此，政府实施的财政政策、货币政策和产业政策都会影响土地的需求。例如，在宽松的货币政策环境下，社会上货币供应量充足，土地需求就旺盛。政府采取土地增值税和契税的减免政策会刺激土地需求的增加。国家把房地产业作为国民经济支柱产业来发展，房地产开发用地需求就会增加。

此外，地区竞争也会影响到土地需求。因为，地区竞争导致各个地区竞相出台优惠政策以招商引资，这会引起土地要素需求增加。

（四）地租、地价（均衡地租和地价）

在学术上，地租和地价有多种定义。从土地市场分析的需要出发，此处我们定义地租为土地使用权交易所形成的均衡租金；地价则为土地所有权交易所形成的均衡价格。关于地价的形成机制，我们将在后文的基础理论部分给予详细分析。

（五）中国城市土地市场的相关概念

中国大陆地区从1978年开始启动经济体制改革，一改过去的计划经济体制为“有计划的商品经济”，再到当前的社会主义市场经济，经济体制一直处于转型过程当中。再加上中国城市建设用地的单一国有制，这两大制度安排共同决定了中国土地市场具有与其他国家或地区所不同的含义和特征。

1. 中国城市土地市场的含义

中国城市土地市场是指城市国有土地使用权交易的市场。从交易类型上看，主要有国有土地使用权的批租（出让）、租赁、转让和抵押。

通常情况下，土地市场分析更加关注土地使用权的批租（出让）和土地租赁。由于中国大陆地区实行的是城镇建设用地的单一国家所有制，这就意味着，我国城市土地市场没有土地所有权交易（资产性交易）的类型。这一点与存在土地私有制的美国、日本等国家或地区的土地市场显著不同。

2. 中国城市土地市场的分类

在上述有关中国城市土地市场的定义中，事实上已经包含了按照交易内容所做的土地市场分类，即中国土地市场包括土地批租（出让）市场、土地租赁市场、土地转让市场、土地抵押市场等。此外，按照交易的性质和层次，中国城市土地市场还可以有如下分类：

（1）土地一级市场。所谓土地一级市场，又被称为国有土地使用权的批租市场（或出让市场），是指国家通过指定的政府部门将城镇国有建设用地或把农村集体土地征用为城镇国有建设用地以后，按照规划的用途批租（出让）给土地使用者所形成的土地交易市场。出让的土地可以是“素地”，也可以是经过基础设施建设以后的“熟地”。从实际运作机构来看，目前我国大多数地区的土地一级市场，事实上都是由县级以上人民政府的国土资源行政管理部门属下的土地储备中心负责管理、运行的。

（2）土地次级市场。本书定义，城市土地次级市场是指土地使用权在土地使用者之间进行转让所形成的产权交易市场，即在土地一级市场上所获得的国有土地使用权，满足一定的交易条件，在政府的许可下在不同用地单位之间进行流转的土地市场。一般情况下，为了避免纯粹的土地投机交易，一级市场上获得的土地都是经过土地一级开发，达到了政府规定的转让条件，才可以进行转让交易。交易形式可以是土地使用权出租，也可以是剩余年期的国有土地使用权的一次性让渡。

3. **中国城市土地市场的特征**

除了具有土地市场共有的特征以外，中国土地市场还具有以下几个典型的具有中国特色的市场特征。

（1）城市土地市场是中国土地市场体系的重点和主导性市场。到目前为止，我国农村集体土地市场尚处于发育、发展之中，地区发展程度的差异巨大。而城市土地市场自20世纪80年代产生以来，一直扮演着全国土地市场的主导性市场角色，其发育也相对成熟，由此构成了中国土地市场体系的重点和主导性市场。

（2）城市土地市场交易对象具有单一性。如前所述，我国城市土地市场的交易对象就是国有建设用地的使用权，没有国有土地所有权交易类型。国有土地使用权一级市场的交易方式包括行政划拨、竞价出让（招标、拍卖和挂牌出让）。

（3）城市土地市场交易双方数量的不对等性。在我国城市土地一级市场上，政府是国有土地所有权的代表，是国有土地使用权交易的卖方垄断者。而国有土地使用权的需求者包括各类企业、事业单位和个人，类型和数量众多，需求方具有一定竞争性。由此决定了我国城市国有土地使用权交易的一级市场其交易方式很容易采用竞价出让的方式。

（4）城市土地市场上交易的土地来源。城市土地市场上交易的土地来源：一是城市存量国有土地；二是城市边界扩张过程中征用的集体所有的土地，经过一定的基础设施建设，改变为可供出让的城市建设用地。从我国城镇化的历史逻辑上看，城镇化的土地其终极来源大多数是农村集体所有的土地，并且，集体土地转变为国有建设用地具有不可逆性。这一点与西方国家不同。比如：美国早期拥有的国有土地可以通过出售转变为私有土地；私有土地经过政府的征收、征用可以转变为国有或公有土地。在中国大陆地区，国有土地尚无转变为集体土地的先例，现行法律、法规也没有类似的制度性安排。

（5）城市土地市场管理者角色的复杂性。在我国大陆地区，城市土地市场的管理者既包括中央政府，也包括省级以下的地方政府。其中，中央政府对城市土地市场的管理主要是利用法律、法规、政策，借助于督察机构，通过管理地方政府的土地市场行为来实现的。而地方政府身份则比较复杂，它既是土地市场的管理者、监督者，同时又是城市土地一级市场的直接参与者，它执行的是土地一级市场的卖方垄断者的功能。通俗地理解，地方政府在城市土地一级市场上充当的是运动员和裁判员的双重角色。这其实也是我国城市土地市场的特色和诸多问题的体制性根源之一。

4. 中国城市土地市场管理

关于中国城市土地市场管理的主体，前文已经介绍。关于土地市场管理手段，主要有法律手段、经济手段、行政手段三类工具。其中，法律手段是最基本的手段，主要包括《中华人民共和国宪法》《中华人民共和国土地管理法》《中华人民共和国城市房地产管理法》和《中华人民共和国城镇国有土地使用权出让和转让暂行条例》等法律、法规和行政条例。经济手段主要包括有关土地市场交易的税收、货币政策等。前者如土地增值税、房地产转让所得税、契税，后者如土地储备贷款政策、房地产商购地贷款等货币政策。行政手段主要有土地利用规划、土地供应计划、限制和禁止用地清单、征地范围的规定、土地交易预报、土地交易许可、土地交易信息公示制度、土地收购储备制度、基本农田保护制度、土地转用、征用政府审批的行政规定等，这些行政手段都在土地市场交易中产生了重要影响。

5. 有关中国的地价和地租概念

在中国大陆地区，城市地价的确切含义是城市国有土地使用权的批租价格。在均衡状态下，土地批租价格等于若干年地租的贴现值。在本质上，土地批租价格仍然属于地租。在大陆地区不存在土地所有权出售意义的地价。

地租的含义通常是土地使用权出租的价格，这种定义与国外土地市场上的地租概念几乎没有差异。

6. 土地财政收入

所谓土地财政收入（Land-based Financing Revenues），是指基于土地或土地交易而产生的财政收入。土地出让所形成的土地出让收入构成了土地财政收入的主体部分。换而言之，在中国城市土地市场上，土地出让收入，或者说土地出让金大体上可以近似地代表土地财政收入。土地财政收入在我国构成了地方政府，尤其是城市政府的主要的非税收收入，这是地方政府基金性收入的主体来源。

二、土地市场相关理论

与土地市场相关的基础理论有很多，现就几个主要的理论介绍如下。

（一）经济体制及其对土地市场的影响

从宏观角度看，经济体制就是一个国家或地区资源配置的方式。从国际经验角度看，经济体制大概有以下几种类型：一是计划经济体制，又被称为命令经济或集中型经济体制。1978 年以前的中国和苏联等社会主义国家，都实践过这种经济体制。二是市场经济体制，又被称为分散型经济体制，属于非政府主导的、完全由市场主体分散决策以配置资源的经济体制类型。计划经济和市场经济是经济体制的两个极端。在现代经济体系中，没有政府干预的纯粹的市场经济几乎是不存在的。多数国家或地区的经济体制属于第三种类型，即混合经济体制，市场主导资源配置的同时又有政府干预，包括计划干预的成分。

特别值得注意的是，20 世纪 80 年代以来，亚洲和东欧的一些原社会主义国家纷纷开始由传统的计划经济体制向市场经济或社会主义市场经济体制转型，这种独特的经济体制由于一直处于渐进变革之中而尚未完全定型，因而被学术界称为转型经济或转轨经济体制。中国是渐进式改革的转型经济体的代表。

那么，一个国家或地区的经济体制对土地市场的发育和发展具有什么样的影响呢？事实上，经济体制决定了一个国家或地区土地资源配置的基本方式和特点。具体而言，计划经济时期的土地资源配置不可能通过市场交易来配置，而只能通过计划途径、借助于行政划拨使用的方式完成分配。在市场经济条件下，土地资源的配置主要是利用市场交易的方式来分配。在混合经济体制下，土地资源的配置既有市场配置，又有计划配置。在转型经济体制下，土地资源配置由计划经济时代的行政划拨配置渐渐向由市场主导的配置方式转变，行政划拨方式不会被消灭，而仍然在一定时期、一定范围内存在，只是其存在的范围渐渐缩小。此过程其实也是土地资源分配市场化过程。由于转型经济体制下制度的不稳定性，造成了土地市场发育、发展的非平稳性。

因此，经济体制是一个国家或地区土地市场发展的重要基础条件。从理论上看，如果计划者足够聪明，并且拥有足够多的决策信息，由计划手段配置土地资源与市场手段配置土地资源具有等效性。但从实践中看，由于计划者并不足够理性和智慧，其拥有的信息也不可能十分完备，这就决定了计划配置土地资源的效率远低于市场配置土地资源的效率。市场是一种发现信息、发现土地价值、实现土地价值的制度安排。计划经济体制下行政划拨土地的无效率为土地市场的发育、发展提供了足够的理由。

（二）土地产权制度理论

从广义角度看，土地产权是土地所有权、土地使用权及其派生权利的统称。但在文献中，土地产权主要指土地所有权，特别是土地私有权。这其实是土地产权的狭义角度的定义。本书中主要使用广义土地产权概念。

所谓土地产权制度，是指关于土地产权保护、交易和管理的制度性安排。通常以法律或法规的形式表现出来。土地产权制度主要包括土地所有制、土地使用制以及有关土地所有权和土地使用权派生权利（如收益权、抵押权）的制度性规定。其中，土地所有制和土地使用制是土地产权制度最重要的两项制度。总体来看，土地所有制和土地使用制基本上决定了一个国家或地区土地市场交易的性质和交易的内容。政府关于土地所有权、土地使用权等相关土地权利保护的有效性，则在相当大的程度上决定了土地市场运行的有效性。从经济学角度看，一个国家或地区对于土地产权边界确认得越清楚、保护得越有力，越容易促进土地产权交易的顺畅进行，也就越有利于土地交易和土地利用过程中消极外部效应的治理。

不仅如此，土地产权制度的特征也在很大程度上决定了政府干预土地市场交易的程度及方式。在城市土地国有制下，地方政府作为土地所有者的代表，理所当然地以国有土地使用权交易的卖方直接参与土地市场交易，同时又以公共主体身份参与土地市场交易规则的制定和交易的管理。土地私有制下，政府则以相对单纯的、独立的公共主体身份有限地介入土地市场交易的管理过程。

（三）地租、地价关系论

仅仅从土地产权交易的角度看，地租无非是土地使用权交易的价格，地价则是土地所有权交易的价格。但是，一种被学术界普遍接受的观点是，地价的均衡值是土地利用收入的贴现值。这就意味着，并非地价决定地租，而是地租决定地价。（野口悠纪雄，1997）该观点还隐含着另外一层意思，那就是在非均衡状态下，地价可以脱离地租决定的均衡地价（即理论地价）。当短期内地价脱离均衡地价而上升，这上升的部分通常被称为“地价泡沫”。事实上，非均衡是土地市场运行的常态，而均衡则是土地市场的非常态。因为，在现实世界里，决定短期地价的往往是货币数量和土地供应数量，并且由于土地供给的低弹性特征，地价水平通常又主要取决于投入土地市场上的货币资金的数量。这其实是货币数量论的基本思想在土地市场分析上的应用。关于地价决定机制的有关理论后文将专门予以讨论。

（四）地价形成机制理论[①]

1. S-D 模型，均衡价格理论

该理论是微观经济学上最核心的理论。其基本含义是：价格是商品市场上供求双方相互作用的结果；影响供求曲线的任何因素变动都会导致均衡点发生变化，进而有可能引起价格波动。应用到土地市场上，土地供给短期零弹性，长期（分用途土地供给）低弹性，由此决定了地价主要受到市场需求的影响，并且需求的上升会在短期内拉动地价急剧上升。因此，土地是一种易于被投机者炒作的资产，土地市场也是极其容易产生投机泡沫的市场。

如果用数学模型表示土地市场的供求行为及价格形成机制则为：

需求行为：$Q^d = c^d - \alpha^d p + \beta^d p^e$

供给行为：$Q^s = c^s + \alpha^s p - \beta^s p^e$

均衡价格：$p = \dfrac{c^d - c^s}{\alpha^d + \alpha^s} + \dfrac{\beta^d + \beta^s}{\alpha^d + \alpha^s} p^e$

由以上均衡价格公式可见，土地市场的均衡价格受到预期价格 p^e 的正向影响：预期价格上涨，土地市场价格就上涨，这是一个自我实现的价格放大过程，也是一个土地价格泡沫形成与放大的过程。

2. 拍卖理论（Auction Theory）

该理论是威廉·维克瑞（William Vickery）于 1961 年提出的，用以解决信息不对称或信息不完全条件下某项拍品通过什么样的机制实现

---

① 地价尤其是均衡地价从广义上看是地租的资本化。而地租（交易地租）则是土地要素需求与土地要素供给共同作用的结果（当然也可以用 S-D 模型分析）。但从现实情况看：地租通常是稳定的，其形成机制比较简单；地价则是不稳定的，其形成机制和影响因素更为复杂。本部分重点分析地价的形成机制。

“最高意愿出价者获得” 的问题。

对土地市场而言，在存在两个以上的竞买者的情况下，土地卖方又无法了解买方意愿支付的最高价时，利用这种拍卖机制，可以实现以最高价格出售土地产权的目的。

拍卖通常有四种方式：英式拍卖（上升式）、荷式拍卖（降低式）、一级价格密封拍卖和二级价格密封拍卖。对中国的土地市场而言，城市国有土地使用权的拍卖主要采用的是英式拍卖。由于我国城市土地是国有土地，政府是国有土地使用权一级市场的卖方垄断者，它可以控制土地出让的数量，保持“饥饿供地模式”（借鉴中国香港的经验），而买方通常在两家以上，需求者之间存在着竞争关系。一方面，卖方对稀缺的城市土地资源保持饥饿状态的垄断供应；另一方面，需求者之间为争夺有限土地进行竞争性购买，政府又采取了拍卖出让的方式，土地交易价格很容易以超出底价的方式成交。

拍卖情形下的地价形成机制在本质上与普通的供求均衡价格形成机制是一致的，唯一不同的是，这里采取拍卖这种“发现机制”仍具有竞争性的土地需求者自行暴露了他们的心理价格或保留价格（Reserve Price）。

3. **土地市场的货币数量论**

货币数量论的表达形式之一是 $MV = PY$，公式里字母的含义分别是经济里的货币存量、货币流通速度、物价水平和实际国民产出。广义地理解，MV 表示一定时间里参与交易的货币总量；PY 则表示名义国民产出（如名义国内生产总值）。货币数量论的经典性应用是用来解释宏观经济体系中通货膨胀的成因。同样，我们可以用货币数量论来解释土地价格形成及其波动的决定机制。为了简化分析，我们把房地产交易额看作房地产市场中的货币数量，即不考虑货币流通速度的影响，它相当于

宏观经济中的 MV。

理论假设：地价水平决定于政府的土地供应数量和房地产开发商购买土地的货币数量，其中后者主要受银行金融支持、政府对土地出让金支付方式及开发商自有资金实力等因素的影响。

证明：我们只考虑住宅用地一级市场，并假设一个城市每年供应的商品住宅用地总量为 Y_t^L（平方米），土地均质。这样，就可以用平均地价代表整体地价水平。如果土地价格为 P_t^L（元/米^2），则每年土地供应总价款为 $P_t^T Y_t^L$ 元。假设房地产开发商购置土地的货币数量为 M_t^L（从土地出让方看，它又是政府出让土地可得到的总地价款）。根据以上假设，我们有以下土地—货币数量方程：

$M_t^L = P_t^L Y_t^L$……………（1）

方程（1）可称为土地—货币数量方程。该方程表明，如果政府每年的土地供应量 Y_t^L 外生给定，则地价水平将唯一地取决于房地产开发商的购地货币数量。这个货币数量越大，地价就越高。

如果房地产开发商的购地货币数量不变，则地价变动方向主要取决于政府的土地供应行为。如果政府土地供应减少，地价一定上涨；土地供应量增加，则会抑制地价的上涨。

现在来考察土地供应增长率对地价变动的影响。写出方程（1）中三个变量各自的变化率，可以得到土地—货币数量方程的另外一种形式：

$\pi_L = m_L - y_L$…………（2）

其中：π_L 表示住宅用地价格变化率；m_L 表示房地产开发商的购地货币数量的变化率；y_L 表示政府土地供应数量的变化率。

方程（2）表明，地价的变化率取决于房地产开发商购置土地的货币数量的增长率与政府土地供应增长率。货币数量增长率越高或者土地供应增长率越低，地价上涨越快。

房地产开发商购买土地的货币数量主要取决于三个因素：一是房地产开发商自有资金。资金实力越强，购置土地的货币数量越大。在买方竞争的土地市场上，资金实力雄厚的房地产开发商数量越多，土地市场的竞争性越强，地价就越高。二是银行的信贷支持力度。银行对房地产投资的信贷支持力度越大，房地产开发商购置土地的货币数量也就越多。三是政府对土地出让金支付方式的合同安排。[①] 政府国土管理部门在土地出让合同中约定的出让金支付方式，即要求房地产开发商是分期支付还是一次性支付以及首期支付额的大小，都将影响房地产开发商从银行获取贷款的规模，进而影响住宅首期开发规模和开发进度。政府要求房地产开发商支付全部地价款的时间越短，对自有资金和信贷资金的依赖程度就越大。

土地供应数量主要由地方政府行为决定。在土地资产经营目标的诱导下，城市政府作为土地一级市场上的卖方垄断者，其土地供应决策会遵循土地出让净收益最大化的原则。为简化分析，假设政府根据土地资产经营目标、土地资源状况以及住宅市场供求状态和价格走势等因素来确定每年的住宅用地供应量 Y_t^L，这是一个在土地—货币数量方程之外决定的变量。

---

① 关于土地出让金支付方式的合同安排与严格执行对地产开发商住宅短期供给行为影响巨大。如果政府要求房地产开发商一次性缴纳土地出让金，并且规定房地产开发商必须拥有足够的法定资本金，这时，巨大的资金使用成本和机会成本将迫使其尽量按合同约定的时间及时开发、及时供应住宅，延迟开发、囤积房源的行为将会受到抑制。我们不同意“土地出让金一次性足额缴纳会影响住宅及时提供”的说法。正是政府允许房地产开发商分期支付土地出让金，正是银行宽松的开发信贷支持，房地产开发商才有可能采取“滚动开发”的模式，才敢于“囤积房源”。这是导致住宅市场有效供给减少、房价上升的重要因素。基于同样的推理，如果我国的地产开发商同时又是建筑商，资金成本压力将有助于土地供应及时变成有效的住宅供给，从而消除或减弱房价非理性上涨的动力。

从总体上看，一个城市土地市场上所有房地产开发商用于购置土地的货币数量主要取决于政府对房地产开发商首期支付土地出让金比例的规定、房地产开发商的资金实力和银行信贷支持力度。假设国土部门要求土地交易成交当年支付的土地出让金占总地价的比例为 θ_t，θ_t 可理解为政府对房地产开发商“购地资金”的约束系数。θ_t 越大，政府对房地产开发商“购地资金”的约束条件越严格，房地产开发商“购地货币数量”就越少。房地产开发商自有购地资金 M_t^P，需从银行贷款来支付土地出让金的比例为 ω_t，则有：

$$M_t^L = \frac{M_t^P}{\theta_t(1-\omega_t)} \cdots\cdots\cdots\cdots\cdots\cdots\cdots\cdots (3)$$

$$\frac{M_t^P}{\theta_t(1-\omega_t)} = P_t^L Y_t^L \cdots\cdots\cdots\cdots\cdots\cdots\cdots\cdots (4)$$

定义 $\frac{1}{1-\omega_t}$ 为银行对房地产开发商的金融支持乘数。ω_t 越大，乘数越大，房地产开发商的“购地货币数量”也越多。对方程（4）变形并写成各自变化率的形式为：

$$\pi_L = m^P + \frac{\frac{d\omega_t}{dt}}{1-\omega_t} - \theta_0 - y_L \cdots\cdots\cdots\cdots\cdots (5)$$

其中：π_L 表示地价变化率；m^P 为房地产开发商自有购地资金的变化率；θ_0 表示政府对房地产开发商购买土地的资金约束系数的变化率；$\frac{\frac{d\omega_t}{dt}}{1-\omega_t}$ 反映银行金融支持力度的变化情况；y_L 表示政府住宅用地供应量的变化率。

由方程（5）可知，地价变化率与房地产开发商购地自有资金的变化率和银行信贷支持力度的变化正相关，与土地供应数量变化率和政府对房地产开发商的资金约束系数的变化率负相关。需要特别指出的是，政府放松房地产开发商支付土地出让金的限制，实际上是在推动地价的上涨。

第二章　中国城市土地市场发展历程

从 1949 年中华人民共和国成立开始，一直到 1978 年启动经济体制改革这段时间内，中国大陆地区一直实行的是计划经济体制，其间城市国有建设用地基本都实行无偿、无期划拨使用，并没有土地市场发育的制度空间和体制条件。因此，本书重点关注 1978 年改革开放以来中国大陆地区土地市场的发展、演化过程。关于我国大陆地区土地市场的发展历史，学术界从不同角度进行了考察，划分的发展阶段也不尽相同。本书在参考大量相关文献的基础上，以重大标志性事件为依据，将 1978 年以来的土地市场发展划分为三个典型阶段。

一、土地市场萌芽（1978—1987 年）

1978 年以集体土地家庭承包经营责任制为特色的农村经济体制改革启动，次年启动了城市土地使用制度改革，标志性事件是，1979 年 12 月 31 日作为中国改革开放前沿阵地的深圳市签订了第一个引进外资进行房地产开发的土地合同。该合同约定，深圳市政府提供国有建设用地使用权，香港妙丽集团出资兴建住宅楼宇。（王永红，2003）此举意味着，我国城市国有建设用地使用权是可以交易的。这个事件本身也昭示着，我国大陆地区以国有建设用地使用权批租为主要内容的土地市场已经悄然萌芽。

从法律层面上看，深圳城市土地市场的发育也获得了一定程度的法律支持。1979 年 7 月 8 日，全国人大常委会委员长令〔1979〕第 7 号发布《中华人民共和国中外合资经营企业法》，其中第五条规定：合营企业各方可以用现金、实物、工业产权等投资，中国合营者的投资可以包括合营企业经营期间提供的场地使用权。如果场地使用权没有作为中国合营者投资的一部分，合营企业应向中国政府缴纳场地使用费。这一规定意味着，无论哪种情况，中国与外商合资企业使用的建设用地均具有一定的经济价值。特别地，若合营企业使用的场地没有作为中国合营者一方的投资，合资企业必须购买土地使用权。这部有关合资企业的法律无意中为中国城市土地价值的显性化和土地市场的萌芽奠定了重要的制度基础。在此法律颁布之后的 9 年间，包括深圳在内的全国许多城市开始推行城市土地的有偿使用。例如：1981 年 2 月，深圳批租 6 000 平方米土地使用权给香港妙丽集团开发商业楼宇，土地产权期限 30 年，收取每平方米 5 000 港元的土地使用费；1984 年浙江省苍南县龙港镇将镇上宅基地以征收公共设施费的名义批租给周边地区到龙港镇就业、生活的农民，同时这些农民可以取得城镇居民户籍。（王汝亮，1994）这种借“城镇化”的名义实施的宅基地批租行为，本质上是一种土地使用权交易行为，其形成的市场在当时是为了规避法律和政策的约束而被称为“土地隐形市场”。

大致从 1982 年开始，北京、上海、抚顺、成都等城市，均开始对工业和商业等类型的城市用地收取土地使用费。1987 年 11 月，国务院授权深圳、上海、天津、厦门、福州等沿海城市（这些都是我国改革开放的前沿地区）进行土地使用制度改革的试点工作；同年 9 月，深圳市政府首次以协议方式批租国有土地使用权给用地企业，11 月 25 日以公开招标方式出让了一宗国有土地，12 月 1 日又拍卖了一宗国有土地 50 年的使用权。（岳晓武，2004）值得注意的是，该时期深圳等城市的土地隐形和有形交易都是在违背当时国家宪法的情况下进行的，此种状况一直到 1998 年才有所改变。

二、土地市场形成阶段（1988—1997 年）

土地市场形成阶段的标志性事件是 1988 年 4 月《中华人民共和国宪法修正案》的发布，其中的第二条指出，宪法第 10 条第 4 款“任何组织或者个人不得侵占、买卖，或者以其他形式非法转让土地”修改为“任何组织或者个人不得侵占、买卖，或者以其他形式非法转让土地。土地使用权可以依照法律的规定转让”。《中华人民共和国土地管理法》也于 1988 年 12 月 29 日根据宪法精神对涉及土地出让的条款进行了修订。在以上两部重要法律的修订下，我国城市合法、公开的土地市场很快形成。值得注意的是，此阶段我国很多地区国有土地使用权主要以开发区土地的成片出让为特色。例如，海南省仅仅在 1991—1992 年间，就成片出让了开发区内 60 平方千米的国有土地使用权，其他地区如天津、上海、福建、大连等地也有大片开发区的国有土地出让。（George. S. Tolley，et al，1993）

1994 年 7 月 5 日，《中华人民共和国城市房地产管理法》颁布。其中，对中国城市土地市场发展影响深远的是第三条，此条规定了土地使用权出让，可以采取拍卖、招标或者协议的方式，同时明确规定了商业、旅游、娱乐和豪华住宅用地有条件的必须采用招标和拍卖的方式出让。此条文为以后我国城市国有经营性土地全部采用竞价方式出让提供了重要的法律依据。到 1994 年上半年，全国所有省、区、市都已经全部试行土地公开交易和土地出让金制度。土地交易方式除了公开的批租（出让）以外，仍允许在一些领域内继续采取行政划拨供地方式。因此，这个时期我国城市土地市场其实是在“双轨制”下运行，只是随着改革开放的深入，以及中央政府对地方政府土地市场行为监管力度的加强，行政划拨的比例渐渐缩小，市场化配置的比例渐渐扩大而已。但无论如何，我们都应该看到，这个时期土地市场的“双轨制”带来了不少问题，包括地方政府和用地企业容易共谋，低价拿地，改变用途转手牟利，造成国有土地资产收益的大量流失。仅以改革开放的前沿地区深圳为例，1987 年至 1999 年，深圳每年拍卖、招标批租的土地面积基本都在 1 万平方米左右，而每年以协议方式出让的土地面积达到 100 万平方米；1995 年至 1996 年还一度中止了土地拍卖，1997 年全年没有一宗土地被拍卖。（王永红，2003）

此阶段的另一个重要制度改革措施是，城市“土地收购—储备—开发—出让”机制的建设。1996 年，为了加强地方政府对城市土地一级市场的垄断和统一出让，更好地归集土地出让收入，上海市成立了全国首家土地储备机构——上海土地发展中心。次年 8 月，杭州市土地储备中心成立。土地储备中心属于政府国土资源行政管理部门授权经营城市土地资产的事业单位，其基本职能是收购、整理、开发城市国有土地，使其由生地变成熟地、“净地”，再由国土部门根据年度用地计划和土地利用规划，面向社会公开出让。这个制度的建立为土地财政模式的建立进而形成地方政府土地财政依赖奠定了制度基础。

三、土地市场快速发展阶段（1998 年至今）

此阶段第一个重大标志性事件是国发〔1998〕23 号文件的发布。

1998 年 7 月 3 日，《国务院关于进一步深化城镇住房制度改革　加快住房建设的通知》发布，这通常被认为是中国住房制度改革的里程碑。该文件的发布宣告了福利分房时代的终结和市场主导的新住房供应体制的开始。对于土地市场而言，其重要意义在于，住房供应和分配的市场化催生了商品性房地产开发业的繁荣，为土地市场的兴旺发达奠定了重要的需求基础。其后的事实也证明了，1998 年以后，以住宅开发为主要内容的房地产开发业渐渐兴旺、发达，从而为住宅用地市场的繁荣提供了持续的、坚实的产业基础。

特别值得注意的是，2003 年以后，国务院相关文件逐渐把房地产业定位为“我国国民经济的支柱产业”，各地也纷纷出台文件，肯定了房地产业支柱产业的战略定位，并从政策上支持发展房地产开发主导的房地产业（见表 2 – 1），这使得由房地产开发诱发的土地需求越来越旺盛，土地市场开始进入高速发展阶段。

表 2－1　把房地产业确定为国民经济支柱产业的中央政府和浙江省政府文件①

发文时间	发文号	文件名	文件对房地产业功能定位的表述
1992－11－4	国发〔1992〕61号	《国务院关于发展房地产业若干问题的通知》②	房地产业在我国是一个新兴产业，是第三产业的重要组成部分，随着城镇国有土地有偿使用和房屋商品化的推进，房地产业将成为国民经济发展的支柱产业之一
2003－8－12	国发〔2003〕18号	《国务院关于促进房地产市场持续健康发展的通知》	房地产业关联度高，带动力强，已经成为国民经济的支柱产业。促进房地产市场持续健康发展，是提高居民住房水平，改善居住质量，满足人民群众物质文化生活需要的基本要求；是促进消费，扩大内需，拉动投资增长，保持国民经济持续快速健康发展的有力措施；是充分发挥人力资源优势，扩大社会就业的有效途径。实现房地产市场持续健康发展，对于全面建设小康社会，加快推进社会主义现代化具有十分重要的意义

① 1998年7月3日国务院发布国发〔1998〕23号文件《国务院关于进一步深化城镇住房制度改革　加快住房建设的通知》。该文件虽然没有直接提及房地产业是支柱产业，但它明确提出了加快住宅建设、促使住宅业成为新的经济增长点。不仅如此，〔1998〕23号文件其实是我国住宅制度市场化改革的一个里程碑性质的文件，其发布为我国房地产业的全面发展和新一轮房地产投资热潮的到来扫清了制度障碍。

② 在中央政府对房地产业进行支柱产业定位以后，各级地方政府（包括省级政府和地、市级政府）纷纷出台相应的政府文件，认定房地产业或住宅与房地产业为各地的支柱产业。2005年以后，即使在中央政府对房地产业进行日渐严厉的调控之时，中央政府对房地产业支柱产业的定位仍未动摇，地方政府也不例外。2007年4月27日在杭州市房地产业工作会议上，杭州市市长蔡奇根据房地产业在地区经济发展中占重要地位、能够带动关联产业发展和能够扩大社会就业等三个理由明确提出，房地产业主导地位不容置疑。（http://zzhz.zjol.com.cn/05zzhz/system/2007/04/27/008375456.shtml 2007－6－5）

（续表）

发文时间	发文号	文件名	文件对房地产业功能定位的表述
2003－12－31	浙政发〔2003〕50号	《浙江省人民政府关于促进住宅与房地产业持续健康发展的通知》	随着我省住宅与房地产业的持续快速发展和城镇住房制度改革的不断深入，城镇居民居住条件得到了明显改善，城市化进程和经济发展得到了有力的推动，住宅与房地产业已经成为我省国民经济的重要支柱产业
2005－3－26	国办发明电〔2005〕8号	《国务院办公厅关于切实稳定住房价格的通知》	房地产业是我国国民经济的重要支柱产业
2006－5－24	国办发〔2006〕37号	《国务院办公厅转发建设部等部门关于调整住房供应结构稳定住房价格意见的通知》	房地产业是我国新的发展阶段的一个重要支柱产业。引导和促进房地产业持续稳定健康发展，有利于保持国民经济的平稳较快增长，有利于满足广大群众的基本住房消费需求，有利于实现全面建设小康社会的目标

说明：此表是作者根据中央政府官方网站发布的正式文件整理，转引自陈多长（2008）。

此阶段对土地市场发展有重大影响的标志性事件是，政府规范性文件国土部〔2002〕第11号令的发布。2002年5月9日，国土资源部发布该年度第11号令《招标、拍卖、挂牌出让国有土地使用权规定》（2002年4月3日国土资源部第4次部务会议通过），立即叫停了沿用多年的协议出让经营性用地的土地供应政策，要求全国范围内所有经营性用地全部实行招标、拍卖或挂牌出让制度，对其他类型的用地（包括工业用地)，在用地计划公布之后，只要有两个或者两个以上的意向用地者，都应采取招标、拍卖或挂牌出让方式供应土地。此举意味着，2002 年以后经营性用地市场双轨制的终结，竞价出让经营性土地的单轨制开始实施。单轨制的实施不仅规范了我国城市经营性用地的公开市场交易、促进了土地市场的深化和快速发展，而且对我国地方政府土地财政模式的形成，并渐渐形成土地财政依赖起到了重要的推动作用。

根据相关部门的统计，2000 年全国招标、拍卖和挂牌出让土地获取的土地财政收入 350 亿元，2001 年为 492 亿元，实施国土部第 11 号令的 2002 年全国国有土地竞价出让的宗数、面积、价款分别是 2001 年的 1. 086 倍、2. 74 倍和 1. 97 倍。（王永红，2003）到 2008 年，全国招标、拍卖和挂牌出让土地 13. 36 万公顷，大约占土地出让总面积的 82% 。与此同时，国有土地使用权的二级市场、国有土地使用权出租市场和国有土地使用权抵押市场也得到了大力发展。（李建建等，2009）

除了上述两个重要文件以外，此阶段还出台了其他一些重要的相关文件（见表 2 - 2），这些文件基本上完成了对我国城镇国有建设用地供给方式的总体性规范，也实现了对土地出让金制度的全面规范和调整，从而构成了我国现行的城镇国有土地使用权一级市场运行的法律制度框架。①

---

① 关于 2009 年以后中国土地市场的基本情况，此处不进行过多的分析，详细情况留待第四章分析。

表 2－2　1999 年至 2008 年规范城市土地市场的重要文件

时间	文件名称
1999 年 1 月	国土资源部《关于进一步推行招标、拍卖、挂牌出让国有土地使用权的通知》
2000 年 1 月	国土资源部《关于建立土地有形市场促进土地使用权规范交易的通知》
2001 年 4 月	国务院《关于加强国有土地资产管理的通知》
2001 年 6 月	国土资源部《关于整顿和规范土地市场秩序的通知》
2002 年 5 月	国土资源部《招标、拍卖、挂牌出让国有土地使用权规定》
2003 年 6 月	国土资源部《协议出让国有土地使用权规定》
2004 年 10 月	国务院《关于深化改革　严格土地管理的决定》
2007 年 10 月	国土资源部《招标、拍卖、挂牌出让国有建设用地使用权规定》
2008 年 1 月	国务院《关于促进节约集约用地的通知》

说明：根据政府网站发布的文件整理。

第三章　中国城市土地市场发展的主要驱动因素

驱动中国土地市场发展的因素众多，基于文献研究和我们的思考，大致说来，主要的驱动因素包括以下几个：一是国家经济体制改革的驱动；二是土地制度改革与创新的驱动；三是住房制度改革的驱动；四是城镇化的驱动；五是以分税制改革为特色的分税制财政体制改革的驱动；六是地方政府主导的地区竞争的驱动。

一、国家经济体制改革的驱动

研究中国的土地市场乃至整个房地产市场的发展历史及其驱动因素，首要的问题便是要弄清楚中国经济体制改革的历史过程。

中国经济体制改革开始于 1978 年，以 1978 年 12 月中国共产党十一届三中全会的召开为标志。不过，值得注意的是，中国经济体制改革其实是先从农村经济体制改革开始的，主要标志是农村土地承包经营责任制的实施。之后才开始在城市推进经济体制改革，主要标志是在深圳、珠海、汕头、厦门兴办了 4 个经济特区。一些重要文献就把 1978 年到 1984 年这个时间段称为“中国经济体制改革的启动和局部试验阶段”。（范恒山，2006；中国社会科学院课题组，2008）

从 1984 年到 1992 年，中国经济体制改革的重心开始由农村转移到城市中来。重要标志性事件是，1984 年 10 月召开的中共十二届三中全会，会议通过了重要文件《中共中央关于经济体制改革的决定》，确定我国经济体制由过去的社会主义集中型计划经济转变为尊重公有制经济基础的“有计划的商品经济”。其后于 1987 年 10 月召开的中共十三大又进一步明确指出我国当时的“有计划的社会主义商品经济”实行计划和市场两种手段统一的资源配置体制。其核心特征是所谓的“双轨制”，尤其是在价格领域。这也是后来发生的一系列重大经济问题（如利用价格双轨制对重要物资进行倒卖的投机活动盛行等）的重要制度根源。现在看来，中共十三大决议的重大意义在于承认市场化是我国经济体制改革的基本方向，这就为我国土地市场发育、发展提供了重要的体制保障。此后，土地要素配置的市场化成为一种必然的趋势。该阶段城市经济体制改革和社会经济发展的重要标志性成果则是，开放了沿海 14 个港口型城市，成立了海南经济特区，为土地的有偿使用和土地市场发育、发展提供了足够的试验空间。

从 1992 年到 2002 年，我国社会主义经济体制初步建立。1992 年 10 月召开了党的十四大把社会主义市场经济作为经济体制改革的目标。1993 年中共十四届三中全会通过的《中共中央关于建立社会主义市场经济体制若干问题的决定》明确提出，市场在国家宏观调控下对资源配置起基础性作用。中共十四届三中全会的决定对我国要素市场的形成、发展至关重要。在此决定的指引下，我国商品市场从此开始获得了快速发展，生产要素市场逐步形成，生产资料价格双轨制随即取消，城市住房制度改革取得了新的进展，社会主义市场经济体制初步建立（范恒山，2006），土地市场发展获得了进一步的经济体制支持。

从 2002 年开始，我国开始进入社会主义市场经济体制的完善阶段。

标志性事件是 2002 年召开的党的十六大。党的十六大提出 2020 年在我国建成完善的社会主义市场经济体制。对土地市场而言，党的十六大之后，土地资源配置的市场化步伐进一步加快，市场渠道配置土地资源的比例进一步扩大。根据审计署〔2008〕第 4 号审计公告，北京、天津、上海、重庆、哈尔滨、合肥、济南、长沙、广州、南宁、成都等 11 市，2004 年到 2006 年出让土地面积占出让和行政划拨土地总面积的 73.11%，利用招标、拍卖和挂牌出让土地占出让土地的比例为 29.6%；2001—2002 年审计时，以上两个比例分别为 70.4% 和 6.3%。到 2011 年，全国出让国有建设用地 33.39 万公顷，通过招标、拍卖和挂牌出让土地 30.47 万公顷，占出让土地总面积的 91.3%[①]；2015 年出让土地 22.14 万公顷，通过招标、拍卖和挂牌出让土地 20.44 万公顷，占出让土地总面积的 92.3%。[②] 由此可见，土地供应市场化的进展非常显著。

综合以上发现，从 1978 年开始的我国经济体制改革取得的重要成果之一是，经济体制由原来纯粹的计划经济到“有计划的商品经济”，再到社会主义市场经济。资源配置的手段由纯粹的计划手段变革到计划与市场并存，再到国家宏观调控下的市场配置资源为主，计划手段渐渐淡出主导地位。土地市场则经历了行政划拨、无偿、无期限使用→无偿划拨与有偿使用并存（有偿使用以协议出让为主）→划拨、协议出让和竞价出让并存，以竞价出让为主，市场化配置的比例渐渐提高，以至达到目前的主导地位。土地市场也渐渐从无到有，从小到大，从弱到强。特别地，城市经营性用地市场已经由过去的“双轨制”完全转型

① 国土资源部：《2011 年国土资源公报》，2012 年 4 月，第 6 页。
② 国土资源部：《2015 年国土资源公报》，2016 年 4 月，第 7 页。

到目前的市场单轨制。

二、土地制度改革与创新的驱动

作为我国城市土地市场发育、发展的驱动因素，土地制度改革是在国家经济体制改革的大背景下启动、演化并逐渐发挥作用的。土地制度改革本身就是经济体制改革重要内容之一，同时又成为驱动我国城市土地市场萌芽、发育、发展、演化的直接动力。本书定义的土地制度主要包括两层含义，一层是土地所有制，一层是土地使用制。相对于含义更加宽泛的土地政策概念而言，土地制度是更为基础的、更加根本性的土地市场驱动因素，土地政策则主要是根据改革的现实实践需要而制定的，具有一定的短期性和内生性。为了区分于土地政策，本章主要讨论重大的土地制度变革问题，特别是城镇土地使用制度改革问题以及相关的土地征用制度改革等问题，土地政策变迁等内容留待其他章节来讨论。

根据前文的讨论，从宏观层面上看我国经济体制经历了计划经济（1978 年之前）、“有计划的商品经济”（1979 年到 20 世纪 90 年代初期）和社会主义市场经济（20 世纪 90 年代中期之后）三个重要阶段，作为土地要素市场改革的基本制度前提，我国城市土地制度受到经济体制改革这个宏观体制背景的驱动而发生渐进性变革，土地制度改革本身又构成了经济体制改革的一个组成部分。

但是，也必须承认，我国改革开放以来的城市土地制度改革是在没有根本触动城乡土地二元所有制基本制度框架的前提下展开的。在我国实行改革开放的 1978 年以前，业已形成并由《中华人民共和国宪法》确认的土地所有制基本架构是，土地集体所有制和土地全民所有制（国有制）并存，两者都属于公有制土地，不存在私人土地所有制形式。其中，农村土地以集体所有制为主，城市建设用地基本是国有的。国有制土地由地方政府代行所有者权力。此外，与西方私有土地所有制主导的经济体不同，我国二元土地所有制下，不同所有制形式的土地转换是单向的、不可逆的。即集体土地可以单向地、源源不断地转换为国有土地，而国有土地不能逆向转变成集体土地。

时至今日，我国城市土地制度改革是指在土地使用制层面的改革，并没有对城市国有制本身进行任何实质性改革。我国不存在土地所有制意义上的土地制度改革。所谓城市土地制度改革，仅仅限于城市土地使用制度改革层面。概括而言，改革开放以来我国城市土地使用制度改革的主要特征体现在以下三个方面：一是由早期计划经济时代的无偿、无期限使用到改革开放之后的有偿、有期限使用。二是由低价使用到高价使用，尤其在经营性用地领域。三是地方政府从不依靠土地生财，逐渐到依靠土地为城镇建设和城镇化融资，即渐渐形成了所谓的地方政府土地财政依赖问题。由此可见，我国土地市场的发育、发展是土地使用制度改革驱动而非土地所有制变迁的结果。

三、住房制度改革的驱动

住房制度改革是中国城市土地市场发展的又一个重要的制度性驱动因素。如果把土地制度改革看作我国城市土地市场发展的直接驱动力，那么，城镇住房制度改革以及住房市场化则是我国城市土地市场化演进的间接、引致性驱动力。其作用路径可大致概括为：住房市场化→房地产主导产业化→房地产开发繁荣→住宅用地需求持续增加→土地市场繁荣。换而言之，中国住房制度改革驱动城市土地市场发展的基本逻辑是，由于住房供给和分配的市场化改革，推动了以商品房开发为主导产业的房地产开发业的逐渐兴起与繁荣，对土地市场产生了日渐扩大的引致性需求，土地市场需求的快速增加直接推动了土地市场的繁荣。本节将简要回顾我国住房制度改革的历史过程，以便深刻理解住房制度改革对我国城市土地市场发展的重要驱动作用。

从1978年到1998年，我国住房制度改革经历了20余年的漫长道路。其宏观社会经济背景就是我国经济体制的转型，即从计划经济到有计划的商品经济，再到社会主义市场经济。作为经济体制改革的重要组成部分，我国住房制度改革也带有鲜明的转型制度特征，即改革初期的目标并不十分明确，政策多变，地区发展严重不平衡，配套的政策改革相对滞后，渐进改革过程中利益集团利用政策漏洞所进行的寻租腐败问题十分严重等。（陈多长等，2002）这20余年的改革历程，大致可以分为以下五个阶段。（陈多长等，2002）

第一个阶段：理论准备和早期房改试验阶段（1979—1986年）。主要开展了两项工作：一是在全国范围内展开了住房属性的大讨论，即关于住房是商品属性还是福利属性的讨论，最终结论是承认了我国住房的基本属性是商品属性。承认住房是商品属性，而土地又是住房的载体和房产价值不可分割的组成部分，这就为承认土地或土地使用权具有商品属性，进而可以进入市场进行交易提供了理论依据和舆论支持。二是局部房改试验阶段，主要是提高房租水平。1986年，国务院成立“住房制度改革领导小组”和“领导小组办公室”，从此住房制度改革开始进入我国经济体制改革的序列。

第二个阶段：房改中期试点阶段（1987—1990年）。该阶段最主要的改革内容是“提租增资”和“三三制售房”。前者是指提高城镇职工租住公房的租金标准，同时提高工资水平；后者是指国家、单位和职工个人各自负担房价的1/3，以此实现公房出售给职工个人。上述举措为后来我国全面的住房商品化、市场化改革奠定了重要的舆论基础，积累了重要的实践经验。

第三个阶段：房改全面推进阶段（1991—1993 年）。1991 年 6 月 7 日，国发〔1991〕30 号文件《国务院关于继续积极稳妥地进行城镇住房制度改革的通知》发布，之后我国住房制度改革开始全面进入推进阶段。该阶段主要的改革任务是，继续扩大“提租增资”的范围，建立住房公积金制度以便为将来的住房购买提供资金，公房出售，鼓励集资和合作建房等，住房的商品化和市场化得到迅速推进。

第四个阶段：房改深化发展阶段（1994—1998 年）。此阶段住房制度改革的目标进一步明确。标志性事件是，1998 年 7 月《国务院关于进一步深化城镇住房制度改革加快住房建设的通知》发布。文件中明确我国今后的住房供应体系主要由两个部分组成：一是以一般收入家庭为对象、具有社会保障性质的经济适用住房供应体系；二是以高收入家庭为对象的商品房供应体系。特别是第二种供应体系，直接催生了商品房的大规模开发和房地产业的持续快速繁荣，也极大地推动了土地市场的快速发展。

第五个阶段：房改逐步完成阶段（1999 年至今）。1998 年 12 月 31 日，按照国家住房制度改革的基本目标，我国福利分房制度终结，住房分配和住房供给的市场化在全国范围内全面实施。1999 年之后，以商品房开发为主业的房地产开发业逐渐成为投资热点和国民经济的增长点，土地市场逐渐走向繁荣。1998—2006 年间房地产开发投资、房地产开发企业土地购置面积数据参见表 3 - 1。从表中可以看出，福利分房制度停止后的 8 年间，我国房地产开发投资增长了 436%，房地产开发企业土地购置面积增长了 262%。

表3－1　1998—2006年全国房地产开发投资与房地产开发企业土地购置面积

年份	房地产开发投资额/亿元	土地购置面积/万平方米
1998	3 614. 23	10 109. 30
1999	4 103. 2	11 958. 90
2000	4 984. 05	16 905. 24
2001	6 344. 11	23 408. 99
2002	7 790. 9	31 356. 78
2003	10 153. 8	35 696. 48
2004	13 158. 3	39 784. 66
2005	15 909. 2	38 253. 73
2006	19 382. 0	36 573. 57

数据来源：根据国家统计局历年《中国统计年鉴》和《中国固定资产投资统计数典（1950—2000）》（国家统计局固定资产投资统计司编，中国统计出版社2002年版）整理得到。

四、城镇化的驱动

城镇化是生产要素空间积聚的过程，通常表现为人口身份由农村人口转变为城镇常住人口（或者城镇户籍人口），以及土地由农村集体土地转变为城镇国有建设用地的过程。简而言之，城镇化主要是人口的城镇化和空间（或土地）的城镇化的“两化过程”。具体而言，城镇化对土地市场发育的影响可以描述如下（张明进，2015）：

（1）伴随着城镇化的加快，大量农用地被转换为城市建设用地，规划用途的改变提升了土地的价值，再加上地方政府垄断供应城镇国有土地使用权，这就导致地方政府倾向于以竞价方式出让经营性土地使用权，使得经营性用地价格上涨，地方政府依靠经营性用地出让获取巨额土地出让收入，也促进了土地市场的深化发展。地方政府对城镇化较为热衷，在于城镇化可以增加税收和获得土地出让的收益。有关学者进一步指出，我国城镇化率每提高1%，土地出让收入就增加1.1467亿元，土地出让面积增长率每增大1%，土地财政就上涨10.8%。（韩本毅，2010）在我国特有的政府主导城镇化模式下，土地出让收入由1999年的514.33亿元暴涨至2014年的4.29万亿元，平均年增长率高达14%。①

（2）快速城镇化导致人口和非农产业迅速向城区集聚，从而带动了住房需求、基础设施和公共服务需求的快速增长，引致土地需求增长。人口城镇化不仅要求城市提供足够适宜的住宅，还要提供足够的道路、交通、通信等基础设施，以及就业、就学等条件。城市住宅需求的增加，直接推高了商品住宅价格，进而推动住宅用地价格上涨。地价上涨又反过来助长了商品房价格的上升。表3－2为2009年以来，我国105个城市综合地价、住宅地价、商品房价格、住宅价格及其增长率，由表3－2地价以及房价的数据可以看出我国城市地价以及房价的迅速增长，尤其是在2009年、2010年，这表明我国在该时期商品房的需求与地价互相促进对方快速增长。

表3－2　2009—2014年我国105个城市地价、房价及其变动情况

年份	综合地价（住宅地价）/元·米$^{-2}$	地价增长率	商品房价格（住宅价格）/元·米$^{-2}$	房价增长率
2009	2 613（3 824）	5.0%（7.9%）	4 695（4 474）	23.5%（25.1%）

① 1999年的全国土地出让收入数据来源于《中国国土资源统计年鉴》（2000）；2014年的全国土地出让收入数据来源于财政部网站：《2014年全国土地出让收入4.29万亿元　同比增长3.1%》，2015年3月24日。

（续表）

年份	综合地价（住宅地价）/元·米$^{-2}$	地价增长率	商品房价格（住宅价格）/元·米$^{-2}$	房价增长率
2010	2 882（4 245）	8.6%（11%）	5 034（4 741）	7.5%（5.9%）
2011	3 049（4 518）	5.9%（6.6%）	5 377（5 011）	6.8%（5.7%）
2012	3 129（4 620）	2.6%（3.3%）	5 791（5 430）	8.1%（8.7%）
2013	3 349（5 033）	7.0%（9.0%）	6 237（5 850）	7.7%（7.7%）
2014	3 522（5 277）	5.2%（4.85%）	6 305（5 943）	1.1%（1.6%）

数据来源：综合地价、住宅地价及地价增长率数据来源于历年《中国国土资源统计年鉴》，商品房价格、住宅价格及房价增长率根据历年中指院数据库中的销售面积以及销售额计算所得。

城镇化影响土地市场主要是政府通过行政手段对农村集体土地进行征用，并采用竞价出让的方式推高土地成交价格，从中获取巨额土地出让收入，同时失地农民进城由农业人口转变为非农业人口，拉动了对基础设施的需求，这也反过来增强了地方政府对城镇土地出让的欲望。

应当承认，计划经济时代同样有城镇化，但那时的城镇化基本都是行政力量直接驱动，以土地资源指令性计划配置、无偿使用为特色的、相对缓慢的城镇化。改革开放之后的城镇化，虽然仍有地方政府深度介入，以强制性土地征用为主要表现形式，但土地资源的市场化配置以及由此带来的土地有偿、有期限使用，已经极大地改变了城镇化的驱动模式。而城镇化模式的改变也反过来极大地促进了土地的市场化。换而言之，改革开放以来的城镇化在土地征用环节依然体现了地方政府行政力量的强大推进作用，但在土地利用、土地出让和城镇化融资模式等方面，却极其强烈地体现了市场力量的基础性作用。因此，可以认为，改革开放之后的城镇化事实上成了我国城市土地市场化的重要经济动因。

从理论上看，城镇化的第一层含义，即人口城镇化对土地市场的发育主要从需求端产生影响。其基本逻辑是，人口向城镇集中→住宅需求、公共设施需求增加→商品住宅开发和公共建筑开发→住宅用地需求和公共设施用地等引致性用地需求增加→土地市场繁荣。土地市场的繁荣一方面为地方政府获得土地财政收入进而形成土地财政依赖提供了可能，另一方面又为城镇化提供了重要的融资渠道，这又反过来有力地支持了城镇化的快速推进。在城镇化的第二层含义中，土地城镇化直接为我国城镇土地市场提供了源源不断的可交易的土地资源，从供给端促进了我国城镇土地市场的发展。

从实践的效果来看，我国城镇化也确实推动了城市土地市场的快速发展。1978 年我国的城镇化率仅为 17.92%，远远低于世界平均水平，而到了 2012 年，我国的城镇化率已经与世界城镇化水平相当。1978 年至 1988 年期间，我国的城镇化发展由恢复到快速发展，城镇化率由 17.92% 增长到了 25.81%，年均增长 7.89 个百分点，城镇人口由17 245 万人增长到了 28 661 万人；而 1988 年至 1996 年期间，我国的城镇化发展速度有所减缓，城镇化率由 26.21% 增长到了 30.28%，年均增长仅 6.1 个百分点；1996 年之后，我国的城镇化进入高速发展的阶段，至 2010 年城镇化率由原来的 31.91% 增长到了 52.57%，年均增长达 1.38 个百分点，城镇人口也由 37 304 万人增长到了 71 182 万人，城镇化的增速高于以前的任何一个阶段，也远高于世界城镇化率的增速。2016 年我国城镇常住人口的城镇化率达到了 57.35%。从土地出让面积来看，2001 年的建设用地出让面积仅 9.04 万公顷，而到了 2011 年的建设用地出让面积就达到了 33.51 万公顷，将近是 2001 年的 4 倍。之后几年，年度土地出让面积虽有所减少，但仍然维持在一个很高的水平上。根据《中国国土资源统计年鉴》提供的数据，从 2012 年到 2016 年，全国土地出让面积分别为32.28万公顷、36.70万公顷、27.18万公顷、22.14万公顷和20.82万公顷。由此可见，伴随着我国城镇化的快速推进，土地出让面积一直维持在一个很高的水平上，土地市场维持了长期的、持续的繁荣状态。

此外，还应特别注意的是，城镇化的驱动模式不同，对土地市场的影响方式和影响程度也有所不同。20世纪80年代到90年代，我国很多地区走的是以工业化驱动城镇化的道路，该城镇化的模式对土地市场的影响性质和影响程度都具有鲜明的时代特征。具体表现为，在工业化过程中，地方政府为了招商引资，广泛地实行了零地价、低地价供地政策，工业用地市场上以协议出让和划拨供地方式为主，土地资源配置的市场化程度较低，此种土地交易方式下实现的土地财政收入较少。进入21世纪以来，与住房制度改革的进程几乎一致，福利分房制度的终结，催生了房地产开发，促进了商品房市场的繁荣和土地交易市场的持续兴旺。此阶段的城镇化以地方政府为主导、由房地产开发驱动，城市边界迅猛扩张为典型特征。这与传统的工业化驱动的城镇化模式迥然不同。由于政府为城镇化融资的需求极其旺盛，在城镇土地使用制度的配合下，竞价出让土地的方式大行其道，土地市场交易活跃，土地财政收入数额巨大。仅以2011年到2016年的全国土地出让收入为例，6年间土地出让收入分别为3.15万亿元、2.69万亿元、4.20万亿元、4.26万亿元、3.25万亿元和3.75万亿元（见表3－3）。

表3－3　2008—2016年全国城镇化水平与土地市场

年份	土地出让面积/万公顷	土地成交价款/万亿元	城镇化率/%
2008	16.31	1.03	45.68

（续表）

年份	土地出让面积/万公顷	土地成交价款/万亿元	城镇化率/%
2009	20. 90	1. 59	46. 60
2010	42. 80	2. 70	49. 95
2011	33. 51	3. 15	51. 27
2012	32. 28	2. 69	52. 57
2013	36. 70	4. 20	53. 73
2014	27. 18	4. 26	54. 77
2015	22. 14	3. 25	56. 10
2016	20. 82	3. 75	57. 35

数据来源：根据国家统计局《中国统计年鉴》和《中国国土资源统计年鉴》提供的数据整理计算而得。

另外，不可否认的是，城镇土地市场的发展也为快速推进我国城镇化做出了积极的贡献。其基本逻辑是，城市土地市场的顺畅运行，由此产生了持续的、巨额的土地财政收入，这些收入在相当程度上补偿了城镇化过程中基础设施建设和公共服务的成本支出，有效地缓解了城镇化过程中的融资难题，以此促进城镇化的快速推进。

由此可见，我国改革开放以来的城镇化与城市土地市场发展是一种相辅相成、双向互动的关系。城镇化促进了城市土地市场的发育、发展，而城市土地市场的发展反过来又有力地促进了城镇化的深化和持续推进。

五、分税制财政体制改革的驱动

以分税制为特征的我国财政体制改革对城市土地市场的发展产生了

重要而深刻的影响。其基本逻辑是，分税制导致地方政府财力紧张→地方政府极力寻找替代性财源→中央政府默许地方政府留存土地出让收入→土地批租市场繁荣→城市土地市场深化发展。

客观地讲，分税制并非我国城市土地市场发育、发展的直接动因，但它却是一个极为重要的制度性诱因。早在 1994 年，我国开始实施中央与地方的分税制，对中央政府与地方政府的财政收入来源进行了明确的划分，即把税种划分为中央税、地方税和中央地方共享税。税源广大而相对集中的税种都归为中央税，而将税源相对分散、收入零星、涉及面较广的税种划归地方税，如将房产税、土地使用税、车船使用税、城市维护建设税、印花税、筵席税、牲畜交易税等小税种收入归地方政府。2003 年中央政府又对税种划分重新进行了一轮调整，把其中几个主要税种的上缴比例进一步上调。这一轮税制改革的直接后果是，地方政府的财政收入不断集中到中央政府手中。根据国家统计局发布的数据，从 1993 年到 2012 年，中央财政收入占全部财政收入的比重已由 1993 年的 22.0% 上升到 47.89%，地方财政的比重则从 1993 年的 78% 下降到 2012 年的 52.11%。[①] 在分税制下，省级以下地方政府的可支配财力更小。仅以杭州市拱墅区为例，按照目前的分税体制，增值税的 75% 上缴中央，所得税的 60% 上缴中央，该区 2010 年的财政总收入达到了 58 亿元，但上缴给中央达到 29 亿元，再除去上缴省、市两级政府的税收收入，2010 年该区可用财政收入仅剩余 13 亿元。（沈锡权等，2011）

在中央政府财权不断上收的同时，地方政府的事权却在不断扩大。

---

① 1993 年的数据来源于《中国统计年鉴》（1994），2012 年的数据来源于财政部网站《2012 年全国公共财政收入 117 210 亿元 税收收入占比 86%》。

中央将很多事权都下放给了地方，其结果是导致地方政府财政支出比重不断上升。中央政府（本级）财政支出比重从 1993 年的 28.3% 下降到 2012 年的 14.93%；地方财政支出比重则从 71.7% 增加到 85.07%。[①] 在“财权上移”“事权下移”的财政体制下，地方政府财权和事权不对称，导致地方政府面临着日渐增大的财政压力。地方财政自给率可以反映地方政府财政状况。仅以浙江省为例，在分税制之前，浙江地方政府财政收入基本可以满足本级财政支出的需要还有盈余。在分税制实施当年，即 1994 年，浙江地方政府财政自给率急剧下降至 61.84%。1994—2016 年，除 1995 年自给有余之外，其他年份均未达到 100%（见表 3 - 4）。分税制改革的直接后果是，浙江省地方政府预算内的财政收入根本无法满足其财政支出要求。迫使地方政府寻找税收以外的地方财政收入来源。

表 3 - 4　浙江省地方财政自给率情况（1991—2016 年）

年份	地方财政收入/亿元	地方财政支出/亿元	地方财政自给率/%
1991	110.00	88.00	125.00
1992	118.36	95.31	124.18
1993	166.64	125.03	133.28
1994	94.63	153.03	61.84
1995	116.82	108.29	107.88
1996	139.63	213.71	65.34
1997	157.33	240.16	65.51
1998	198.10	286.81	69.07
1999	245.47	344.04	71.35
2000	342.77	431.30	79.47

① 1993 年数据来源于《中国统计年鉴》（1994），2012 年数据来源于财政部网站《2012 年全国公共财政收入 117 210 亿元　税收收入占比 86%》。

（续表）

年份	地方财政收入/亿元	地方财政支出/亿元	地方财政自给率/%
2001	418.00	597.30	69.98
2002	566.85	749.90	75.59
2003	706.56	896.77	78.79
2004	900.99	1 062.94	84.76
2005	1 066.60	1 265.53	84.28
2006	1 298.20	1 471.86	88.20
2007	1 649.50	1 806.79	91.29
2008	1 933.39	2 208.58	87.54
2009	2 142.51	2 653.35	80.75
2010	2 608.47	3 208.41	81.30
2011	3 150.80	3 842.74	82.00
2012	3 441.23	4 161.88	82.69
2013	3 796.92	4 730.47	80.27
2014	4 122.02	5 159.57	79.89
2015	4 809.90	6 645.98	72.37
2016	5 301.81	6 976.33	76.00

数据来源：①浙江省财政收入、支出（单位：亿元）：1991 年的数据来源于《浙江财政年鉴 2008》；其他年份的数据来源于《浙江统计年鉴（1993—2016 年）》和《2016 年浙江省国民经济和社会发展统计公报》，比例数据是作者计算得到。

②1994 年分税制改革之后统计年鉴上才区分财政总收入和地方财政收入。因此，1994 年以前地方财政收入用财政总收入代替，1994 年之后使用浙江地方财政收入数据。

分税制虽然赋予了地方政府较大的财政自主权，但却使地方政府筹集财政收入的压力急剧增大。从 1995 年开始，开辟地方财政收入来源就成为各级地方政府，特别是省级以下地方政府的重要而迫切的任务。房地产开发、经营性土地竞价出让对地方财政收入的高贡献率诱使各地政府大力发展房地产开发业。毫无疑问，分税制改革是诱发地方政府极力维持竞价出让土地的市场交易模式，以获取持续土地财政收入的重要体制原因。

六、地区竞争的驱动

此处我们所讨论的地区竞争，其主体是地方政府。从广义角度来看，地方政府也是追求现期利益最大化的经济主体，地方政府干部会特别关注自身的职位升迁和政治收益。（吴旭冉，2013）在我国将经济发展作为社会发展第一要务的基本国情下，受地区竞争的驱动，地区生产总值增长率、财政收入增长率、招商引资的规模等指标就成为地方政府政绩考核指标体系中的重中之重。长期以来，中央政府对地方政府的考核机制一直都是"以 GDP 为纲"，如此引导的结果必然是投资冲动极强，因为它"立竿见影"，只要新领导来了就可以看见新项目上马。中央政府对地方政府考核机制的设计使地方政府过于关注短期经济增长指标而非实际经济发展情况。所谓可持续性的要求对地方官员的约束并不大，因为地方政府的任期只有 4 年，任期结束后的发展其实跟上一任的关系不大，而且可持续性也很难被度量。（肖经栋等，2004）

为了尽快彰显政绩，地方政府有强烈的动机利用手中一切可以利用的资源，加快城市基础设施建设，加大招商引资力度，积极推进地区工业化、城镇化。这种地区竞争压力使得地方政府特别热衷于通过"经营城市、实行土地资产经营"来增收、创收。增量土地带来的收益快速、简单、风险低、收益高，自然而然地成为地方政府创造地区生产总值，增加财政收入，渲染政绩的理想工具。作为实现上述目标首选工具的土地财政具有三大明显的优势：第一，土地抵押带来的银行贷款，数量大、成本低而且信用等级高，可以为城市建设提供大量稳定的建设资金。第二，通过建立各种类型的经济技术或高新技术开发区（工业园区），上马建设项目可以创造城市欣欣向荣、蓬勃发展的城市风貌，并且还可以创造就业机会，为地方领导带来可以看得见的政绩。第三，操作的空间大，可操作性较强，地方政府是国有土地的实际控制者，是集体土地利用规划的控制者，同时享有集体土地征用的强制性权力，因此，地方政府可以灵活地运用土地征用权力和土地出让政策创收而受到较小的限制。

简单地讲，地区竞争对驱动土地市场发展的基本逻辑是，现行地方政府官员政绩考核体制→地区竞争（GDP 和税收竞赛）→地方政府极力招商引资→土地征用→土地批租（工业低价出让、经营性土地高价出让）→城市土地市场发展。

在地方政府参与的地区竞争格局下，地方政府既希望竞价出让土地以获得更多土地财政收入，因而是土地市场化的推动者；又想借助土地政策优惠以吸引更多区外资金进入，因而又可能扮演了土地市场化的阻碍者的角色。前者主要通过经营性用地的竞价出让机制来完成，后者主要通过协议出让机制来完成。①

① 协议出让在 20 世纪 90 年代之前相当普遍。目前工业用地的用地计划公布之后如果有 2 家或 2 家以上意向用地单位，也要求采取竞价出让机制。工业用地竞价出让在东部发达地区已经比较常见。

第四章　中国城市土地市场现状、问题与发展趋势

一、中国城市土地市场运行基本情况

从全国总体情况来观察，在经历了 2015 年上半年土地市场的低迷之后，2015 年下半年土地市场渐渐回暖，土地市场交易日趋活跃。土地的供求比例同比降幅有所收窄，楼面地价持续上涨，北京、上海、深圳等一线热点城市的地价上升逐渐带动了住宅用地价格的持续性上涨。2016 年初开始，全国土地供求总量有所回落，但地价上涨仍带动土地出让金同比增加了 40%。分阶段来考察，2016 年 1—6 月，一线城市土地供地有所减少，二线重点城市遂成为房地产开发商争夺的主战场。进入第 3 季度以来，土地市场热度由杭州、南京等热点城市逐渐蔓延至苏州、合肥、厦门、郑州等城市，土地竞价出让结果屡屡刷新成交价格纪录，“地王”现象频频出现。房价与地价同步上涨又引发近 10 个城市出台楼市调控和土地出让新政。2016 年第 4 季度全国地价总体水平持续温和上行，综合、商服、住宅地价环比、同比增速均有所上升；工业地价环比增速略有放缓，同比增速上升。2017 年第 1 季度，全国地价总体水平仍然保持持续温和上行态势，住宅地价环比增速放缓、同比

增速上升；商服地价环比、同比增速双升；工业地价环比、同比增速双降。（中国土地勘测规划院城市地价动态监测组，2017）

（一）土地供求量均大幅回落，但供过于求的总体格局未变

2015 年第 4 季度至 2016 年第 3 季度，全国 300 个城市一共推出了 29 195 宗土地，土地供应总面积达到 108 942 万平方米。其中，住宅类用地共推出 8 480 宗，总面积达 35 256 万平方米。从成交纪录来看，共成交土地 22 159 宗，成交总面积达 84 941 万平方米。其中，住宅类用地共成交 6 319 宗，成交总面积达 27 577 万平方米。从供求总量的对比来看，综合类用地和住宅类用地的累计平均供求比例均为 1. 28，成交量小于供应量的总体格局并未发生根本改变（见表 4 –1）。

表 4 –1　2015 年第 4 季度至 2016 年第 3 季度全国 300 个城市土地供求量

年份	季度	类型	供应/宗	供应面积/万平方米	成交/宗	成交面积/万平方米	供求比例
2015	4	综合类	9 716	37 918	6 574	27 434	1. 38
		住宅类	2 995	12 876	2 057	9 268	1. 39
2016	1	综合类	5 784	21 079	4 500	17 313	1. 22
		住宅类	1 744	6 823	1 296	5 176	1. 32
	2	综合类	7 072	26 506	6 180	21 040	1. 26
		住宅类	2 368	7 879	1 564	8 430	0. 93
	3	综合类	6 623	23 439	4 905	19 154	1. 22
		住宅类	1 373	7 678	1 402	4 703	1. 63
合计		综合类	29 195	108 942	22 159	84 941	1. 28
		住宅类	8 480	35 256	6 319	27 577	1. 28

数据来源：CREIS 中指数据，fdc. fang. com。

注释：①住宅类用地含住宅用地及包含住宅用地的综合性用地。

②供求比例是指土地供应面积与已经成交的土地面积的比值。

（二）土地成交均价持续高位运行，楼面价总体趋升、溢价率逐季走高

从土地成交均价来看，2015 年第 4 季度至 2016 年第 3 季度，全国主要城市分用途地价呈现逐季上涨态势，上涨率均高于上年同期水平。住宅价格同比增幅最大，呈逐季上升趋势，2016 年第 2 季度和第 3 季度较上一季度的增幅均超过了 1%。综合、住宅和商服地价环比呈上升态势，而工业地价环比增速微降（见图 4－1、图 4－2、图 4－3）。

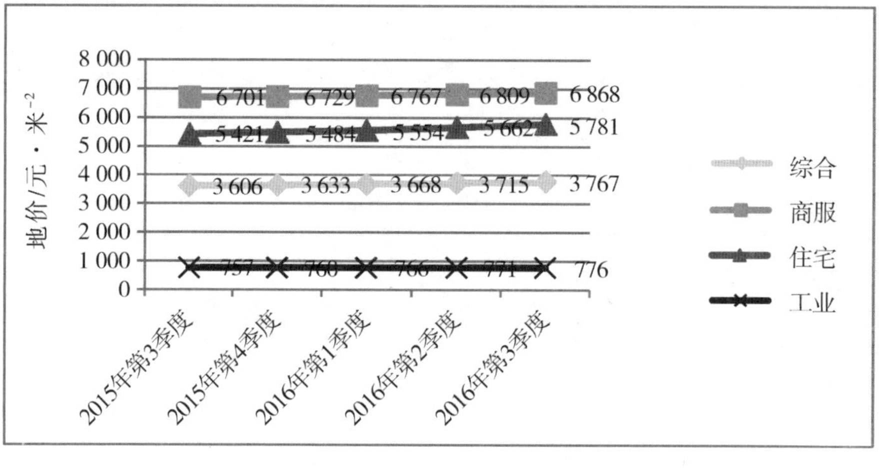

图 4－1　2015 年第 3 季度至 2016 年第 3 季度全国主要城市分用途地价水平

数据来源：根据中国土地勘测规划院城市地价动态监测组《全国主要城市地价监测报告》（2015 年第 3 季度至 2016 年第 3 季度，http：//www. mlr. gov. cn）提供的数据绘制。

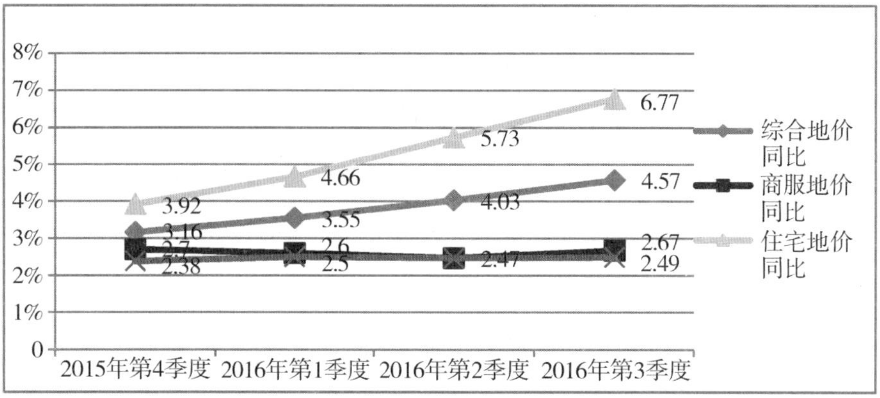

图 4－2　2015 年第 4 季度至 2016 年第 3 季度全国主要城市分用途地价同比增长率

数据来源：根据中国土地勘测规划院城市地价动态监测组《全国主要城市地价监测报告》（2015 年第 3 季度至 2016 年第 3 季度，http：//www. mlr. gov. cn）提供的数据绘制。

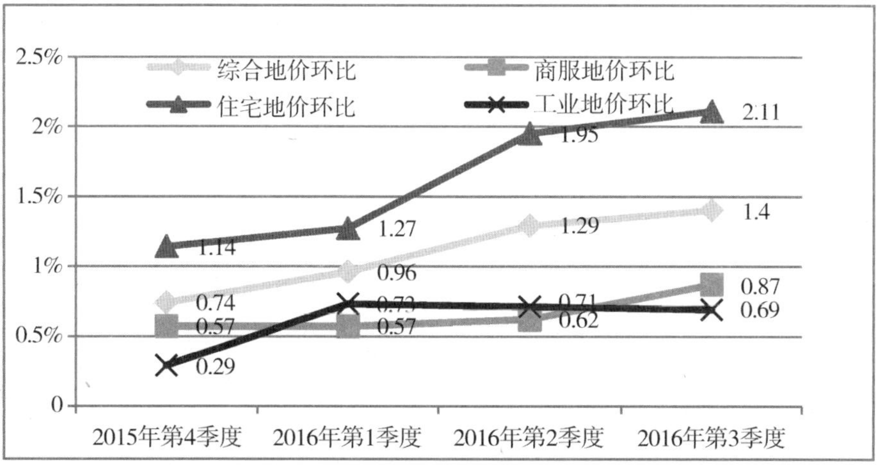

图 4－3　2015 年第 4 季度至 2016 年第 3 季度全国主要城市分用途地价环比增长率

数据来源：根据中国土地勘测规划院城市地价动态监测组《全国主要城市地价监测报告》（2015 年第 3 季度至 2016 年第 3 季度，http：//www. mlr. gov. cn）提供的数据绘制。

从楼面地价来看，2015 年第 4 季度至 2016 年第 3 季度，全国 300

个城市成交楼面均价同比均有所增加且增速加快。楼面均价在2016年第1季度环比有所下降，但在其后两个季度里持续上涨，涨幅均在30%以上（见表4-2）。

表4-2 2015年第4季度至2016年第3季度全国300个城市土地成交楼面地价

时间	楼面均价/元·米$^{-2}$	同比/%	环比/%
2015年第4季度	1 586	19	16
2016年第1季度	1 399	15	-12
2016年第2季度	1 828	47	31
2016年第3季度	2 436	80	33

数据来源：CREIS中指数据，fdc. fang. com。

从溢价率来看，2015年第4季度至2016年第3季度，全国300个城市土地溢价率持续走高，整体高于前一年一、二线高溢价率（见表4-3）。

表4-3 2015年第4季度至2016年第3季度全国300个城市土地溢价率

时间	溢价率/%	同比/%	环比/%
2015年第4季度	22	14	22
2016年第1季度	25	35	14
2016年第2季度	54	43	116
2016年第3季度	61	43	13

数据来源：CREIS中指数据，fdc. fang. com。

（三）土地出让金总量同比增加，一线城市同比减少，二、三线城市同比增加

2015年，全国缴入国库的土地出让收入33 657.73亿元，同比下降

了 21.6%。[①] 在经历了前三个季度的持续下降后，第 4 季度止跌回升，2016 年全年土地出让面积 20.82 万公顷，同比下降 5.9%；合同成交价款 3.56 万亿元，同比增长 19.3%。

从重点监测城市来看，全国 300 个城市 2015 年第 4 季度的出让金总额达 8080 亿元，环比增加 44%，同比增加 21%。受地价上涨的推动，2016 年前三个季度土地出让金均高于上年的同期水平（见表 4-4）。

表 4-4　2015 年第 4 季度至 2016 年第 3 季度全国 300 个城市土地出让金

时间	出让金/亿元	环比/%	同比/%
2015 年第 4 季度	8 080	44	21
2016 年第 1 季度	4 515	-44	6
2016 年第 2 季度	6 435	42	67
2016 年第 3 季度	8 311	29	48
2016 年第 4 季度	9 786	18	21

数据来源：CREIS 中指数据，fdc. fang. com。

从不同类型的城市来看：2016 年 1—9 月，受供地政策变化的影响，一线城市土地出让金 2 839 亿元，同比减少 3%；三线城市土地出让金 4 624 亿元，温和增长 9%；二线城市土地出让金 11 798 亿元，同比急剧增长 80%。[②]

2016 年全年，全国 300 个城市土地出让金总额为 29 047 亿元，同比增加 31%。其中，住宅用地（含住宅用地及包含住宅用地的综合性用地）出让金总额为 22 606 亿元，同比增加 41%；商办类用地出让金总额为 4 537 亿元，同比增加 4%。2017 年第 1 季度，全国 300 个城市

① 此处数据来源于财政部：《2015 年全国土地出让收支情况》（2016 年 4 月 5 日）。
② 此处数据来源于 CREIS 中指数据。

土地出让金总额为 6 835 亿元，同比增加 51%。

（四）三大重点区域宅地价格同比增速上升，长三角、珠三角显著高于全国平均水平

2016 年前三季度，三大重点区域住宅地价增速保持上升；第 3 季度地价同比增幅，环渤海地区与全国大致相同，长三角地区和珠三角地区则大幅高于全国；长三角地区和珠三角地区地价环比增幅大幅高于全国。总体来看，长三角和珠三角的住宅地价仍在高位运行，并显著高于全国的平均水平（见图 4－4、图 4－5）。

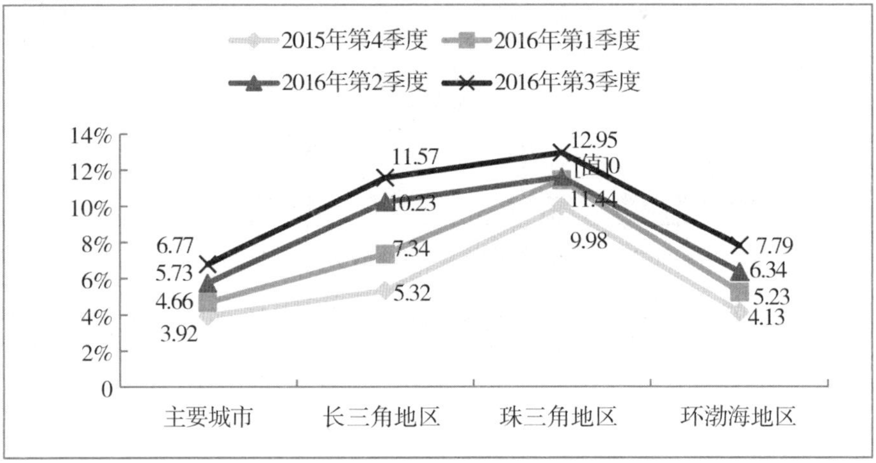

图 4－4　2015 年第 4 季度至 2016 年第 3 季度重点区域住宅地价同比增长率

数据来源：根据中国土地勘测规划院城市地价动态监测组《中国城市地价动态监测报告》（2015 年第 4 季度至 2016 年第 3 季度，http：//www. landvalue. com. cn）提供的数据绘制。

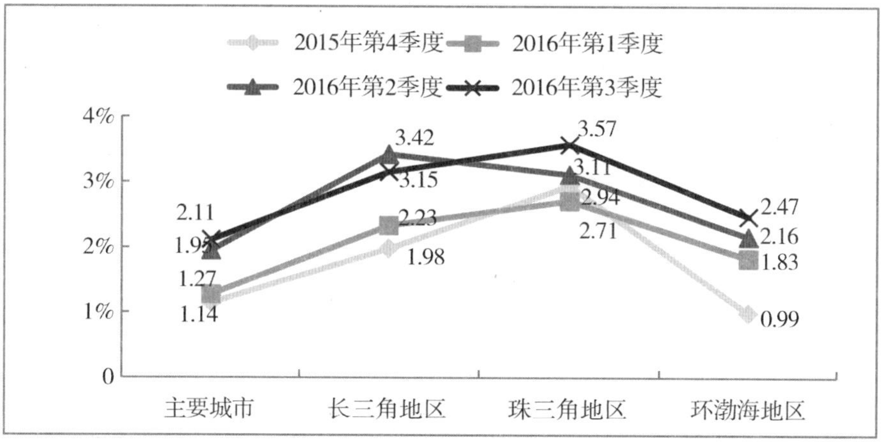

图 4－5　2015 年第 4 季度至 2016 年第 3 季度重点区域住宅地价环比增长率

资料来源：根据中国土地勘测规划院城市地价动态监测组《中国城市地价动态监测报告》（2015 年第 4 季度至 2016 年第 3 季度，http：//www. landvalue. com. cn）提供的数据绘制。

二、中国城市土地市场存在的主要问题

（一）从土地制度层面看，城乡土地市场分割，不利于城市土地市场持续健康发展

所谓城乡土地市场，是指城市国有建设用地交易市场和农村集体建设用地流转市场。由于我国特殊的土地二元所有制，集体土地所有权只能转变为全民所有（即国有），城市建设用地只能使用国有土地，这就导致长期以来我国城乡土地市场分属两个相互封闭的运行系统，造成我国土地市场人为地分割成两个相互独立的市场体系。

从目前的市场特征来看，两个土地市场的发展程度、市场特征显著不同。城市土地市场在改革开放之后得到了迅猛发展，土地市场交易活跃，尤其是受到近几年我国快速城镇化和房地产开发热潮的带动，城市

土地市场异常繁荣，地价迅猛上升。比较而言，由于受到现行法律制度的约束，农村集体土地市场发育相对迟缓，这种状况一方面严重地阻碍了集体建设用地资源的优化配置，也不利于城市土地市场的健康持续发展。首先，从农村集体建设用地市场来看，由于集体建设用地的利用方向受到现行法律的诸多限制，其土地市场的发育条件先天不足，导致集体建设用地价值无法通过市场机制来实现，具体表现为，集体建设用地租赁价格相对偏低（与城市国有建设用地相比），市场价格没有形成，或者价格信息失真，导致集体建设用地配置效率低下，集体土地所有者的资产价值和要素价值也无法实现。其次，从城市建设用地市场来看，由于集体土地转变为国有建设用地成本日渐上升，再加上城市国有建设用地使用权交易的一级市场实行政府垄断供应，城市建设用地始终处于相对短缺状态，由此衍生出城市住房紧张，房价畸高（尤其大城市），企业商务成本急剧上升，公共基础设施用地紧张，“大城市病”凸显等一系列社会经济问题，这些问题大都与城乡土地市场分割，集体建设用地不能有效分流城市建设用地需求有关。因此，从长远看，要保持我国城市土地市场和城市社会经济可持续发展，必须打破城乡土地市场分割的状态，尽快形成城乡统一的土地市场体系，在一个统一的法律框架和城乡统一的建设规划的约束下，形成土地资源统一配置单轨制框架。

（二）从财政角度看，地方政府土地财政依赖导致土地市场和房地产开发业畸形发展

所谓土地财政依赖，一般是指地方政府用于维持地方公共支出的可支配财力中有很大比例来自土地出让或与土地开发有关的税收收入。通常用土地财政收入（或土地财政支出）相当于地方财政收入（或地方财政支出）的比例来表示。鉴于数据可得性，此处我们就用土地出让收

入（毛收入）相当于地方财政收入的比例来衡量全国层面上的地方政府土地财政依赖情况。

根据财政部公开发布的统计数据，2000 年以来，土地出让收入已经成为我国地方政府最重要的非税收入（基金性收入）来源。2000 年，全国土地出让收入大约相当于地方财政收入的 9. 3%，相当于当年国内生产总值的0. 6%；到了 2007 年，土地出让收入相当于地方财政收入的比例就已经达到了 51. 83%（即全国地方政府土地出让收入相当于地方财政收入的一半以上），相当于当年国内生产总值的 4. 6%。到了 2008 年，在中央政府严格调控房地产市场的政策背景下，我国大多数热点城市的房产市场开始降温，土地市场交易也曾一度进入低迷状态，这在一定程度上影响了该年度的土地出让收入。由于全国土地出让规模的下降，土地出让收入比上一年有了明显减少，但仍然相当于当年全国地方财政收入的 35% 以上，相当于国内生产总值的 3% 以上。仅仅一年后的 2009 年，全国房地产市场重新升温，土地市场交易渐趋活跃，全国土地出让收入出现了恢复性增加，当年土地出让收入相当于地方财政收入和国内生产总值的比例分别增加到 48. 80% 和 4. 67%，2010 年进一步急剧增加到 66. 48% 和 6. 75%，2011 年则分别为 60. 08% 和 6. 68%（陈多长，2014），2013 年和 2014 年两个年度全国土地出让金突破 4 万亿元，2016 年有所回落，但仍然达到 3. 74 万元以上，相当于当年地方财政收入和区生产总值的 42. 96% 和 5. 03%。从 2000 年到 2016 年，全国土地出让收入累计值相当于地方财政收入累计值的 49. 24%，相当于全国国内生产总值累计值的 5. 18%（见表 4 – 5）。

表 4-5　全国土地财政收入依赖度（2000—2016 年）

年份	①土地出让收入/亿元	②地方财政收入/亿元	③国内生产总值/亿元	④=①/②	⑤=①/③
2000	595.60	6 406.06	99 214.6	9.30%	0.60%
2001	1 295.89	7 803.30	109 655.2	16.61%	1.18%
2002	2 416.79	8 515.00	120 332.7	28.38%	2.01%
2003	5 421.31	9 849.98	135 822.8	55.04%	3.99%
2004	6 412.18	11 893.37	159 878.3	53.39%	4.01%
2005	5 883.82	15 100.76	183 867.9	38.96%	3.20%
2006	8 077.64	18 303.58	210 871.0	44.13%	3.83%
2007	12 216.72	23 572.62	265 810.30	51.83%	4.60%
2008	10 259.80	28 649.79	314 045.40	35.81%	3.27%
2009	15 910.20	32 602.59	340 902.80	48.80%	4.67%
2010	27 000.00	40 613.04	401 202.00	66.48%	6.75%
2011	31 500.00	52 434.00	471 564.00	60.08%	6.68%
2012	28 886.00	61 078.29	540 367.40	47.29%	5.35%
2013	41 250.00	69 011.16	585 244.40	59.77%	7.05%
2014	42 940.30	75 876.58	643 974.00	56.59%	6.67%
2015	33 657.73	83 002.04	685 505.80	40.55%	4.91%
2016	37 457.00	87 195.00	744 127.00	42.96%	5.03%
Σ	311 181	631 907.2	6 012 386	49.24%	5.18%

数据来源：

①2007—2009 年全国土地出让收入数据来源于《中国国土资源统计年鉴（2008）》《中国国土资源统计年鉴（2009）》《中国国土资源统计年鉴（2010）》；2010 年和 2011 年数据来源于原国土资源部《中国国土资源公报（2010）》《中国国土资源公报（2011）》。其他年份数据来源于财政部《年度全国土地出让收支情况》。

②地方财政收入数据来源于《中国统计年鉴》和财政部《2016 年公共财政收支情况》（中国经济网）。

③全国国内生产总值来源于历年《中国统计年鉴》和《2016 年国民经济和社会发展统计公报》。

地方政府长期对土地财政收入的高度依赖，导致了土地市场和房地产开发业的畸形快速发展。近 14 年来，随着土地出让收入逐渐成为地方政府财政收入的主要来源，地方政府日益重视土地市场的财政收入功能，将城市土地经营和推动土地增值作为增加政府财政收入的主要手段。地方政府事实上已经把土地市场作为获得大量土地收益的工具，其主要依托的产业则是房地产开发业，由此也导致了房地产开发业的畸形发展。

在土地财政依赖日渐加深的背景下，地方政府逐渐成为房地产开发的最大受益者，这种对土地财政和房地产业的严重依赖最终导致了房地产业发展偏离了正常的轨道。土地财政依赖对房地产业的影响，主要体现在固定资产投资过度集中于房地产开发领域。根据统计资料：2003 年以来，全国房地产开发投资占固定资产投资的比例一直保持着较高水平，14 年累计平均占比约 18.54%；房地产开发投资占 GDP 比重呈现逐年上升趋势，由 2003 年的 7.48% 增长到 2016 年的 13.79%（见表 4－6），14 年累计平均占比 12.5%，高于国际公认的房地产开发投资占 GDP 比重 5% 的合理水平。

表 4－6　2003 年以来全国房地产开发投资及其占比

年份	①房地产开发投资/亿元	②固定资产投资/亿元	③GDP/亿元	④＝①/②	⑤＝①/③
2003	10 153.80	55 566.61	135 822.76	18.27%	7.48%
2004	13 158.25	70 477.43	159 878.34	18.67%	8.233%
2005	15 909.25	88 773.61	184 937.37	17.92%	8.60%
2006	19 422.92	109 998.16	216 314.43	17.66%	8.98%
2007	25 288.84	137 323.94	265 810.31	18.42%	9.51%
2008	31 203.19	172 828.40	314 045.43	18.05%	9.94%

（续表）

年份	①房地产开发投资/亿元	②固定资产投资/亿元	③GDP/亿元	④＝①/②	⑤＝①/③
2009	36 241. 81	224 598. 77	340 902. 81	16. 14%	10. 63%
2010	48 259. 40	251 683. 77	401 512. 80	19. 17%	12. 02%
2011	61 796. 89	311 485. 13	473 104. 05	19. 84%	13. 06%
2012	71 803. 79	374 694. 74	540 367. 40	19. 16%	13. 29%
2013	86 013. 38	446 294. 09	585 244. 40	19. 273%	14. 70%
2014	95 035. 61	512 020. 65	643 974. 00	18. 56%	14. 76%
2015	95 978. 85	561 999. 83	685 505. 80	17. 08%	17. 08%
2016	102 581. 00	606 466. 00	744 127. 00	16. 91%	13. 79%

数据来源：根据《中国统计年鉴（2016）》和《2016年国民经济和社会发展统计公报》提供的数据计算得出。

此外，地方政府干部“土地寻租”盛行，行政腐败滋生。寻租是指利用各种“资源”，通过各种非法途径，依靠政治过程所获得垄断特权的非生产性活动。它的主要特点是不经过相应的生产劳动而将社会公众财富转移到一部分人手中。（程瑶，2009）土地是一种稀缺自然资源，并且目前我国只有通过国家垄断的土地一级市场出让才能获得国有建设用地的使用权，因此，土地市场垄断为政府干部提供了巨大的“寻租”空间，从而造成一些地方政府干部在土地出让过程中与开发商共同谋利。再加上政绩的考虑，卖地对政府干部有相当大的吸引力。甚至可以说，地方政府干部在任期间卖出的地越多，获得的收益越大。政府一方面通过用计划的方法低价拿地，一方面通过市场的方式再高价出让，通过炒作土地获得巨大的价格差异。而这些行为又在一定程度上驱使地方政府大量卖地，从而滋生土地“寻租”行为以及行政腐败。在我国土地出让过程中，土地寻租现象已经屡见不鲜。据统计，过去几年里，在“落马”的领导干部以权谋私、贪污受贿的案件中，涉及土地批租问题的约占 1/3。浙江省作为东部沿海的发达省份，也存在土地“寻租”现象。地方政府所得到的土地出让、批租等款项成了地方政府的“自留地”，这些钱有的用于城市建设，有的作为用来维护政府工作的正常开支，土地审批成为地方政府的“摇钱树”。（岳桂宁等，2009）在目前全国查处的土地违法案件当中，地方政府违法占地的问题异常突出，凡是性质严重的土地违法行为，几乎都涉及地方政府或相关领导。浙江温州的“杨秀珠案”震惊全国，其背后就揪出了一大批利用土地批租进行贪污腐败的政府干部。

（三）从法律层面看，现行的法律、法规不适应土地市场发展的新情况

诚如前文已经指出的那样，我国目前土地市场存在的首要问题是城乡土地市场的分割，而造成这个现状的重要制度原因之一便是我国现行的法律、法规的约束。现行法律框架下，集体土地所有权相对于国有土地所有权来说，是一种弱势的所有权，它只能单向流动从而变成国有土地。同时，它的使用有过多的限制。

从经济学意义上讲，对集体土地使用权的限制等同于部分剥夺了集体土地所有者的收益权。我国目前很多地区都存在的小产权房问题，从现实中看是违背了现行法律和法规的，从经济学意义上讲，其实是现行法律制度不合理导致了集体土地所有权的弱势和产权价值的贬损。随着社会经济发展，为了促进城乡统一的土地市场的形成和良性发展，改革现行法律、法规已经成为一种必然趋势。

（四）从微观层面看，土地供应结构不合理，住宅用地供应量占比较低导致住宅用地价格急剧上涨

从供给侧来看，土地成交价格总体水平的快速上涨是土地供应总量不足造成的，而分用途土地价格的快速上涨则同时还有土地供应结构不合理、某类土地供求关系紧张等方面的原因。根据中国土地勘测规划院城市地价动态监测组的《全国主要城市地价监测报告》，从2015年第3季度至2016年第3季度，住宅用地和商服用地在季度供地总量中的比例一直远低于其他类型用地的比例，甚至一直低于工业仓储用地的占比。其中，住宅用地供应量占比在2016年第2季度甚至还有剧烈下降现象（见图4-6）。2016年第4季度住宅用地占比进一步下降到15%，工业用地和仓储用地占比降低到18%，商服用地占比降低到6%，其他用地比例增长到61%。住宅用地供应比例持续降低，这是导致住宅用地价格快速上涨的最重要的供给侧原因。因土地供应结构和土地供应年度计划主要是地方政府决定的，因此，可以说土地供应总量不足和土地供给结构不合理的根源主要在地方政府。

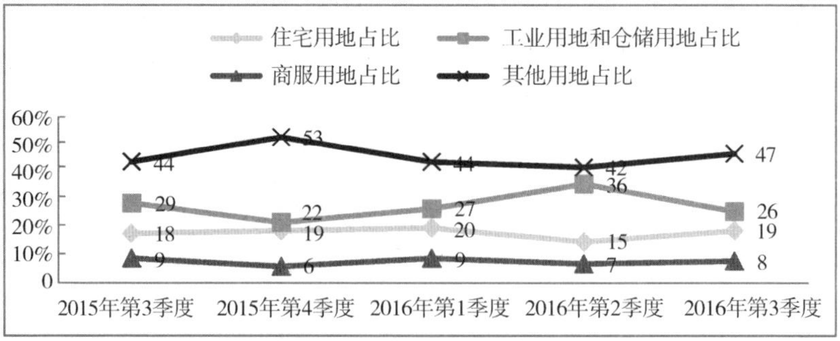

图4-6　四类用地在季度土地供应总量中占比的变化情况

数据来源：根据中国土地勘测规划院城市地价动态监测组《全国主要城市地价监测报告》（2015年第3季度至2016年第3季度，http://www.mlr.gov.cn）提供的数据绘制。

（五）从地区差异看，我国土地市场的地区分化加剧，三线城市土地供应更为充足

2016 年国土资源部印发《关于下达〈2016 年全国土地利用计划〉的通知》，此通知表明，国家将继续减少增量土地供应，以迫使地方政府努力盘活城市存量土地。当前全国土地市场的基本现实是，总体上看土地供大于求的格局并未改变，但地区分化依然存在。2016 年 1—9 月，一线、二线和三线城市的土地供求比例分别为 1.10、1.17 和 1.28，反映出我国三线城市的土地供应比一线、二线城市更为充足，土地供求地区分化特征依然明显（见表 4 -7）。

表 4 -7　2016 年 1—9 月不同城市土地市场交易情况

城市类别	指标	推出面积/万平方米	成交面积/万平方米	出让金/亿元	楼面均价/元·米$^{-2}$	溢价率
一线城市	绝对量	1 445	1 318	2 839	11 398	63%
	同比	-17%	-18%	-3%	38%	43%
二线城市	绝对量	27 067	23 042	11 798	2 727	57%
	同比	0.2%	0.3%	80%	81%	42%
三线城市	绝对量	42 513	33 148	4 624	834	25%
	同比	-9%	-3%	9%	18%	19%

数据来源：CREIS 中指数据，fdc. soufun. com.《中国 300 城市土地市场交易情报》（2016 年 1—9 月）。

2016 年前三个季度全国 300 个城市土地供应量达 71 024 万平方米，同比减少了 6%。（中国指数研究院，2016）受土地政策调整和 2016 年 9 月供地紧缩的影响，一线城市成交面积和土地出让金较之去年均明显下降，但溢价率则大幅提升；二线城市土地推出面积和成交面积均有所

下降，而楼面均价、土地出让金和溢价率均大幅提升；三线城市土地供求同比下降，而楼面均价和溢价率则有明显提升（见表4－8）。从根本上看，一线城市土地成交面积的下降主要是由于购房需求向二、三线城市扩散，显著拉升了二、三线城市的土地交易热度。土地交易价格的溢价率分别为63%、57%、25%，依次降低，仍延续了2015年的土地成交价格特征，土地交易价格的地区分化进一步加剧。

表4－8　2016年9月不同城市土地市场交易情况

城市类别	指标	推出面积/万平方米	成交面积/万平方米	出让金/亿元	楼面均价/元·米$^{-2}$	溢价率
一线城市	绝对量	147	98	123	5 819	48%
	同比	－39%	－68%	－79%	－34%	18%
	环比	－37%	－62%	－85%	－64%	－32%
二线城市	绝对量	2 929	2 299	2 199	4 958	86%
	同比	－19%	－32%	82%	161%	62%
	环比	－2%	－17%	31%	73%	24%
三线城市	绝对量	4 758	2 862	617	1 288	61%
	同比	－16%	－36%	－6%	56%	55%
	环比	－0.2%	－26%	－12%	20%	23%

数据来源：CREIS中指数据，fdc.soufun.com.《中国300城市土地市场交易情报》（2016年1—9月）。

（六）从成交价格角度看，地价快速上涨、“地王”频出，加重地价上升的预期

从2016年第2季度开始，包括中央企业在内的国有企业拿地热情

激涨，珠三角、长三角地区热点城市土地出让频现“地王”。2016 年 6 月 8 日，深圳拍卖一宗位于深圳光明新区的商住混合用地，凯丰实业以 140.6 亿元的高价斩获，该总价“地王”刷新了 2016 年以来国有土地拍卖市场的全国纪录。此外，杭州、苏州均刷新历史总价纪录，天津、南京则创下了年内“地王”纪录。其中，长三角热度蔓延，土地拍卖出让屡刷地价纪录，共有 6 宗地分布于长三角，上海、杭州、南京、苏州均榜上有名。2016 年以来，“地王潮”从杭州、南京、合肥向成都、郑州、武汉等地蔓延，重点二线城市土地市场热度上升，总价和单价“地王”频现。“地王”的频频出现无疑又会进一步抬高房价，楼市将面临新一轮挑战。

“地王”的出现对城市房地产市场交易产生了不良的示范效应，它会诱发并强化地产商对房地产价格上涨的预期，干扰土地市场乃至整个房地产市场的理性运行。

地价上升和“地王”频出的根本原因是商品房价格上涨（以及由此诱发的地产商对市场前景的乐观预期）的拉动与地方政府土地供给约束共同作用的结果，直接原因却是货币供应量的快速增长与土地供给不足或增长缓慢。关于土地供给，由于我国城市国有土地一级市场被城市政府垄断，很多地方实行的是“饥饿供地”的模式，土地供应的增长率经常会远远低于货币供应量的增长率，导致土地价格快速上涨。此处仅以狭义货币供应量的季度同比增长率为例，简要说明货币供应增长对土地价格增长的直接的、显著的影响。从 2015 年第 1 季度至 2016 年第 3 季度，全国货币供应量狭义货币（M_1）的季度同比增长率呈现出明显的逐季增加的态势，而全国主要监测城市的综合用地价格和住宅用地价格的同比增长率也都呈现出了逐季同步上升的态势（见图 4 - 7）。因此，从一定意义上看，土地价格的快速上涨主要是货币供应量快速增加的结果。正如通货膨胀是一种货币现象一样，地价的上涨也是一种货币现象（详细分析参见本章专栏 4－1）。

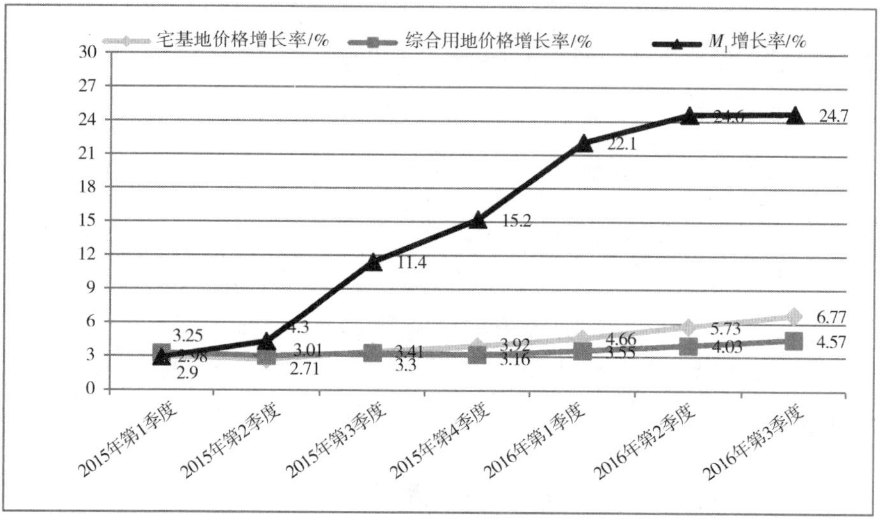

图 4－7　狭义货币供应量增长率与地价增长率

数据来源：狭义货币供应量增长率用季度末 M_1 余额的同比增长率，数据来源于东方财富网数据中心（http：//data. eastmoney. com/cjsj/hbgyl. html）；地价同比增长率数据来源于中国土地勘测规划院城市地价动态监测组《全国主要城市地价监测报告》，http：//www. mlr. gov. cn。

三、中国城市土地市场的总体发展趋势

（一）城乡统一的土地市场的建立尚需时日，城市土地市场仍将长期独立运行

从总体看，未来我国农村集体土地市场会在制度逐步改革的背景下缓慢发育、发展，但城乡土地市场分割的局面仍会在很长时间内存在。城市土地市场在经营性用地需求，尤其是在房地产开发用地需求拉动

下，仍然保持上升势头，地方政府土地财政依赖的局面短期内难以有所改观。短期内寄希望于城乡统一土地市场的建立以解决城市土地市场的深层矛盾的想法依然不现实。

（二）货币政策仍将是影响土地市场，乃至整个房地产市场的重要政策变量

单从最近两年城市土地市场本身来考察，2016 年第 4 季度至 2017 年第 3 季度，我国宏观经济仍处于结构调整和转型升级的关键期，经济增长依然面临较大的下行压力。在去库存、货币增发、乐观预期等因素的推动下，房价持续上升，M_1 增速过快，经济“脱实向虚”问题也更加突出。货币政策将会保持中性适度，以不过量投放货币为前提进行对冲式降准。（中国银行国际金融研究所，2016）由于国家货币政策总体上仍将保持适度中性的取向，预期 M_1 的增速将会放缓但不会出现明显的紧缩，土地市场价格的增速则会放慢但绝对水平不会明显下降。

（三）预计未来土地成交量将有所回落，价格或会高位调整但地价增幅将会下降

2016 年上半年，由于中央出台的一系列宽松的去库存政策影响，房地产销售面积及销售额同比大幅上升，诱致土地需求活跃、地价不断攀升。从土地需求方来看，利好政策推动房地产销售，一、二线楼市成交形势较好，企业的投资信心增强，购地需求增加。从土地供应方看，2016 年 1—9 月，全国 300 个城市土地供应同比下降 6%。尽管热点一、二线城市接连落地限购、限贷、限价调控政策，但难以逆转企业高价拿地的市场预期，热点城市土地市场热度未见明显逆转，土地出让竞争愈加激烈。与此同时，宽松的融资环境为企业拿地提供便利，前三季度房

企拿地规模及拿地金额均大幅上升。

未来，“去库存”仍是房地产市场的主基调，房价仍存在下行压力。同时由于货币信贷政策整体宽松态势不变，部分热点城市信贷收紧，并且伴随行政调控继续蔓延升级，全国楼市热度有所降温，累计销售量价同比增速继续放缓。由此传导到土地市场上，会导致土地市场交易的热度有所下降，土地市场成交量也会有所回落，但由于土地一级市场上地方政府垄断土地供应以及惯常采取“饥饿供地”的操作手法等原因，土地价格在高位调整，急剧下降的情况不大可能发生。

（四）土地市场继续分化

从整个房地产市场来看，随着市场的不断升温及其扩散，热点二线城市及个别三线城市自 2016 年 8 月中旬起已进一步出台严控措施，国庆节前后北京、天津等多个一、二线城市集中出台了提高首付比例、分区限购的差别性金融政策，导致更多城市调控趋紧的预期强化，房地产市场呈现出逐渐趋稳的态势，土地市场也随着一、二线城市供地节奏的加快和房价的企稳而趋向平稳，“地王”出现的概率大大下降。从不同级别的城市角度看：未来一、二线热点城市住宅地价增速将处于高位调整，库存较高的三、四线城市地价上涨动力不足；工业地价增速保持平稳波动。

由于前期地价的透支、人口流入限制及限购等因素，2016 年的一线城市楼市成交量和土地出让金较之前一年有明显的下降，二线重点城市成为房企争夺主战场。三、四线城市在本轮行情中后续动能不足，一方面是前期需求的过度透支；另一方面，在居住需求得到满足之后，投资性需求更倾向于房价涨幅较快的二线城市，因此，成交量不会出现太大波动，年底返乡置业或将成为三、四线城市去库存的有利时机。不同城市土地市场的分化仍将持续，一线城市和热点二线城市优质地块仍将是房企必争之地。

四、推动城市土地市场平稳健康发展的政策建议

（一）长期内应加快城乡统一土地市场建立，短期内应加大土地供应结构调整的力度，提高住宅供地比例

从长期来看，治理城市土地市场深层问题的根本出路在于建立城乡统一的土地市场，让集体土地也能承担过去基本上都由城市国有建设用地承担的功能，分流城市建设用地需求，缓解因为城市土地供应紧张所引起的诸多问题。从立法角度看，应尽快颁布全国性的法规，极力推动集体建设用地的流转，逐步实现国有土地与集体土地“同地、同权、同价”，打破地方政府对土地一级市场的垄断，让其逐渐从土地经营中淡出。

就目前而言，应根据各地实际情况，敦促地方政府因地制宜地制定和实施长期与短期相结合的土地供应计划，加大土地供应结构调整的力度。特别针对房地产价格快速上涨的一、二线城市，在未来的年度供地计划中，应适当降低其他用地和工业用地的供应比例，提高住宅用地（包括商品房和保障性住房用地）的供应比例。此外，还应积极盘活工业用地和其他用地中的存量用地，在满足城市规划要求的前提下，适当调整上述存量用地的用途，从存量土地的角度增加住宅用地的供应。这样，增量和存量“双管齐下”，有效地增加住宅用地的供应量，以稳定住宅用地的市场预期，减弱住宅用地价格上涨和“地王”形成的动力。

（二）淡化或取消房地产业支柱产业定位，消除土地财政依赖的产业政策依据，为土地市场健康发展提供良好的产业政策环境

各城市地方政府均把房地产业定位为支柱产业，这为积极发展房地产开发业进而形成土地财政依赖提供了重要的产业政策依据。鉴于房地产业支柱产业定位对土地财政依赖的形成具有重要推动作用的事实，目前应立即取消该错误的产业定位，让房地产业回归一般性服务业的范畴，使地方政府丧失通过大力发展房地产业来追逐巨额土地财政收入的政策依据。建议在各个省、市未来的房地产业发展规划中，明确房地产业并非其支柱产业，并且房地产业未来发展的重点是物业、服务业而非房地产开发业。工业产业比较发达的地区，如果不以房地产业作为支柱产业，其土地财政依赖程度也相对较低，广东中山市为我们提供了一个合适的样本。①

（三）制定差别化金融政策，对土地市场和商品房市场实施分类调控

金融监管等相关政府部门应严密监管和控制房地产开发企业的购地资金来源，减少银行对非房地产主营业务类企业购地资金的金融支持，减弱土地价格上涨的货币需求动力，降低“地王”产生的频率。与此同时，应鼓励金融机构配合降库存政策继续加大自住性商品房需求和保

---

① 从2009年到2011年，中山市土地出让金分别为33.7亿元、60.2亿元和83.4亿元，分别相当于该市当年一般预算收入的30.51%、43.19%和45.52%；土地出让纯收益分别为4亿元、16.7亿元和20.8亿元，分别相当于当年一般预算收入的3.6%、11.98%和11.35%。2016年中山市土地出让收入64.96亿元，相当于当年地方一般预算收入的22%。由此可见，中山市地方政府虽然已经形成了对土地财政收入的依赖，但其依赖的程度相对于全国平均水平（参见表4-5）来看，还是比较低的。

障房需求的金融支持力度。

（四）分区域制定调控政策，缓解土地市场地区分化

采用住宅价格等级化、差异化的房价调控策略和分区施策的土地市场调控。在一线城市和部分房价上涨过快的二线城市，应增大保障性居住用地供应比重，提高住房供应数量，从根本上缓解一线城市房价增长过快的趋势；在规模较小的三线城市，鼓励或吸引人口流入，促进人口城市化，使房地产市场更加健康和持续地发展。

针对房地产去库存压力较大的城市，应减少未来一年土地供应指标，对库存少、上一年度土地供应紧张、地价上涨较快的城市，应适当增加该用途土地的供应。

（五）中央政府应积极鼓励各地进行城镇化模式创新、允许集体建设用地入市，减弱地价上涨的动力

从长期来看，应鼓励城镇化模式创新，允许实行非征地条件下由当地村民自主、自愿推进的、有产业支撑的主动型城镇化。地方政府只起到规划、引导和政策服务等作用。换而言之，政府应允许推行集体土地所有权不变前提下的由民间力量主导、以产业发展为前提的渐进式的新型城镇化。这种模式下的城镇化，允许集体建设用地（包括住宅用地、工商业用地等）采取与国有建设用地一样的出让或出租形式，此举可分流城镇国有建设用地出让市场的需求，有效地减弱地价上涨的需求动力。

专栏4－1：解析中国土地市场的“地王”现象

2016年第2季度以来，全国房地产开发企业拿地热情激涨，房地产热点城市土地出让频现“地王”。土地市场的“地王”现象再次成为舆论关注的焦点问题。

何谓“地王”？

所谓“地王”，是指在经营性用地拍卖中以极高价格被拍得的城市建设用地。从实践中看，当商品房市场价格持续上涨，地价也会随着房价一起上涨，土地交易中高地价的交易记录经常被刷新，这些创纪录的高价地便被通俗地称为“地王”。

2016年6月8日，深圳拍卖一宗位于深圳光明新区的商住混合用地，凯丰实业以140.6亿元的高价竞得，该总价“地王”刷新了2016年以来国有土地拍卖市场的全国纪录。此外，杭州、苏州均刷新历史总价纪录，天津、南京则创下了年内“地王”。其中，长三角热度蔓延，土地拍卖出让屡刷地价纪录，共有6宗地分布于长三角，包括上海、杭州、南京和苏州等地（见附表）。2016年以来，“地王”潮从杭州、南京、合肥向成都、郑州、武汉等地蔓延，重点二线城市土地市场热度上升，总价和单价“地王”频现。“地王”的频频出现无疑又会使高价地进一步抬高房价，楼市又将面临新一轮挑战。

“地王”是如何产生的?

“地王”的成因可以从两种不同的角度给予解释：一种是基于供求均衡理论的解释，另一种则是基于货币数量论的解释。实际上，这两种解释在逻辑上是一致的。

第一，基于供求均衡理论的解释。从供求均衡理论看，“地王”的产生有很多方面的原因，大致来说主要有供给方面的原因、需求方面的原因和价格形成或交易机制方面的原因。

从供给角度看，地价的飙升和“地王”的形成主要是地方政府的供地数量不足，特别是某类用途的用地极度稀缺造成的。首先，在现行的城市国有土地一级市场被地方政府垄断的制度下，在许多城市，特别是在一线、二线城市，地方政府对经营性用地多数采取了“饥饿供地”的模式，它通常表现为土地的市场供应数量严重不足。其次，形成“地王”的地块通常是区位条件优越，资源极度稀缺，甚至绝版的城市经营性用地，这就为土地高价成交和“地王”的形成提供了基本的供给条件。仅以上海市静安区中兴社区 N070202 单元 332－01－A、333－01－A 地块的“地王”为例加以说明。该地块由上海胤博投资有限公司和南京典捷建筑材料有限公司组成的联合体于 2016 年 8 月 17 日竞得，总价 110.1 亿元楼面地价，创下了中国土地成交史上最贵“地王”的纪录。地块四至为：东至宝昌路，南至公兴路，西至临山路，北至中兴路。该地块位于原闸北的不夜城板块，区位条件极为优越，同类土地资源基本没有了，由此吸引了众多资金实力雄厚的房地产开发企业参与竞拍。

从需求角度来看，土地需求首先是一种典型的引致需求，它受到房价上涨及房价上涨预期的影响十分显著。当房价持续上涨时，土地需求极其旺盛，房地产开发商对房地产市场前景预期十分乐观，甚至过度乐观，这时他们会以巨额资金去竞得土地，这种情形下“地王”更容易形成。2015 年 9 月至 2016 年 9 月，全国一共产生了 10 个“地王”，这一时期全国主要城市各类用地价格均处于同比上升阶段。此外，从拿地企业的性质看，国有企业，尤其是融资能力强大的中央企业的参与也从需求端有力地拉动了地价上升，促使了“地王”的产生。根据中原地产的数据，2016 年 1—5 月，全国成交总价超过 15 亿元的经营性用地 112 宗，成交金额 3 407 亿元，其中国企（含央企）购地为 50 宗，购地金额约 1 670 亿元，占比分别为 45% 和 49%，接近一半（见表4 –9）。其中，保利、电建、中化、葛洲坝、华侨城、华润、鲁能、招商局、中交、中铁、中冶及信达等央企耗资近 913 亿元在全国 11 个城市购得 23 宗高总价地块（总价超过 15 亿元），除珠海 1 宗地块为商服用地以外，其余的均为住宅用地（见表 4 –10）。

表 4 –9　2016 年 1—5 月全国成交总价超过 15 亿元经营性用地名单

城市	成交宗数		成交金额/亿元	
	合计	其中：国企	合计	其中：国企
南京	16	10	632	358
苏州	16	7	461	238
合肥	10	4	271	90
上海	9	5	287	183
北京	9	7	304	245
广州	7	3	138	57
杭州	7	2	280	157
佛山	6	0	198	0
武汉	6	5	148	109

（续表）

城市	成交宗数		成交金额/亿元	
	合计	其中：国企	合计	其中：国企
天津	4	1	102	41
宁波	4	3	120	92
成都	2	1	37	21
深圳	2	0	110	0
温州	2	0	31	0
福州	2	0	35	0
郑州	2	0	41	0
重庆	1	0	26	0
阜阳	1	0	17	0
珠海	1	1	25	25
太原	1	0	19	0
石家庄	1	0	36	0
柳州	1	0	19	0
莆田	1	0	19	0
厦门	1	1	54	54
合计	112	50	3 407	1 670
国企占比		45%		49%

数据来源：中原地产数据库（http：//ccpr. centaline. com. cn/c2010. htm？ t = 2&i = 81，2017/1/11）。

表 4－10　2016 年 1—5 月中央企业购得的总价超过 15 亿元经营性用地名单

央企	城市	宗地名称	出让土地面积/公顷	成交价格/亿元	溢价率/%
保利	上海	浦东新区周浦镇西社区 PDP0－1001 单元 A－03－11 地块	6. 94	54. 50	296
	厦门	同安区同安新城滨海西大道东侧官浔溪南侧地块	8. 34	54. 26	150
	南京	浦口区江浦街道广电路以西，巩固路以北地块	8. 17	31. 20	163
	合肥	瑶海区龙岗路以西，明皇路以北地块	6. 39	19. 44	383
招商局	南京	鼓楼区热河南路客车厂地块	6. 27	48. 20	86
	宁波	东部新城核心区以东片区 A3－1#/2#/3#/4#地块	15. 71	40. 88	47
	北京	昌平区南邵镇昌平新城东区六期（东）0302－57 地块	8. 93	31. 95	50
		昌平区南邵镇昌平新城东区六期（东）0302－70 地块	8. 37	30. 00	50
华润	宁波	江北区湾头（JB05－04－10）地块	10. 80	28. 63	31
	武汉	江岸区建设大道和台北路交会处地块	7. 04	28. 04	0
	珠海	横琴新区开新三路东侧，天沐河南侧，开新二路西侧，横琴大道北侧地块	22. 13	24. 92	0

（续表）

央企	城市	宗地名称	出让土地面积/公顷	成交价格/亿元	溢价率/%
鲁能	苏州	吴中区吴中大道北侧地块	10.05	38.71	146
	南京	江宁高新园弘景大道以西，格致路以南地块	9.99	16.40	82
信达	杭州	奥体单元 MU－01，MU－02，MU－03 地块	15.78	123.18	96
		上城区南星单元 B－02 地块	3.30	33.90	66
中铁建	宁波	江北区湾头（JB05－02－21）地块	8.14	22.22	30
葛洲坝	南京	建邺区河西南部 8－6 号地块	2.64	32.80	110
中化	天津	河东区六纬路西侧地块	12.59	41.00	0
中冶	武汉	青山区建设四路与旅大街交会处地块	5.91	22.05	131
电建/中化	南京	建邺区河西南部 20－8 号地块	3.51	35.60	84
		建邺区河西南部 20－7 号地块	3.34	34.00	86
华侨城/华润	上海	闸北区天目社区 C070102 单元 33－02，46－02 街坊及 44－01，46－01 街坊公共绿地地下空间开发地块	2.49	69.32	0
中交/绿城九龙仓	北京	朝阳区将台乡驼房营村 1016－34，36，40，41 地块	5.62	51.35	2
合计				913	

数据来源：中原地产数据库（http：//ccpr.centaline.com.cn/c2010.htm？t＝2&i＝81，2017/1/11）。

从土地交易机制和价格形成的角度看，现行的城市国有土地一级市场由城市政府实行卖方垄断，在这种市场结构下，作为卖方的政府不仅可以控制土地出让的数量和出让的节奏，而且在买方超过两家的情况下，允许政府采取竞价出让的方式，这自然会在买方之间产生冲动性、盲目性竞争，以此促成地价的飙升。这就是稀缺的城市土地资源很容易形成“地王”的交易机制的原因。仍然以上海静安区 2016 年的“地王”为例，由于地块区位优越，吸引了包括中铁置业集团上海有限公司、中国葛洲坝集团房地产开发有限公司、北京城市开发集团有限责任公司、中粮地产（上海）有限公司、华润置地（上海）有限公司等 18 家著名房地产开发企业（或联合体）参与土地竞拍，其中有多家地产商具有中央企业背景。这种众多财力雄厚的企业参与的土地竞价出让，最终以高溢价率成交（溢价率为 139%）、形成总价“地王”也就不足为奇了。

第二，基于货币数量论的解释。基于前面的分析，地价上升和“地王”频出的根本原因是，商品房价格上涨（以及由此诱发的地产商对市场前景的乐观预期）引致土地需求快速增加、地方政府土地供给约束以及土地竞价机制等因素共同作用的结果。然而，从货币数量论角度考虑，我们认为，地价上涨和“地王”的产生最直接的原因却是货币供应量的快速增长与土地供给不足或增长缓慢造成的。

关于土地供给，由于我国城市国有土地一级市场被政府垄断，很多地方实行的是“饥饿供地”模式，因此土地供应的增长率经常会远低于货币供应量的增长率，导致土地价格快速上涨。

货币供应充足，尤其是狭义货币（M_1）快速增长，“地王”更容易产生。根据统计，2015 年第 4 季度至 2016 年第 3 季度，我国狭义货币保持了 15% 以上的持续快速增加，2016 年第 3 季度一度达到接近 25%

的高增长水平。另根据有关研究机构的研究，自 2015 年第 3 季度以来，广义货币（M_2）供应量突然增大，预计有 1/3 的资金流入楼市和房地产开发企业。在这种十分宽松的流动性环境下，房地产开发商更容易融通到购地资金，巨量购地货币需求更容易得到满足，由此从需求端拉动地价的快速上涨，这是导致“地王”频繁出现的重要货币因素。

此处仅以狭义货币供应量的季度同比增长率为例，简要说明货币供应增长对土地价格增长的直接的、显著的影响。从 2015 年第 1 季度至 2016 年第 3 季度，全国货币供应量 M_1 的季度同比增长率呈现出明显的逐季增加的态势，而全国主要监测城市的综合用地价格和住宅用地价格的同比增长率也都呈现出了逐季同步上升的态势（参见前文中的图 4－7）。因此，从一定意义上看，土地价格的快速上涨主要是货币供应量快速增加的结果。正如通货膨胀是一种货币现象一样，地价的上涨也是一种货币现象。

如何降低“地王”产生的概率？

“地王”的出现对城市房地产市场交易产生了不良的示范效应，它会诱发并强化地产商对房地产价格上涨的预期，干扰土地市场乃至整个房地产市场的理性运行。具体而言，“地王”现象会导致以下不良后果：一是预期房价仍会上涨。根据以往的经验数据，预期楼价与“地王”楼面地价基本是 2～5 倍关系。二是“地王”产生会立即推高周边楼盘的交易价格，此时的楼盘价格与其当年成交的楼面地价关系不大。三是“地王”也可能会延迟成交地块楼盘的开发时间。四是会改变住房市场买方的预期。五是推动整个房地产市场加速泡沫化。六是有利于地方政府维持其土地财政依赖行为，阻碍土地财政模式的转型。因此，中央政府必须对频繁出现的“地王”现象给予足够的关注并有所作为。

既然“地王”的出现是地方政府垄断土地一级市场、现行土地竞价出让制度、宽松货币政策、房价持续上升导致房地产开发商形成乐观预期，以及区位优越的城市土地资源供给低弹性等因素综合作用的结果，那么，按照同样的逻辑，如果地方政府能够扩大城市土地的供给、改变土地竞价出让的机制，中央政府实行紧缩的货币政策，或者经过调控致使房价不再上涨、地产商的市场预期发生逆转，则“地王”出现的概率会极大地降低，甚至消失。从这个意义上看，“地王”的出现其实是一个阶段性的现象。具体的政策建议如下：

一是加大土地供应结构调整的力度，提高住宅供地比例。根据各地的实际情况，敦促地方政府因地制宜地制定和实施短期与长期相结合的土地供地计划，适当降低其他用地和工业用地供应比例，提高住宅用地（包括商品房和保障性住房用地）的供应比例。此外，还应积极盘活工业用地和其他用地中的存量用地，在满足城市规划要求的前提下，适当调整上述存量用地的用途，从存量土地的角度增加住宅用地的供应。这样，增量和存量“双管齐下”，有效地增加住宅用地的供应量，以稳定住宅用地的市场预期，减弱住宅用地价格上涨和“地王”形成的动力。

二是制定差别化金融政策，对土地市场和商品房市场实施分类调控。金融监管等相关政府部门应严密监管和控制房地产开发企业的购地资金来源，减少银行对非房地产主营业务类企业购地资金的金融支持，减弱土地价格上涨的货币需求动力，降低“地王”产生的频率。与此同时，应鼓励金融机构配合降库存政策继续加大自住性商品房需求和保障房需求的金融支持力度。

三是长期内应鼓励城镇化模式创新，允许集体建设用地入市，减弱地价上涨的动力。从长期来看，应鼓励城镇化模式创新，允许实行非征地条件下由当地村民自主、自愿推进的，有产业支撑的主动型城镇化。

地方政府只起到规划、引导和政策服务等作用。换而言之，政府应允许推行集体土地所有权不变前提下的由民间力量主导、以产业发展为前提的渐进式的新型城镇化。这种模式下的城镇化，允许集体建设用地（包括住宅用地、工商业用地等）采取与国有建设用地一样的出让或出租形式，此举可分流城镇国有建设用地出让市场的需求，有效地减弱地价上涨的需求动力，降低“地王”产生的可能性。

附表1　2015年10月至2016年9月全国住宅用地成交总价排行榜TOP10

排名	城市区域	宗地名称	规划用途	规划建筑面积/平方米	成交总价/万元	楼面地价/元·米$^{-2}$	溢价率/%	竞得方	成交时间
1	深圳宝安	光明新区高新技术园区东片区，观光路与光明大道交会处南侧	商住混合用地	509 000	1 406 000	27 623	160	深圳市凯丰实业有限公司	2016－6－8
2	杭州滨江	滨江区奥体单元MU－01、MU－02、MU－03地块	住宅、商业、商务、公交场站、停车场、其他交通设施兼容用地	570 918	1 231 800	21 576	96	浙江信达地产有限公司	2016－5－27
3	上海静安	静安区N070202单元332－01－A、333－01－A地块	商住用地	109 861	1 101 000	100 218	139	上海胤博投资公司、南京典捷建筑材料有限公司	2016－8－17
4	苏州相城	相城区高铁新城南天成路南、澄阳路西	商服和城镇住宅用地	1 337 608	1 062 786	7 945	79	常州万方新城房地产开发有限公司	2016－9－23

（续表）

排名	城市区域	宗地名称	规划用途	规划建筑面积/平方米	成交总价/万元	楼面地价/元·米$^{-2}$	溢价率/%	竞得方	成交时间
5	天津和平	和平区大沽北路西侧	城镇住宅、商服用地	277 600	1 020 000	36 744	127	天津天房鼎信建设发展有限公司	2016－6－28
6	南京建邺	建邺区和西北部江东5号地块	R21 住宅用地、Bb 商办混合用地	545 489	880 000	16 132	115	常州世茂房地产有限公司	2016－5－13
7	上海浦东	浦东新区祝桥镇中心镇区核心区 G－10 地块	普通商品房用地	266 480	880 000	33 023	286	金地集团上海房地产发展有限公司、苏州金悦凯投资咨询有限公司	2016－7－27
8	北京丰台	丰台区南苑乡槐房村和新宫村 1404－657、1404－659、1401－607 地块	R2 二类居住用地、A33 基础教育用地	254 197	859 500	33 812	50	北京天恒房地产、中粮地产（上海）有限公司、北京中瑞凯华投资管理有限公司	2015－10－30

（续表）

排名	城市区域	宗地名称	规划用途	规划建筑面积/平方米	成交总价/万元	楼面地价/元·米$^{-2}$	溢价率/%	竞得方	成交时间
9	北京丰台	丰台区南苑乡槐房村和新宫村1404－669、1404－670、1404－665、1404－666、1404－668地块（丰台区城乡一体化槐房村、新宫村旧村改造项目第一期B组团）	R2二类居住用地、A33基础教育用地、A6社会福利用地、A2文化设施用地、S31公交枢纽用地	239 373	834 000	34 841	50	深圳华侨城股份有限公司、招商局地产（北京）有限公司、北京华润曙光房地产开发有限公司	2015－11－2
10	南京建邺	建邺区河西南部鱼背地块	Bb商办混合、Rb商住混合、R2二类居住、G3广场	1 145 016	830 000	7 249	0	深圳华侨城股份有限公司	2015－12－23

资料来源：CREIS中指数据，fdc. fang. com。

附表2　全国地价指数历年变动情况

年份	指数类别							
	平均综合地价指数		住宅地价指数		商服地价指数		工业地价指数	
	定基	同比	定基	同比	定基	同比	定基	同比
2000	100	100	100	100	100	100	100	100
2001	103	103	104	104	104	104	102	102
2002	108	105	110	106	109	105	105	103
2003	117	108	120	109	120	111	111	106
2004	124	106	131	109	128	107	113	102
2005	130	104	139	106	134	104	115	102
2006	136	105	148	106	140	105	118	103
2007	155	113	170	115	154	111	137	116
2008	155	100	171	100	156	101	136	100
2009	164	105	186	108	165	106	139	102
2010	181	111	209	114	184	117	149	102
2011	193	106	224	106	202	109	157	104
2012	200	103	231	103	210	104	163	103
2013	218	107	257	109	230	108	173	104
2014	234	105	272	105	241	104	190	106
2015	244	104	285	105	250	104	197	104

资料来源：原始数据来自中国土地勘测规划院城市地价动态监测组《中国城市地价动态监测报告》，http：//www. mlr. gov. cn。

附表 3　2016 年度中国城市地价指数情况（以 2000 年为基期）

城市	指数类别			
	平均综合地价指数	住宅地价指数	商服地价指数	工业地价指数
深圳	615	565	693	322
昆明	394	459	422	153
宁波	426	706	417	255
海口	347	408	296	207
北京	333	459	277	249
长春	296	307	254	228
重庆	279	365	168	171
厦门	311	371	186	211
广州	329	372	279	256
贵阳	222	321	237	138
长沙	267	263	290	235
南昌	267	268	278	229
武汉	245	260	251	167
福州	225	285	207	202
郑州	262	322	261	134
天津	237	292	220	154
呼和浩特	275	263	346	232
合肥	241	303	200	152
大连	239	272	186	168
西安	234	283	218	169
青岛	258	288	275	137
沈阳	213	231	236	166
上海	281	337	284	187
银川	213	232	279	118
南宁	204	240	195	165
西宁	199	226	227	151
南京	202	235	238	123

（续表）

城市	指数类别			
	平均综合地价指数	住宅地价指数	商服地价指数	工业地价指数
济南	187	206	195	125
成都	189	220	215	124
杭州	192	210	232	164
石家庄	203	235	196	111
兰州	169	198	173	110
乌鲁木齐	183	183	210	183
太原	313	332	332	222
哈尔滨	134	137	131	153

资料来源：原始数据来自中国土地勘测规划院城市地价动态监测组《中国城市地价动态监测报告》，http：//www. mlr. gov. cn。

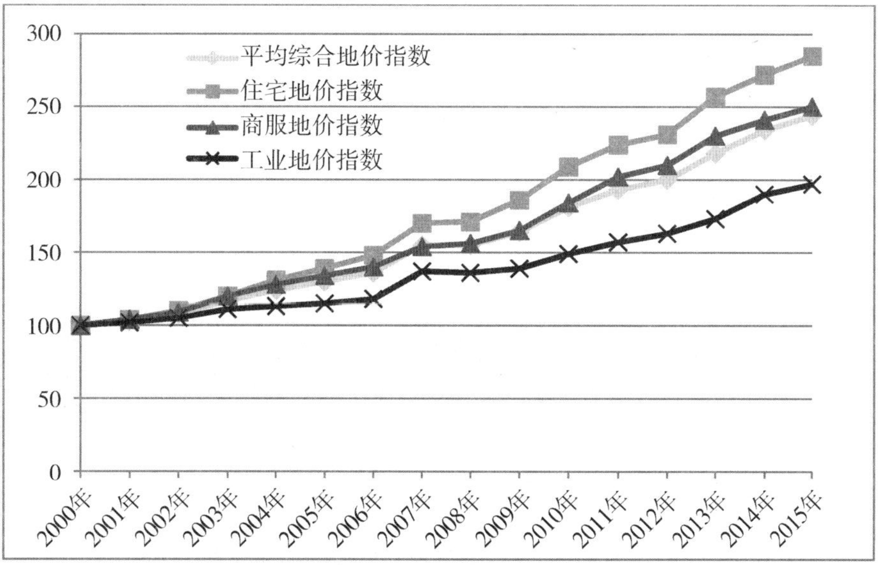

附图1　全国地价指数历年变动情况（定基）

资料来源：原始数据来自中国土地勘测规划院城市地价动态监测组《中国城市地价动态监测报告》，http：//www. mlr. gov. cn。

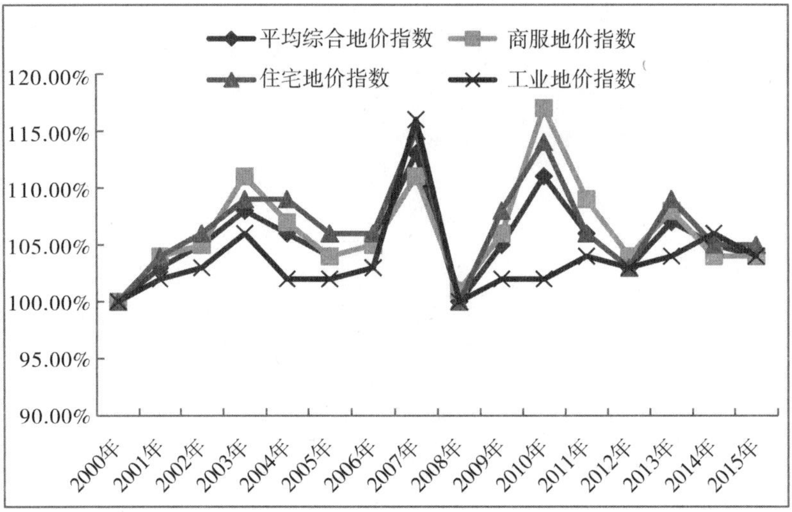

附图2 全国地价指数历年变动情况（同比）

资料来源：原始数据来自中国土地勘测规划院城市地价动态监测组《中国城市地价动态监测报告》，http：//www. mlr. gov. cn。

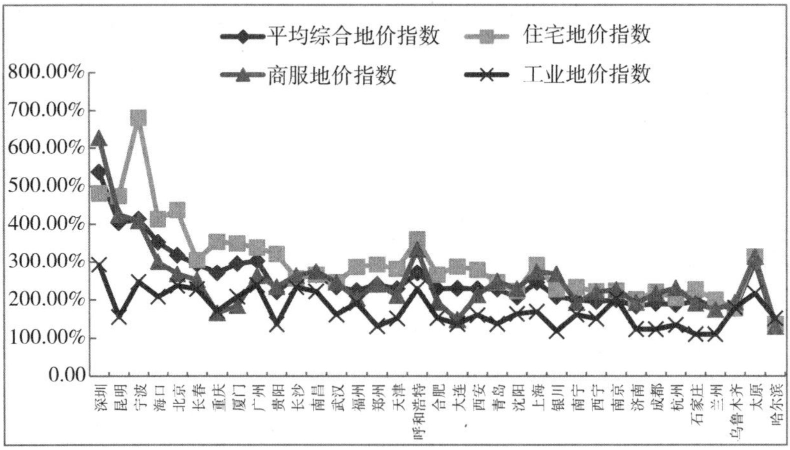

附图3 2016年度中国城市地价指数情况（以2000年为基期）

资料来源：原始数据来自中国土地勘测规划院城市地价动态监测组《中国城市地价动态监测报告》，http：//www. mlr. gov. cn。

第五章　深圳土地市场发展案例

深圳是广东省辖市、副省级计划单列市，我国实施改革开放政策最早的经济特区之一。深圳目前已经发展成为华南地区重要的区域中心城市，国际重要的空海枢纽和外贸口岸，也是我国南方重要的高新技术研发和制造基地，以及重要的经济和金融中心。

深圳土地面积为 1 996.85 平方千米。2016 年末，深圳市年末常住人口 1 191 万人，其中户籍人口 404.8 万人，占常住人口比重约 34%；非户籍人口 786.2 万人，占比 66%，有近 40 万人的少数民族人口。2016 年，深圳地区生产总值达到 1.949 万亿元，是我国最年轻、经济最发达的城市经济体之一。

中国现行的城市国有建设用地出让制度的前身就是 1987 年在深圳实施的土地出让制度改革试点。1987 年 12 月 1 日，深圳第一次举行国有土地使用权出让的拍卖会。深圳房地产公司以 525 万元的最高价获得了罗湖区东晓路一块 8 588 平方米土地的使用权（陈中，2011），由此开启了中国城市土地市场快速发展的时代。鉴于深圳是我国现行的土地有偿使用和竞价出让制度的发源地，深圳土地市场发展情况尤其值得我们关注。

一、深圳土地市场的发展历程

（一）1987 年的城市土地使用制度改革：首次公开拍卖土地使用权

在深圳经济特区建设和发展的初期，大量的港澳同胞、海外侨胞及外国客商来到特区投资设厂，土地是吸引外资的重要因素之一，它为外资提供了活动空间，同时也是大陆方发展经济的有形资产，是企业生产的物质条件。为了适应港澳同胞、海外侨胞及外国客商来特区设厂，深圳进行了大量基础设施的建设，并迅速兴起了一个涉外房地产经济部门，使住宅建筑走进商品经济的轨道。要实现土地要素的商品化经营，土地所有者就不能无偿转让土地，所以当地政府就开始探索在不违反宪法的基础上，将土地转变为现实的财富。

改革开放政策使深圳经济迅速发展，但突然的经济开放政策让深圳的市场有点吃不消，土地开发强度过大、土地资源不足等问题凸显出来，政府为了更好地发挥土地的利用价值，把土地纳入商品经济交换的范畴。同时，实行土地有偿使用制度，这也是管好土地、防止土地滥用的必要途径，为了消除土地使用上的随意性，就需要建立和完善土地管理机构的各项管理制度，实行土地有偿使用制度，使有限的土地发挥最大的经济价值。

邻近的香港地区有着与内地大体相同的土地所有制，香港特区政府实行土地使用权的出让，这为深圳市土地市场的发展提供了现成的可资借鉴的经验。1987 年 7 月 1 日，深圳市提出把土地所有权与使用权分离的土地改革方案，确定将土地使用权作为商品通过公开拍卖、招标、协议等方式进入市场。1987 年 11 月，国务院批准深圳进行土地改革，明确土地使用权可以有偿转让。1987 年 12 月 1 日，深圳首次公开拍卖一宗土地的 50 年土地使用权。从此，深圳土地市场开始从国有化走向市场化，开启中国建立土地使用制度后的第一场革命。

1987 年，深圳市模仿香港开始实行土地使用权转让，敲出“中国土地拍卖第一槌”，第一次突破了无偿、无限期使用的土地行政划拨制度，迈出通过市场机制配置土地资源的第一步。深圳粗放的城市化发展，让深圳市政府不断面对新的问题，接受新的挑战，城市化的过程是土地由低水平资本化转化为高水平资本化的过程，城市经济的转型升级贯穿其中。经 1992 年原特区内“统征”和 2004 年的城市化转地后，深圳不再有农村，实现了高度城市化。为高度城市化阶段的城市经济转型提供了示范效应。作为高度城市化的城市，深圳市存在的问题和为解决问题做出的努力具有一定的普遍性，其改革经验可以为其他城市起到示范作用。

（二）1992 年实施“统征”：实现关内土地的全部国有化和农民市民化

自改革开放以来，20 世纪 90 年代初的深圳发展已经不再被资金约束，但是特区内的土地却日渐稀缺，和 20 世纪 80 年代初相比，深圳发展约束已经由“钱”变为“地”，而深圳发展的思路，已经由“筹钱”变为“筹地”，由此，1992 年的特区内“统征”发生了。

1992 年，深圳市政府实行“统征”，将特区内 68 个行政村、168 个自然村全部转为城市居委会，4 万多名农民转为城市居民。特区内城市化统征工作，实现了关内土地国有化和农民市民化，极大地保障了特区经济的发展。

在城市化“统征”过程中，除去50米等高线以上部分直接属于国家所有外，政府对原集体组织实行如下补偿：一是收归国有的土地按照征地补偿价款给予一次性现金补偿；二是根据社区的人口和户数，划定每人100平方米工商发展用地、户均100平方米私宅用地、户均200平方米公共基础设施用地，规定土地性质为国有土地，视为行政划拨用地；三是政府通过鼓励和支持居民就业、集体经济参与社会保险和福利等方面充分保障社区经济的发展。（刘芳等，2014）这一改革促进了原集体经济组织股份公司的转型和发展，使股份公司通过土地入股或者自行发展实业分红等方式充分参与了城市化的进程。

（三）2004年实施“统转”：全域实现土地国有化和农民市民化

随着社会经济不断发展，深圳土地一方面面临资源稀缺问题，另一方面由于统征后土地经济利益迅速上升，特区外的土地被肆意乱建无法控制，政府为了有效管理土地，控制特区外集体土地被非法侵占、肆意乱建等问题，进行第二次城市化转地工作。2003年10月，深圳正式启动城市化转地工作，涉及宝安、龙岗两区18个镇，218个村民委员会，27万名村民。随后，政府先后制定了劳动社保、教育、城管、计生、民政、组织、宣传文化、工商、公安、国资、农林渔业、土地等12项政策。其中，土地政策是城市化的关键。（刘芳等，2014）

深圳实行土地“统转”工作，表面上看适应了社会经济发展需求，但转地工作中也凸显出很多问题。随着经济发展，深圳土地收益价值也不断飙升，政府以社保、基础设施建设等来吸引公民接受征地工作变得不现实，人们意识到自己拥有土地和房产更有价值，所以发生了很多抢建、拒迁、征地上诉等事件，引发一系列社会问题，也造成深圳至今仍有很多违法建筑的事实。

根据《中华人民共和国宪法》规定，我国土地所有权的转化只能通过征地制度来实现，农民户籍关系的转变并不能改变财产关系。而深圳城市化转地不是简单的土地财产权益交易过程，而基本是行政强制过程。从制度绩效上来看，深圳转地实践本身不具有推广价值，但在“统征”“统转”过程中采用的留用地、建筑物、现金补偿、社保以及留用地使用政策等综合补偿形式，给全国的征地补偿制度提供了借鉴意义。

二、深圳土地市场现状分析

（一）深圳人口及经济背景

1. 深圳人口情况

从房地产市场需求者角度考察，每个房产投资者都希望自己投资的房地产不仅可以有稳定的租金收入（投资性收益），而且也希望房地产价格具有长期上升趋势，以获得资产溢价的收益。房地产价格上升与很多因素有关。例如，政府货币政策变化、宏观经济景气状态，以及人口增长与人口结构的变化等。其中，人口变化是其中最重要的因素之一。人口增长，租房或买房的需求量增加；人口减少，对房产的需求量也就变少。

根据有关统计资料，深圳2015年底总人口达1 345万人，其中包含了一部分非常住人口和大量常住非户籍人口（见图5－1）。

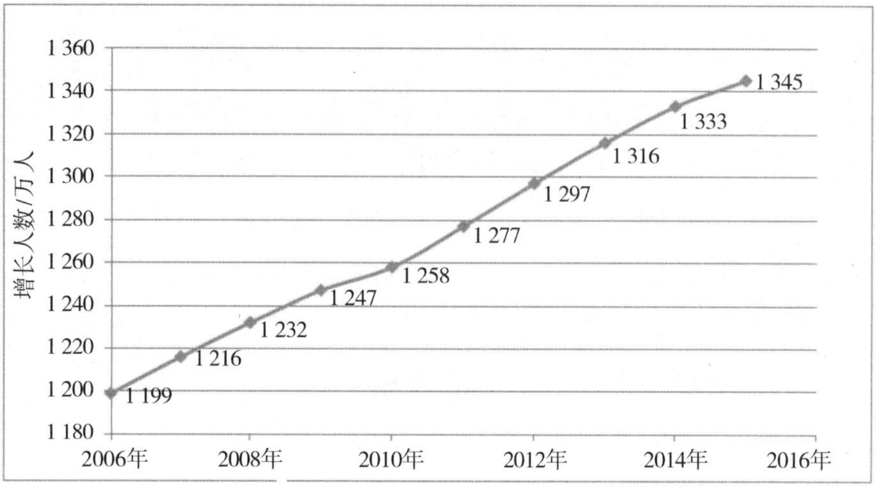

图 5－1　2006—2015 年深圳市总人口的增长情况

数据来源：根据国家统计局提供的数据绘制。

再从常住人口的数量来看，2012 年深圳常住人口 1 055 万人，到了 2016 年末，深圳市常住人口增加到 1 191 万人（见图 5－2），较上一年增加 53 万人，增加人数较上一年减少 7 万人，其中户籍人口增加 49.8 万人，外来人口增加 3.2 万人。深圳购房政策允许非户籍人口购买第一套房，所以，单从深圳常住人口数量增加趋势可以看出，深圳的房屋需求仍将呈现出持续增加的势头，土地市场，尤其是住宅用地市场仍将长期面临土地供应紧张的难题。

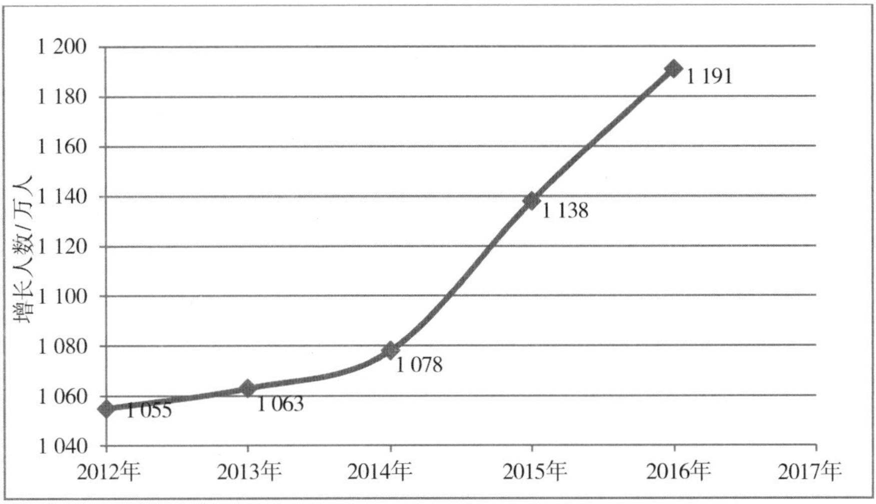

图 5－2　2012—2016 年深圳常住人口数的增长情况

数据来源：根据中商产业研究院提供的数据绘制，2017。

2. 深圳经济发展概况

深圳一直是我国改革开放的前沿地区和外向型经济发展的示范区，其经济发展速度和质量一直是中国城市经济的样板。最近几年，面对十分复杂的国内外形势，深圳坚持稳中求进的发展总基调，坚定不移推进改革，努力创造科学发展的“深圳质量”，从国民经济发展的情况来看，深圳经济呈现出稳中有进、稳中向好的总体发展态势（见图 5－3）。

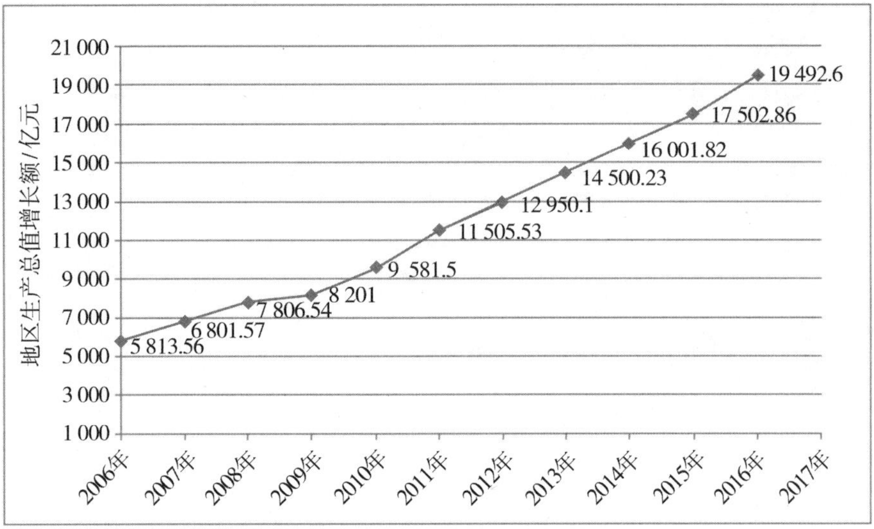

图 5－3　2006—2016 年深圳地区生产总值的增长情况

数据来源：根据国家统计局提供的数据绘制。

在推动经济发展的各种产业当中，房地产开发是一个重要力量。近几年来，深圳的房地产开发投资有力地促进和支持了该市的经济增长，房地产市场健康发展能够带动建筑行业、相关的原材料行业和金融业等行业的发展，进而加快国民经济的发展，带动 GDP 增长；而 GDP 的持续上涨，相关行业的健康发展、整体经济繁荣也会给房地产开发投资的增加带来持续的需求动力，从而增强房地产投资信心，促进房地产业的发展。近几年深圳房地产投资情况见图 5－4。

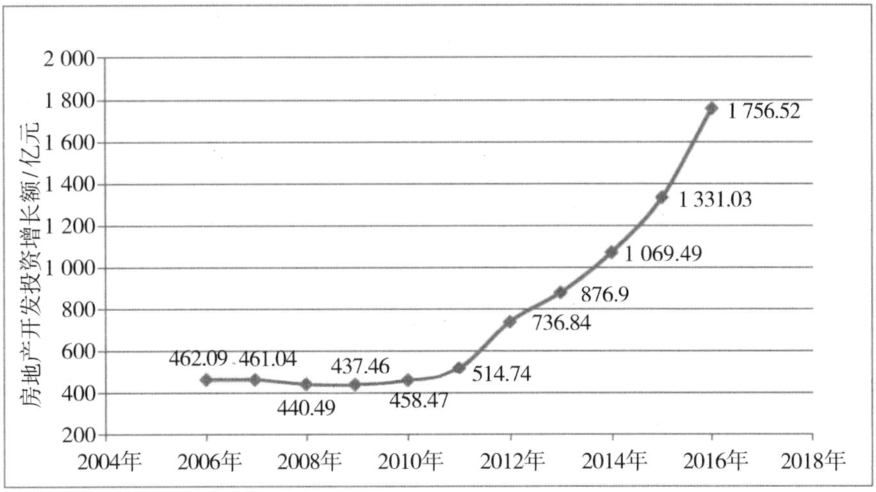

图 5－4　2006—2016 年深圳房地产开发投资额的增长情况

数据来源：根据国家统计局和《2016 年深圳市国民经济和社会发展统计公报》提供的数据绘制。

从统计数据来看，深圳房地产开发投资水平除因 2008 年美国金融危机的冲击出现短暂的停滞外，其后年份的投资水平一直在不断增加，并且 2011 年到 2016 年增长速度很快；同期地区生产总值也保持稳步增长，由此可以看出，目前深圳经济形势良好，房地产业仍处在扩张期。

（二）深圳地价与房价分析

2006 年至 2014 年，深圳商品住宅平均价格呈现稳定增长状态，但 2014 年至 2016 年则呈现出奔腾上涨的势头（见图 5－5）。

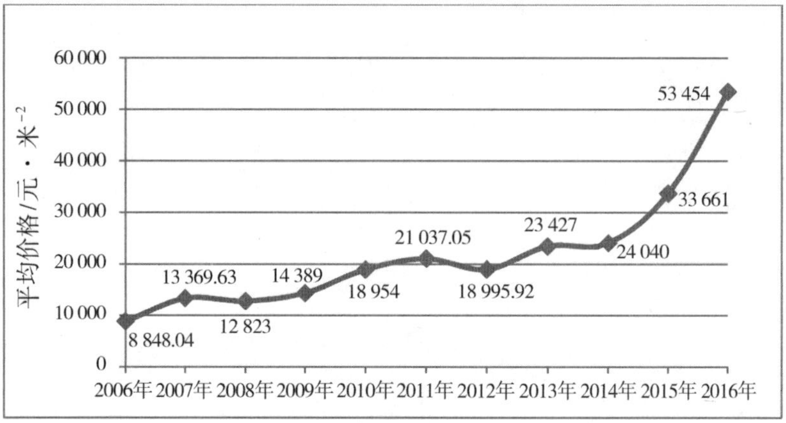

图 5-5　2006—2016 年深圳商品住宅平均价格变化趋势

数据来源：2006 年至 2016 年数据来源于国家统计局，2016 年商品住宅价格数据来源于深圳房地产信息网研究中心的《2016 年深圳房地产统计分析报告》，该报告于 2017 年 1 月发布。

近几年深圳商品住宅价格的异常快速上涨，当然有很多原因，但最根本的原因应该是 2012 年至 2014 年间连续三年的住宅用地供给量不足造成的（见图 5-6）。

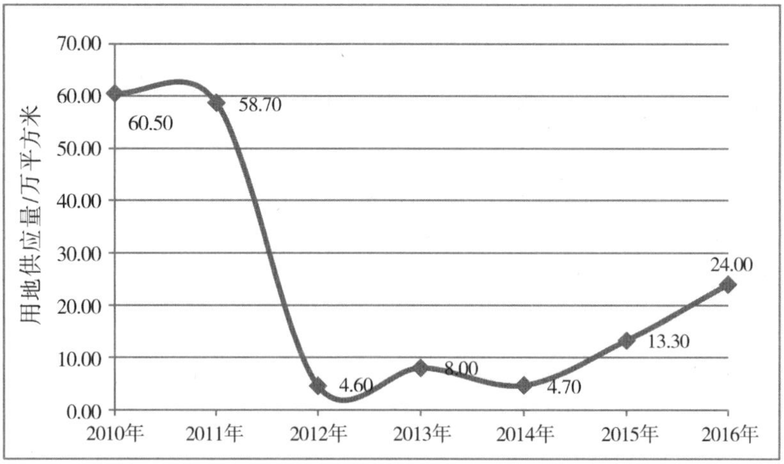

图 5-6　2010—2016 年深圳住宅用地供应量变化趋势

数据来源：根据深圳市房地产信息网数据中心提供的数据绘制而成。

（三）深圳土地交易情况

2010 年以来，深圳土地成交面积整体呈现萎缩的趋势。土地市场的年度成交面积从 2010 年的 511 万平方米降到了 2015 年的 174 万平方米，每年都在锐减。到了 2016 年，土地成交面积增加到了 224 万平方米，土地出让金达到 1 019 亿元，同比上涨了 144%（见表 5－1）。

表 5－1　2010—2016 年深圳土地市场交易情况统计表

年份	宗数	出让面积/万平方米	出让金/亿元	均价/元·米$^{-2}$	宅地宗数
2010	85	511	155.17	3 036.59	7
2011	60	269.96	192.46	7 129.20	12
2012	56	154.2	114.83	7 446.82	8
2013	48	159.32	467.25	29 327.77	3
2014	45	190.45	552	28 983.99	1
2015	62	174	417	23 965.52	4
2016	57	224	1 019	45 491.07	4

数据来源：《2016 年深圳楼市年终土地篇》，http://shenzhen.fangdd.com/news/18979407.html，2017－05－13。

从 2016 年深圳出让土地的结构来看，工业用地和商业用地占比最大，分别占 41% 和 42%，综合性用地占比 3%，居住用地和其他类型用地占比都是 7%（见图 5－7）。根据这样的土地出让结构，我们发现，深圳的住宅用地占比不高，这会在购房者心中形成未来深圳住宅市场上住宅供给仍然不足的预期，由此推高深圳住房市场价格。

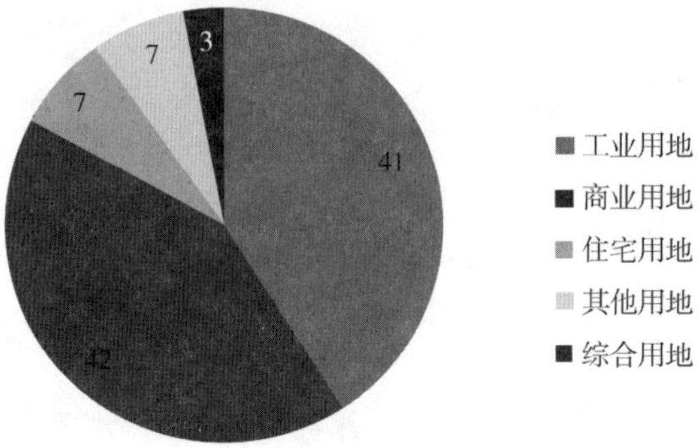

图 5－7　2016 年深圳成交土地类型结构图/%

数据来源：《2016 年深圳楼市年终土地篇》，http：//shenzhen. fangdd. com/news/18979407. html，2017－05－13。

从土地交易的平均价格（用土地成交总金额或土地出让金除以土地出让总面积得到）来看，2013 年是个转折点，该年各类土地交易的综合平均价格从 2012 年的不到 7 500 元/米^2，一下子上升到接近 3 万元/米^2（参见图 5－8）。

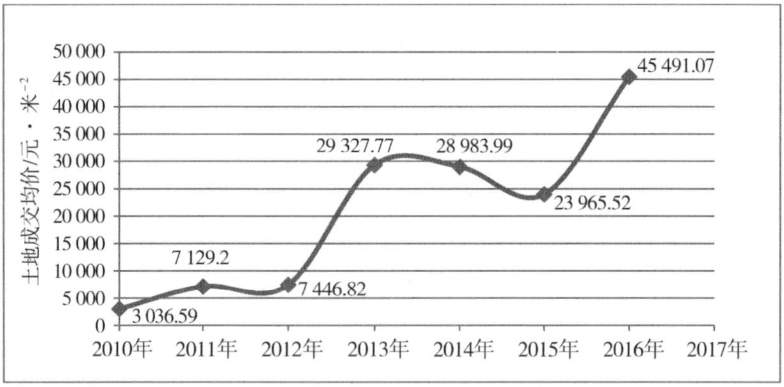

图 5－8　2010—2016 年深圳土地成交均价

数据来源：根据表 5－1 提供的数据绘制成该图。

三、深圳土地市场存在的问题

（一）深圳土地市场供给不足，特别是住宅用地供给更加不足

根据前文提供的数据，深圳土地市场总体供给不足与结构性矛盾共存。总量不足造成各类土地价格上涨，结构性矛盾，特别是住宅用地供应不足导致房产价格暴涨。近年来，深圳商品住宅市场高速发展，使得土地市场矛盾日益突出。我们得到的统计数据表明，2010—2016 年深圳住宅用地的供应量仅为 173.8 万平方米，其中，2016 年深圳住宅用地供应量为 24.0 万平方米，远远不能满足商品房市场发展的实际需求，由此导致房价暴涨，房产价格的暴涨又反过来进一步拉升地价，房价与地价互动形成联合上涨的恶性循环。近年来，城市更新用地成为深圳楼市的供给主力，这将有效缓解土地市场供应的压力和高房价的压力，但主要依赖城市更新用地并不能从根本上解决深圳土地市场的深层矛盾。

（二）土地全部国有化之后，深圳小产权房和土地供给成本居高不下的问题依然存在

小产权房在我国现行的法律体系中并没有明确定义，这只是社会上约定俗成的说法。小产权房通常是指在集体所有的建设用地上，由村民或当地政府单独或联合开发商开发建设住宅，并由乡镇政府或村委会制作房屋权属证书并向城市居民销售，这些住宅本身未纳入城市统一规划，也未缴纳土地出让金和相关税费。

伴随着急剧的城市化，深圳已经开始面临着大量所谓的违法建筑问题。20 世纪 80 年代，由于深圳政府缺乏资金，村民们不愿意放弃旧

村，加上后期“统征”时掀起的“抢建风”，导致宅基地标准荒废，产生大量违法建筑。目前深圳实现了全面城市化，但小产权房问题并没有解决，仍有大批小产权房在建设，小产权房在深圳已经脱离了政府建立的商品房交易系统，形成一个完整的地下房地产市场。首先，一些小产权开发商开始绕开政府，自己发放房产证：不仅有开发商编的房产证号，同时也标上了使用年限为 50 年；其次，为了保证买房人的利益，交易中引入律师见证；最后，部分楼盘还实现了小产权房交易的分期付款。小产权房给深圳的城市化发展带来了很大阻碍，小产权房不受城市规划管理的约束，虽然承担了一部分城市角色，但影响深圳城市功能格局；再者，小产权房没有政府法律保障，因此购买时存在很大售后风险，这种脱离政府管制的交易长久发展下去很容易引发社会矛盾。如果承认小产权房，则鼓励了违法行为，会引起新的“抢建风”；如果不承认其产权，对该部分小产权房难以强制拆除，而且小产权房面积大，建筑成本高，拆除需要大量补偿金来满足村民要求。

因此，深圳全域城镇化和土地全部国有化以后，由于大量的小产权房和非法建筑的存在，其做地成本仍然很高，土地市场供给约束仍将长期存在。

（三）商品房价格的高位快速上涨促成了众多“地王”的产生

近年来，由于宽松的货币政策和高企的房价为土地市场的繁荣从需求端奠定了需求的基础，而政府土地供给不足则从供给端为土地市场价格的上涨提供了实现的条件。全国很多地方的大城市房地产市场高速发展，房地产开发商在乐观的市场预期下，预测未来的高房价带来的效益高于成本，于是经营战略转为储地保值，它们大幅增加土地购置量，“地王”频繁出现在深圳土地拍卖市场上（见表 5－2），严重时出现拍地价高过周边房价。

不过，从美国次贷危机的经验教训来看，“地王”膨胀产生的泡沫化危机及由此带来的挑战远大于其他经济问题，房地产行业不同于其他行业，提前透支了经济收益，同时带动其他行业的运行，一旦发生危机，对国民经济体系的负面影响都将是巨大而深刻的。

表5－2　深圳近几年“地王”现象

时间	地产商	“地王”
2009－9－25	金地	宝安观澜两幅居住用地捆绑拍卖，金地以24 .4亿元一举拿下两块地，楼面地价8 617元/米^2，成为当年的新“地王”。现为金地·天悦湾项目
2010－10－16	中粮地产	G14207－0186宗地，位于坪山新区坑梓街道，深圳中粮地产以7.42亿元的价格竞得，溢价率102.7%，楼面价约6 077元/米^2，成为坪山“地王”。现为中粮·一品澜山项目
2012－11－28	中海地产	A122－0341宗地，位于宝安西乡街道尖岗山，中海地产以20亿元总价拿下，楼面地价10 982.97元/米^2。加上捆绑的深圳两馆相关费用，最后折合楼面价高达26 689元/米^2，成为当年单价“地王”。现为中海九号公馆项目
2013－10－16	中海地产	A816－0050宗地，位于龙华民治街道上塘地铁站附近，中海地产经过66轮竞价，以38.2亿元总价拿下，折算安居房建设成本后楼面地价2.4万元/米^2，溢价率高达91%，成为当年深圳住宅用地的总价与单价双料“地王”。现为中海锦城项目
2013－12－23	力高地产	G11337－0095宗地，位于坪山新区，力高地产以9.8亿元的价格收入囊中，楼面价达到7 400元/米^2，溢价率达到211%，成为坪山新区新“地王”

（续表）

时间	地产商	“地王”
2014－10－22	龙光地产	A802－0305 宗地，位于龙华民治街道白石龙地铁站附近，龙光地产经过 84 轮鏖战，以 46.8 亿元拿下，楼面地价为 25 094 元/米^2，溢价率 85.4%，成为单价、总价住宅“地王”
2015－9－23	龙光地产	龙光地产以 112.5 亿元竞得龙华新区红山片区的“巨无霸”地块，楼面地价约 1.95 万/米^2，成为龙华新区的新总价“地王”
2016－6－8	龙光地产	深圳光明新区一宗商住地 A646－0059 招标出让，被龙光地产以 140.6 亿元的价格拿下，成为深圳新的总价“地王”
2016－8－26	招商蛇口	位于宝安区的新会展中心代建代运营权以及配套的 11 宗商业用地，被招商蛇口和华侨城联合体以 310 亿元成功夺标

数据来源：根据深圳房天下官网提供的资料整理。

（四）土地财政依赖问题依然存在，土地市场可持续发展仍然缺乏政府支持

观察 2009 年至 2016 年这 8 年土地财政依赖的总体情况（见表 5－3），我们就会发现，深圳土地财政依赖度的数据年度间波动剧烈。最低的是 2010 年，深圳土地财政依赖度曾经一度下降到 10% 左右的较低水平；最高的是 2016 年，一度达到 32.5%。与杭州等地的数据比较会发现，深圳的土地财政依赖度的确远远低于浙江杭州等地的水平，也低于全国平均水平，略高于工业同样比较发达的广东省中山市。① 这为工业

① 2016 年全国土地财政依赖度为 49.24%；2016 年杭州市土地财政依赖度为 121%（不包含富阳和大江东区域）；2016 年中山市土地财政依赖度为 22%。

化水平提升、工业经济发达有助于相对降低地方政府土地财政依赖度的假说，提供了另外一个经验证据。但我们必须清楚，现在说深圳土地财政开始被动转型显然为时尚早，深圳土地财政依赖的治理和土地财政模式的转型仍有相当长的路要走。（陈多长，2014）正是因为土地财政依赖尚未转型，我们说深圳土地市场的可持续、健康发展仍然缺乏政府支持这个重要基础。

表 5－3　深圳市近 8 年来土地财政依赖度

年份	地方一般预算收入/亿元	土地出让收入/亿元	土地财政依赖度/%
2009	880. 80	150. 49	17. 1
2010	1 106. 80	115. 00	10. 4
2011	1 339. 00	228. 47	17. 1
2012	1 482. 00	267. 10	18. 0
2013	1 731. 00	467. 25	27. 0
2014	2 082. 70	552. 00	26. 5
2015	2 727. 10	417. 00	15. 3
2016	3 136. 00	1 019. 00	32. 5

数据来源：

①深圳市地方一般预算收入数据来源于历年《关于深圳市年度预算执行情况和下一年度预算草案的报告》。

②深圳市土地出让收入，2009 年数据来源于深圳市财政委员会的《关于深圳市 2009 年度土地出让收支情况及 2010 年土地出让收支计划的报告》；2010 年数据来源于陈中的《深圳去年土地出让金仅占财收 10%　土地财政转型》，《每日经济新闻》，2011－1－14；2011 年数据来源于 2012 年第 6 号（总第 080 号）：深圳市审计局《关于深圳市 2011 年度国有土地使用权出让收支情况审计结果公告》（2012－10－22）；2012 年数据来源于 2013 年第 12 号（总第 094 号）：深圳市审计局《关于深圳市 2012 年度国有土地使用权出让收支情况审计结果公告》（2013－8－15）；2013 年数据来源于：深圳市财政委员会《关于深圳市 2013 年预算执行情况和 2014

年预算草案的报告》。

③土地财政依赖度是土地出让收入相当于深圳市地方一般预算收入的比例，由本书作者计算所得。

四、几点政策建议

（一）增加总量土地供给的同时，调整供应土地的结构，增加商品住宅用地供给

根据土地市场货币数量方程，有效控制地价的手段无非是从两个环节入手：一是适当控制流入土地市场的货币数量，这是需求侧的管理思路；二是增加土地供应量，这是供应侧的管理手段。当地方政府无法实际控制属于全国性政策工具的货币政策时，自己能够掌控的就是土地供给。从实际上看，真正困难的不是土地供给数量能否增加，而是政府是否愿意冲破土地一级市场垄断下的土地财政的羁绊，主动地增加土地有效供给。

（二）尽快出台解决小产权房问题的法律，为增加土地供给扫除障碍

小产权房的解决应遵循维护社会和谐稳定和维护农民利益的原则。解决小产权房应完善的制度，包括建立集体建设用地使用权入市流转的制度，以保障农村集体的土地收益权、预防其为牟利再建小产权房，建立各部门的联合执法小组，提高对村集体的管理水平等加强相关部门对小产权房的监管，扩大保障性住房来源等增加保障性住房供给。从深圳的实际经验出发，可以考虑以下措施：

第一，进一步降低违法建筑进入城市更新的门槛，让城市更新政策

覆盖更多类别的存量资产，尤其是工业用地和厂房的利用与改造更新。

第二，适度增加建筑容积率，深圳土地资源已经极度紧张，无法水平方向扩建，可以着重利用地下和空中资源。

第三，对违法建筑进行确权，针对实际情况逐步推进。

（三）正确引导房地产开发商的预期，减少“地王”产生的频次

针对“地王”现象，政府首先要端正自己的态度，让政府回归公共服务职能，打破将土地出让金作为第二财政的潜规则，正确引导开发商预期。而引导开发商预期的最有效方法：首先是公布未来几年土地供应计划；其次是增加住房保障力度，让贫弱者有房可住，逐渐改变人们以房产权为本的观念；最后，政府需要严格依法监督开发商，打击房地产企业的违法犯罪行为，剥夺开发商无止境的非法利润空间。

五、深圳土地市场发展趋势

（一）当前涉及土地市场的有关政策的变迁情况

国家财政政策、国土资源利用规划和房地产市场调控政策都会对土地市场产生重要影响。首先，就财政政策来讲，“营改增”对房地产业、建筑业、金融业等产生重大影响，同时也对土地估价工作产生较大影响，“营改增”后，房地产等行业整体税负水平呈下降趋势，对城镇土地价格有一定影响。其次，从国家出台的“十三五”规划纲要看出，类似深圳这样高密度的城市，限制了城市用地向外扩展，这就意味着深圳市政府必须考虑更好地发挥现有土地的价值。在政策的监控下，深圳市政府不得不加强对土地储备机构的管制，加强对开发商竞标的监管，

逐渐压制“地王”现象的势头。再次，深圳市政府出台的完善住房保障体系和“城中村”改造等政策，可以有效地改善“违法”建筑的蔓延，减少市民拒绝拆迁的情况和社会矛盾；限购政策短期内可以控制商品房的交易量，表面上看可以控制房价，但从其他城市的经验看，单纯的限购政策是否真的能控制房价仍然是个谜，毕竟深圳的人口还在不断增长，还会有大量常住人口迁户进市。这些规划和政策都将直接影响或通过影响房产市场来影响深圳土地市场发展走向（见表5－4）。

表5－4　全国及深圳市近年来有关土地市场的政策

时间	政策	机关	要点
2016－4－14	《国土资源“十三五”规划纲要》	国土资源部	提出“十三五”时期房地产用地的方向和原则是：对住房供求关系紧张的地区适度增加用地规模；对房地产库存较高的城市，减少直至停止住房用地供应
2016－5－1	“营改增”	国务院	自2016年5月1日起，在全国范围内推开营业税改为增值税试点，将建筑业、金融业、生活服务业等营业税纳税人列入试点范围，由缴纳营业税改为缴纳增值税
2016－3－25	限购	深圳市政府办公厅	《深圳市人民政府办公厅关于完善住房保障体系促进房地产市场平稳健康发展的意见》提出：深户购买2套房在首套还清的情况下，首付由三成提高至四成；非深户购房社保证明从1年提至3年，继续限购1套
2016－11－21	《深圳市城市更新“十三五”规划》	深圳市规划国土委	规划提出，务必完成100个“城中村”和100个工业区的改造

（续表）

时间	政策	机关	要点
2017－3－3	房屋征收补偿政策	深圳市规划国土委	指导深圳市房屋征收补偿工作，基准价格中香蜜湖最高，41 200 元/米^2，南澳最低，8 400 元/米^2，仅适用于符合“两规一决定”及其配套政策处理取得非商品性质房地产权证书的住宅房屋，或符合上述规定处理范围但尚未进行处理的住宅类历史违法建筑

资料来源：深圳房天下官网。

（二）深圳土地市场预测

1. 未来，深圳市场上房地产商拿地将不会像 2016 年那样竞争激烈

深圳土地市场在 2016 年相当活跃，多次出现天价楼盘，从光明新区 140.6 亿元的高价地到宝安区 310 亿元的天价地让深圳土地交易市场一片哗然。紧接着密集的调控新规成为主角，摇号竞标、限购令、限价令，各地调控新政花样百出。

2016 年 5 月，深圳市土地房地产交易挂出一宗试点商品房现售的地块，矛头直指期房销售中出现的“货不对板”“项目烂尾”等问题。5 月 10 日，深圳一次性推出三宗居住用地，分别位于龙华民治办事处、大鹏办事处大鹏区、坪山沙湖社区。物以稀为贵，出让公告显示，这次的挂牌附带条件极多。一方面，采用“双限双竞”的办法，限制销售房价和成交底价、竞成交地价和人才住房面积。本次出让地块还应按规定配建人才住房，商品住房销售后且自小业主取得分户不动产登记证书之日起 5 年内不得转让。（陈博，2016）政府在土地出让时设置更多门槛，旨在将诸多开发商挡在门外，避免“地王”频频出现，随着“现售”“双限双竞”等出让“新招式”的诞生，以往像嘉里建设、信达、

泰禾等试图通过砸钱进入房地产的企业，也开始面临资金的挑战。另一方面，政府加强审查土地购置资金来源，拦住了很多资金不明的开发商，这些土地出让新“花样”很明显会对冲开发商拿地的积极性和预期。比如像“竞地价与竞人才住房配建量相结合”政策下，开发商就必须放弃“豪宅化”的开发量，转向经济适用的小户型。政府这些做法，无疑是房地产市场的福音，虽然会对所有的开发商进行打压，但最主要的是阻止了资金不明的开发商，而那些运营情况良好的开发商虽然利润有折扣，但还是有利可图的，所以他们还是会继续拿地，只是接下来的土地市场不会像2016年那样竞争激烈，在政府的调控下会更加平稳地发展。

2. 深圳房价趋向“豪宅化”

由于深圳近几年拍卖的几块地都出现天价，“面粉贵过面包”，开发商投入了较大成本，势必会在房价上赚回收益，而拍地价明显贵过周边房价，这样的楼盘开发出来的房子必然走向“豪宅化”。据市场数据显示，2016年进入全国总价前10强的佛山地块——大沥镇泌冲沿江路地块，时代地产拿下来的单价为每平方米1.5万元，总价为64亿元，但在一年前时代地产在该地区取得一块6.5万平方米的土地，单价仅为每平方米7 548元。也就是说，在这一年里地价翻了一倍（吴家明，2016），地价是房价构成的主要成分之一，虽然不能直接决定房价的高低，但地价越高房企开发的成本就越高，为了追求必要的利润，房价也会水涨船高。房价里还包含一个重要因素就是政府调控，从根本上说还是土地的供求关系。如果政府想要压低地价和房价，就必须增加土地供应，但是现在深圳市政府的土地储备量并不充足，而需求方的购买力还在持续快速地上涨。所以，高昂的土地成本带来的结果就是房价“豪宅化”。

3. 深圳土地市场将进入深度调整期

面对匮乏的土地供应，深圳的高科技行业、金融业地位的不断加强，本土企业的迅速扩张，活跃的创新创业企业都会形成对写字楼的强劲需求，而“去库存”却是一个漫长的过程；另外，反腐打压了宴请的概率，大型餐饮面临巨大压力，人们生活品质不断提升，影院、健身房、高品质休闲场所日益蓬勃，整个市场的租金水平在缓慢调整；加之现在深圳市政府相关领导变动，对于楼市、土地的调整政策出台也会有减缓，深圳作为热点城市的楼市调控样本，现在其他城市的部分调控措施实际上是在跟风深圳。当 2016 年第 4 季度全国热点城市以限购等方式调控楼市时，深圳率先采取认房又认贷的措施，调控力度最大，而现在不论从官方还是民间数据来看，调控效果都非常明显。深圳房地产中介协会表示，总的来看，深圳楼市全年量价下调的整体态势并未改变。未来深圳依然会处于深度调整期，平稳仍是主基调。

然而，值得注意的是，近几年深圳高企的房地产价格已经严重损害了其城市竞争力，优秀人才、年轻创业者、优秀的科技企业因为不堪忍受如此高的房地产价格而选择离开深圳。当深圳市政府观察到这种不利现象持续发生时，它会主动调整自己的土地政策，如此，深圳的土地市场价格和房价持续快速上涨的势头将不会长期维持。

六、深圳土地市场发展独特性

（一）深圳具有得天独厚的地理优势，土地市场备受各方关注

从古至今，依山拥湖揽海一直是人们追崇的居住方式。随着工业革命、城市化进程，人们逐渐厌倦了钢筋水泥、玻璃高楼、尾气噪声包围

的、喧嚣的都市生活，而对居住环境、生活品质有了更高要求。深圳作为一个滨海城市，土地资源比较稀缺，土地供应量接近饱和，在深圳能够在地段置得一处依山或拥湖的物业实属少数。但随着城市版图的不断拓展，交通配套资源的不断完善，人们有了更广阔的居住选择，他们可以在生态居住区置得一套物业，实现依山傍水的居住梦想。在接下来的发展中，开发商的竞争力会逐渐转向生态区的储地量，像光明新区两大生态盘深房传麒山、光明大第。论地段，它们地处新区，经济、文化优势明显；论资源，它们拥有三大城市公园：200 万平方米的光明“绿心”——光明公园、57 万平方米的生态公园——光明新城公园、深圳“小西湖”——58 万平方米的明湖城市公园环绕，随着开发商的拍地竞争，进而带动沿海生态区的快速发展，敏锐的地产商开始大举进军旅游度假地产领域。深圳未来有望着力发展其旅游城市功能，这一商机无疑会刺激深圳土地市场的发展。

（二）名义上实现了全部土地的国有化和城镇化，土地市场是单一的城市土地市场

深圳的土地在名义上是已经全部实现了城镇化和国有化，当然也在一定意义上算是我国典型的新型城镇，其突出特点是城乡建设用地市场并轨，区域土地市场已经变成单一的城市国有土地市场，政府可以运用城乡统一的土地市场新增资源。新型城镇化条件下，建立城乡统一的建设用地市场，将人口集中化、改变城乡二元结构，不仅为农业人口转移提供了物质基础，而且也为地方政府引导产业转型提供了充足的土地资源。新型城镇也有利于政府规划指导，有利于合理地加速城市产业结构、提高资源利用率。

（三）拥有发展为全球化城市的条件，其土地市场将着眼于服务城市全球化战略目标

由于改革开放的带动，深圳率先完成城市化过程，这一先天优势让深圳更早地拥有发展为全球城市的优势：充足的人口、重要的交通集散枢纽和依赖高新科技创新产业带动区域经济发展。深圳处于东部沿海，港口聚集，水上交通便利；而坪山高铁站作为东部大枢纽，是地铁 12 号线和 14 号线的交汇之处，也是东部大交通的集散。高新科技方面，深圳是华为等世界级高科技企业的发源地。深圳的社会经济发展应着眼于全球化目标，而深圳的土地市场发展也应着眼于服务城市国际化、全球化战略目标。这是深圳土地市场区别于其他城市土地市场的另一个重要特征。

第六章　上海土地市场发展案例

上海是我国四大直辖市之一，国家级中心城市，超大级城市，中国的经济、交通、科技、工业、金融、贸易、会展和航运中心，首批沿海对外开放城市。上海是我国城市土地市场发育最早的城市之一，因此，剖析上海土地市场发展案例对了解中国城市土地市场发展的历史演进规律具有重要意义。

一、上海土地市场的发展历程

此处借鉴已有文献的研究成果，对中华人民共和国成立之后上海土地市场的发展过程进行简单回顾，大体上包含了四个主要的发展阶段。

（一）中华人民共和国成立初期上海土地改革实现土地国有化

土地改革是中国民主革命的重要内容，历来受到不少人的关注。1950 年 6 月，中共七届三中全会制定了“依靠贫农、雇农，团结中农，中立富农，有步骤地有分别地消灭封建剥削制度，发展农业生产”的土地改革总路线，并做出了 1950 年冬天在全国范围内开展土地改革运动的决定。

上海是中国最大的沿海都市，在土地改革过程中始终是其他地区的榜样。上海的土改依照“先远郊后近郊”的次序分为三个阶段展开“重点实验”“突破重点、局部开展”“点面结合、全部展开”。重点实验是为了了解郊区土改整个过程的具体内容，取得实施政策及领导全郊区土改的经验，以推动整个郊区土改运动。1950 年 12 月，政府选择了远郊的 4 个乡进行实验。[①] 经过重点实验后，1951 年 1 月郊区土改转入了局部开展的新阶段。上海在各区重点乡进行土改工作，这一过程中有过半的乡进行土改工作。此后，伴随着抗美援朝等事件，农民们翻身做主人的热情高涨，加之之前实验乡的改革经验为全面开展改革工作打下了基础，一直到 7 月上海进入全面土改工作，中共上海市郊工作委员会及时采取分批分类检查总结的方法，到 1951 年 11 月底分批完成了上海郊区的土地改革。[②]

由于消灭了封建土地所有制，实行土地国有化，上海郊区的土地使用更能适应计划经济体制下国家经济建设和国防建设的战略需求。根据文献记载，当时上海全郊区共征用土地万余亩，用于满足发展经济、文化和国防的需要。这些土地的征用，没有政府妥善安置与解决农民的生产和生活，是难以想象的。此前，农民已经分得土地，极大地促进了农民生产的积极性，彻底地摧毁了地主阶级反动势力，初步巩固了农村人民民主专政，农业生产恢复，农民收入增加，农村购买力随之显著提高。

（二）改革开放后，土地制度改革进一步活跃了上海土地市场

为了适应改革开放、快速发展经济的需要，有效地利用稀缺的土地

① 此处参考了文献《上海市委关于如何进行郊区土改计划大纲》。

② 资料来源于中共上海市郊工作委员会编写的《上海市郊区土地改革总结》。

资源，加快上海经济的全面振兴与社会的稳定发展，上海市政府着手研究改革与创新土地制度的可行性，发布了《上海市土地使用权有偿转让办法》，在维护土地公有制的前提下，使用土地所有权与使用权相互分离的原则，即土地使用权在特定情况下可以进入市场作为商品进行转让、出租、抵押等活动。为了适应外商投资企业的需要，上海市政府从1986年起向外商和中外合资企业提供土地的承租权，按年收取土地使用费。从1989年开始，向城镇范围内的土地使用者开征土地使用权税，使国内企业用地逐渐走向有偿使用的轨道。随着上海土地使用权出让、转让范围的扩大，越来越多的建设用地开始进入市场流通，与土地市场密切相关的金融市场，如信贷、抵押等业务也逐渐参与土地市场经营活动，与此相关的土地价格评估、咨询、公证等业务也随之兴起。随着土地市场的形成、政府土地收益的增加，城市基础设施融资变得更加容易，投资环境也得到迅速改善，这就促进了上海的进一步改革开放，并反过来又活跃了土地交易市场。

（三）1996年上海率先开展了城市土地储备制度的探索和实践

上海市于1996年在全国率先组建了城市土地储备机构——上海市土地发展中心，标志着上海土地储备制度建设正式起步。该中心成立不久，就成功收购储备了静安、长宁、杨浦等区的一批旧区改造土地，其他各县也开始学习、效仿，并相继设立了类似的土地储备机构。2002年10月，上海市人民政府批准成立上海地产（集团）有限公司，不久，又将上海市土地发展中心更名为“上海市土地储备中心”，标志着上海土地储备制度进入一个新的发展阶段。上海地产（集团）有限公司被上海市政府授权作为上海土地储备中心的运作载体。（沈正超，2006）

根据《土地储备管理办法》第 3 条的相关规定，土地储备中心应为市、县人民政府批准成立、具有独立的法人资格、隶属于国土资源管理部门、统一承担本行政辖区内土地储备工作的事业单位。其单位宗旨是为政府土地一级市场提供服务；业务范围包括土地收购、储备、流转、开发。经费来源是政府全额拨款。但是，它没有拆迁业务。上海的土地储备制度的探索在全国范围起到示范、带头作用，为后续完善全国的土地储备制度奠定了实践基础。①

土地储备制度的建立，为其后上海市政府治理此前的多头供地，逐步实现对城市建设用地一级市场的垄断供应奠定了制度和体制基础。

（四）上海国有土地市场日趋完善，基本实现了土地资源配置的市场化

从 2001 年 8 月起，上海市实行内外销商品房（不包括非商品住房）并轨。也就是说，在这之前先把作为内销的商品住宅，如侨汇房、经济适用房归并为内销商品房，从而形成一个统一的商品房市场。同时，上海市人民政府还规定，从该年的 7 月 1 日起，对六类经营性项目用地，即商业、旅游、娱乐、金融、服务业、商品房项目的土地使用权出让，应当通过招标、拍卖的方式进行，但经人民政府批准以协议方式出让土地使用权的特殊情况例外。（朱林兴，2009）至此，上海国有土地使用权批租市场逐渐趋于完善，基本实现了城市土地资源的资本化和土地资源配置的市场化。

上海国有土地使用制度不断完善，使市场主客体界定更清晰，即招标、拍卖和挂牌出让方式日趋成为主体出让方式，市场机制走向完整，

---

① 《土地储备管理办法》（国土资〔2007〕277 号文件）于 2007 年 11 月 19 日颁发。新版文件于 2018 年 1 月 3 日开始实施，〔2007〕277 号文已废止。

逐渐形成了完善的交易运作框架，同时使制度方面也不断完善，支持城市土地市场依法运作。上海土地使用制度改革从经济上实现了国有土地所有者权益，解决了上海经济建设基金短缺的困难，为市政基础设施建设提供了资金保证。国有土地使用制度的建立，提高了政府的调控能力，尤其是对一级市场的调控，使土地有序地发挥自身价值。伴随着改革开放的步伐，土地的资金价值吸引了更多外资企业，极大地增强了外商来沪投资的积极性和信心。

二、上海土地市场现状分析

（一）上海人口与宏观经济概况

1. 上海人口

从总量上来看，2006 年至 2015 年，上海人口不断增加，年末常住人口从 2006 年的 1 964 万人增长到 2015 年的 2 415 万人。其中，城镇人口占据总人口增长的主要部分，而从增长量看，增长趋势逐渐放缓，年末常住人口增长量从 2007 年的 100 万人减少到了 2014 年的 11 万人，2015 年甚至出现了少见的负增长量，城镇人口更是减少了 57 万人（见表 6－1）。

表 6－1　上海人口变动情况

年份	2006	2007	2008	2009	2010	2011	2012	2013	2014	2015
年末常住人口/万人	1 964	2 064	2 141	2 210	2 303	2 347	2 380	2 415	2 426	2 415
增长量/万人	—	100	77	69	93	44	33	35	11	－11

（续表）

年份	2006	2007	2008	2009	2010	2011	2012	2013	2014	2015
城镇人口/万人	1 742	1 830	1 897	1 958	2 056	2 096	2 126	2 164	2 173	2 116
增长量/万人	—	88	67	61	98	40	30	38	9	-57
人口自然增长率/‰	1.58	3.04	2.72	2.70	1.98	1.87	4.20	2.94	3.14	2.45

数据来源：上海统计局。

作为中国最大的经济中心，也是交通、科技、工业、金融、会展和航运中心之一的上海，2015 年末人口总量在全国城市中排名第二，人口不断增加，这与上海的发达经济密不可分，不管是务工人员还是高等教育人才，都抱着一副去大城市闯闯的心态挤进上海。然而人口过度集中必然会带来很多城市问题，比如环境污染、房价畸高、交通拥堵、公共资源稀缺、城市运行安全等，阻碍城市发展，也给人们生活带来很多不便，尤其是交通拥堵问题。交通是一个城市的发展命脉，上海的交通网在全国范围内属于相当发达的，但节假日上下班高峰拥堵等问题突出，市民抱怨每天在交通上耗费了太多时间。

2016 年初，上海提出人口天花板控制，即 2020 年人口不超过 2 500 万人，《新华视点》通过调查发现，根据官方公布的统计数据，“十三五”期间，上海还有约 75 万人的人口“增长空间”。根据上述目标，上海未来四年的人口增长目标要控制在 15 万人之内。

从上海人口的增量趋势上看，人口增长量逐渐放缓，但仍然使上海人口接近饱和，2015 年人口出现负增长。从表 6－1 中可看出，上海人口自然增长率并不高，大部分年份保持在 3‰以下。从长远来看，上海人口老龄化是一个大趋势，如果没有外来人口的补充，上海人口不会大量增长。随着老龄化的加剧，必然会出现人口总量拐点。另外，在人口政策上，2014 年上海开始开放二孩政策，但是由于人们生活品质提高，意识观念变化，再加上生养成本提高，像上海、北京这种大城市，原本出生率就在减少的城市，即使开放二孩政策也不会出现人口暴增的情况。分析上海房产市场和土地市场的未来发展趋势，必须充分考虑到上海人口变动的主要特点，人口总量的涨落主要取决于外来人口的机械增长，而非本地人口的自然增长。

2. 上海经济发展状况

从上海最近 10 年的地区生产总值来看，上海经济一直保持了持续增长的状态。2008 年，美国的金融危机对上海经济造成了显著影响，年经济增长率下降 6 个百分点。2009 年，上海房地产业增加值出现高峰，到 2010 年再次恢复正常（见表 6－2）。“十二五”时期对于上海来讲是很不平凡的五年，外部经济环境复杂多变，各种风险挑战变化交织。上海从国家大局出发谋划适应自身特点的发展道路，妥善应对国际金融危机的持续影响，坚持以改革创新统领全局，加大稳增长、调结构、转方式、惠民生的力度，创新驱动发展、经济转型升级取得重要阶段性进展，顺利完成“十二五”规划确定的目标任务，实现了经济社会平稳健康发展和市民生活水平新提升，上海在国家战略中的地位和作用更加凸显，国际影响力进一步增强。

总体来看，上海宏观经济的增速比较平稳。2014 年，上海实现生产总值 23 567. 7 亿元，2015 年比上年增长 6. 7%（见表 6－2），处于合理运行区间，也处在 6. 5% ～7% 的预期区间，是中高速增长。国家统计局局长宁吉喆也表示，中国经济发展已经进入了新常态，增速换挡、动能转换、结构优化。交行首席经济学家连平表示，2017 年政策调控总基调是“稳”，保持经济运行缓中趋稳、稳中向好。在经济保持中高速增长的同时，加大供给侧结构性改革力度。财政政策更加积极有效，在保持稳增长力度、加大降税清费力度的同时，更加注重对结构性改革的支持力度。货币政策保持稳健中性，调节好货币闸门，保持流动性基本稳定，维持经济中高速增长，同时综合兼顾物价、汇率、就业等重要领域。（张立群，2017）

表 6－2　上海经济增长情况

年份	2006	2007	2008	2009	2010	2011	2012	2013	2014	2015
A	10 572. 2	12 494. 0	14 069. 9	15 046. 5	17 166. 0	19 195. 7	20 181. 7	21 818. 2	23 567. 7	25 123. 5
B	—	18. 0	12. 6	6. 9	14. 0	11. 8	5. 1	8. 1	8. 0	6. 7
C	773. 6	958. 1	939. 3	1 237. 6	1 002. 5	1 019. 7	1 147. 0	1 427. 1	1 531. 0	1 699. 8

说明：A 代表上海市地区生产总值（亿元），B 代表上海市地区生产总值增长率（%），C 代表上海市房地产业增加值（亿元）。

数据来源：上海统计局。

根据“十三五”时期上海经济社会发展的奋斗目标，到 2020 年，上海要形成具有全球影响力的科技创新中心基本框架，走出创新驱动发展新路，为推进科技创新、实施创新驱动发展战略走在全国前头、走到世界前列奠定基础。适应社会主义市场经济发展，建立健全更加成熟、更加定型的国际化、市场化、法治化制度规范，基本建成国际经济、金融、贸易、航运中心和社会主义现代化国际大都市，在更高水平上全面建成小康社会，让全市人民生活更美好。根据上海统计局数据显示，上海在 2016 年获得 6. 8% 的地区生产总值增长率，比全国 GDP 增速快了 0. 1 个百分点。这是自 2008 年全球金融危机爆发以来，上海经济增速第一次超过全国。上海主动适应经济发展新常态，坚持稳中求进工作总基调，坚持新发展理念，着力加强供给侧结构性改革，着力推进创新驱动发展、经济转型升级。2016 年全年上海经济运行总体平稳、稳中有进。

从2016 年经济形势上看，“十三五”开局良好，在建筑业方面，产业增加值一路上涨，在国家稳增长政策背景下，政府将陆续推出“服务升级转型”“海绵城市”及“地下管廊”等相关支持政策细则，建筑行业基本面改善和政策催化的“双驱动”正在酝酿成形，建筑企业需要把握传统行业孕育的新机遇，转型升级，拥抱行业的新变化、新契机。自国家提出“一带一路”倡议以来，我国建筑企业加快了海外市场扩张步伐，建筑企业开始步入国际化时代。

（二）上海房地产市场分析

我们先来简单回顾一下上海房地产开发投资增长情况。近 10 年来，上海房地产开发投资额翻了 3 倍。一方面，上海房地产开发投资受物价上涨的影响，另一方面，房地产是拉动我国经济的主要动力。2008 年全球金融危机爆发，政府为了带动经济回升，对个人购二套普通自住房贷款予以放宽，并对住房转让环节营业税进行大幅减免。2008 年 12 月 21 日国务院办公厅发布支持房地产开发企业积极应对市场变化的“国十三条”。上海房地产开发投资额增加了 128.2 亿元，房地产调控政策是短暂的调控手段，其长远目标是通过调控来刺激人们买房，从而带动房地产信贷、评估、租赁等各个行业的发展，活跃整个房地产市场，在宏观经济下行时，采取这样的措施能促进国民经济增长。

2010 年上海房地产市场较为活跃，其主要原因是 2009 年下半年政府的减税、信贷优惠等政策，2009 年 10 月 24 日，《完善促进房地产市场健康发展的政策措施》（俗称“国四条”）出台，提出个人住房转让营业税征免时限由2年恢复到5年，政策效应十分明显，2010年房地产开发投资额增加518.6亿元（见表6－3）。2013年，提到房子、土地，似乎留在人们记忆中更多的还是房价上涨、“地王”频现之类的，上海也不例外。由于上海土地供应量有限，越是土地供应不足，房地产开发商越是急于拿地，越是容易提高拿地价格。直至2015年，房地产开发投资额居高不下，并没有因为供应量而减少投资。2015年3月新政，央行、住建部、银保监会联合发文，全国二套房首付降至四成；财政部通知，将个人出售普通住宅，营业税免征的购买年限由5年下调至2年。从政策上看，2010年上调营业税，以此来拉动经济，5年后下调营业税，可以大致上看出一个经济的周期大约需要5年时间来实现上涨，也就是存在10年的景气循环，这也和我们国家的5年政策相关，每5年进行一次大的宏观调控。

表6－3　上海房地产开发投资增长情况

年份	2006	2007	2008	2009	2010	2011	2012	2013	2014	2015
房地产投资/亿元	1 275.6	1 307.5	1 435.7	1 462.1	1 980.7	2 253.8	2 381.4	2 819.6	3 206.5	3 468.9
增加/亿元	—	31.9	128.2	24.3	518.6	273.2	127.5	438.2	386.9	262.5
住宅投资/亿元	835.6	837.5	875.5	918.7	1 229.8	1 465.5	1 451.9	1 615.5	1 724.7	1 813.3

数据来源：上海统计局。

2009年有关鼓励首次购房和改善性购房的减税和信贷优惠政策的实行，使得自2008年市场低迷后积累起来的自住需求迅速得到释放，全年商品住房销售面积达到8.5亿平方米，高于峰值年份2007年

23.4%，商品房销售价格从8 195元/米^{2}上涨到12 840元/米^2（见表6－4）。2010年1月10日，国务院出台“国十一条”，要求二套房贷款首付不得低于40%。2010年4月15日，国务院要求对贷款购买第二套住房的家庭，贷款首付款不得低于50%，贷款利率不得低于基准利率的1.1倍。同年4月17日，“新国十条”出台，商品住房价格过高、上涨过快、供应紧张的地区，商业银行可根据风险状况，暂停发放购买第三套及以上住房贷款。各地限购政策纷纷出台，上海（楼盘）和重庆（楼盘）试点房地产税。“新国十条”的调控效果很显著，无论是房地产开发投资额还是住宅价格，都保持了一段时间的基本稳定，直至2013年。

表6－4　上海销售价格与销售面积情况

年份	2006	2007	2008	2009	2010	2011	2012	2013	2014	2015
A	7 196	8 361	8 195	12 840	14 464	14 603	14 061	16 420	16 787	20 949
B	7 039	8 253	8 115	12 364	14 290	13 566	13 870	16 192	16 415	21 501
C	3 025	3 695	2 339	3 372	2 061	1 791	1 898	2 382	2 085	2 431
D	2 615	3 279	2 007	2 928	1 691	1 500	1 593	2 016	1 781	2 009

说明：A代表商品房平均销售价格（元/米^2）；B代表住宅商品房平均销售价格（元/米^2）；C代表商品房销售面积（万平方米）；D代表住宅商品房销售面积（万平方米）。

数据来源：上海统计局。

2013年房地产市场出现转折，投资资金充足，原因主要有以下三个方面：第一，非住宅开发投资快速增长，办公楼和商业性住房规模扩大；第二，大项目投资占比提升，“地王”不断出现，当年房地产开发建设项目中完成投资超过5亿元的项目有129个，完成投资1 220.03亿元；第三，土地购置费快速增长。从土地出让情况看，2013年出让金额达到 2 129. 7 亿元，出让土地均价 17 198. 58 元。另外，也和当年宏观经济“触底”、市场缺乏渠道，而整个通胀预期因素持续存在密不可分。宏观经济“触底”的阶段，整个市场基本面呈现出“逆经济周期”的发展特征。品牌房企资金面已不太紧张。2013 年开始积极跑量拿地换仓，上海房地产市场成交量的增加以及房价仍在上涨，结构性地带动全国房价继续坚挺并且保持微涨。从上海各区的房价数据可以明显地看出，最繁华的地块集中在外滩附近，由于市中心已经没有可以开发的地块，导致静安区的二手房价格都高过了周边其他区。此外，上海浦东新区、闵行等区域，房价明显高于其他同环地块。宝山区沿海，房价也较高，所以生态环境对房地产的影响很大，江景房、海景房在上海都是比较热门的楼盘（见表 6 – 5、表 6 – 6）。

表 6 – 5　上海新房价格与二手房价格

城区	新房价格/元 · 米$^{-2}$	二手房价格/元 · 米$^{-2}$
静安区	105 128	85 869
杨浦区	83 353	61 378
浦东新区	77 046	58 104
虹口区	65 803	56 078
闵行区	52 492	47 151
宝山区	42 179	43 742
松江区	38 500	35 651
青浦区	38 189	34 454
嘉定区	35 292	34 792
崇明区	29 726	17 689
奉贤区	23 075	23 999
金山区	18 357	16 236

数据来源：房天下网站。

表 6－6　2016 年 12 月至 2017 年 2 月上海土地出让情况

时间	城区	位置	成交价/万元
2016－12－20	奉贤	奉贤区庄行镇 29－02 区域地块	54 861.1
2016－12－27	临港	临港奉贤园区二期 04FX－0002 单元	15 886.7
2016－12－27	临港	临港奉贤园区二期 04FX－0002 单元	48 323.5
2017－1－5	宝山	宝山区罗泾镇区 BSP0－1701 单元 18－02 地块	62 847.7
2017－2－16	临港	临港区南汇新城 NNW－C4D－02 地块	40 361
2017－2－16	临港	临港区南汇新城 NNW－C4D－02 地块	61 380
2017－2－17	临港	临港区南汇新城 NNW－C4D－02 地块	64 418.8
2017－2－21	金山	金山区枫泾镇 JSFJ0101 单元 04－05/04－07 地块	71 671.6
2017－2－21	金山	金山区金山工业区 JSS3－0402 单元 11－01 地块	48 549.2
2017－2－21	金山	金山区金山新城 JSC10502 单元 E22－02 地块	61 922.8

数据来源：上海市规划和国土资源管理局网站。

在上海，房价平均线以下的新盘主要集中在金山区。金山区位于上海的西南远郊，伴随金山铁路的开通，从金山至上海南站只需半个小时。以上这些低于上海房价均线的远郊新盘，绿化率几乎都达到了35%以上。而周边地区，拥有景观资源实乃“标配”。地多、地大的郊外，也赋予房企大佬们更多“造城”“造园”的发挥空间。会所、足球场、篮球场、羽毛球场、游泳池、便民洗车点、苗圃园等休闲场所，在市中心几乎不可能实现，单就居住体验来看，市中心新盘其实是难以与郊区楼盘相比的。所以，这些新盘内外兼优，实力不容小觑，未来的发展潜力必然在远郊地区。

（三）上海近几年土地出让情况

根据近几年上海土地出让情况，可以看出几个转折点：首先 2010

年增长较大，《上海市 2010 年预算执行情况和 2011 年预算草案》显示，2010 年上海国有土地使用权出让收入 579 亿元，较年初预算增加较多。（王熙喜，2011）由于 2010 年上海土地供应量和土地出让总成交价高于 2009 年，并且财政部等五部门下发加强土地出让收支管理的通知，明确土地出让收入必须在一年内缴清，且首次缴纳比例不低于 50%，这加快了土地出让收入的入库进度，导致 2010 年土地出让金额猛涨（见表 6－7）。

表 6－7　2009 年至 2016 年上海土地出让情况

年份	2009	2010	2011	2012	2013	2014	2015	2016
面积/万平方米	646.9	1 276.4	1 333.6	802.38	1 238.3	851.3	601.9	789.98
金额/亿元	770.5	1 382.5	1 189.4	875.78	2 129.7	1 665	1 500	1 550.21
平均地价/元	11 910.65	10 831.24	8 918.72	11 075.44	17 198.58	19 558.32	24 921	19 623.4
地价增长/元	—	－1 079.41	－1 912.52	2 156.72	6 123.14	2 359.74	5 362.68	－5 297.6

数据来源：上海市规划和国土资源管理局网站。

2012 年上海市政府实行限购政策规定：本地户籍已婚家庭（含驻沪部队现役军人和现役武警家庭）限购 2 套房（含新建商品房和二手住房）；上海籍成年单身在本市未拥有住房的，限购 1 套住房；非本地户籍，无房且缴纳五年以上社保的可购 1 套房，有房不可购。限购之初，一部分开发商纷纷收缩一、二线城市市场，大规模布局三、四线非限购城市，2012 年下半年，一些大型标杆房企重返一线城市积极拿地，北、上、广、深再次成为房企争夺焦点，引得自 9 月开始复苏的土地交易市场迅速回暖。全年上海共成交经营性用地 190 幅，成交面积共计 802.38 万平方米，同比减少 39.97%。土地出让金共计 875.78 亿元，同比减少 25.98%。其中住宅用地成交 55 幅，成交面积 304.01 万平方米，同比减少 36.86%，土地出让金 393.27 亿元，同比减少 16.4%；商业用地成交 84 幅，成交面积 206.02 万平方米，同比减少 32.48%，土地出让金356.67亿元，同比减少28.78%；保障房用地成交51幅，成交面积292.35万平方米，同比减少46.85%，土地出让金125.83亿元，同比减少40.65%。

搜房网分析师张万雨称："2012年上海土地市场各项数据较去年均有大幅下降，主要是因为上半年土地市场较惨淡，开发商拿地动力不足，虽然下半年土地市场发力，但因土地供给较少，仍未能阻止全年土地成交量的大幅下滑。"

受2014年银行信贷紧缩等因素影响，上海楼市进入低迷期，主要表现在上半年，但上海的土地交易市场并不低迷，在上海这样寸土寸金、人多地少的城市，即使出现低迷期，开发商依然虎视眈眈，对于众多房企来讲，谁都不愿意放弃上海这块市场，包括已经进入的上海品牌房企、本土房企以及众多外来的房企。2014年末的两个月，市场开始回暖，出现全国总价"地王"。2016年上海的土地市场依然延续热度，除了2013年反常的市场交易量之外，之后的几年上海土地交易市场一直保持比较平稳的增长，一方面由于土地供应有限，另一方面调控政策越发成熟，人口增长量逐渐减缩，住房需求不会发生大的波动。

三、上海土地市场存在的问题与对策

（一）土地市场存在的主要问题

1. 上海房价过快上涨和土地供给相对不足共同导致地价暴涨

上海房地产市场目前面临最大的困境就是房价非理性上涨，导致土地市场价格急剧上涨。房价上涨过快，一些人的住房梦就成为虚幻，房价上涨也带来租房成本的上涨，企业成本上升，不堪重负者只能关门大吉，逍遥者则过上了收租的快活日子，这对创新、创业，推动产业升级、活跃市场，无疑都是一种伤害。李嘉诚的“房价太高论”，令人深思，特别是那些一贯唱高楼市的所谓业内人士，也值得那些“勇于抢地”的房产大佬们深思。开发商进入抢地竞争中，不乏头脑发热者和盲目跟风者。非理性竞争，自然把土地价格放在其次，如何消化高价抢来的地，高房价是必然的渠道。如此，房价与地价相互促进、同向变动，形成恶性循环。

造成房价非理性上涨的根本原因还是供需不平衡。用货币数量论的思想分析，就是过多的货币（需求）来追逐过少的商品房（供给）的结果。改革开放以来，随着工业化、城市化进程的加快，上海外来人口数量短时期内持续快速增加。城市规划和基础设施建设相对滞后，城市住房、交通等方面就会出现异常紧张的局面。上海可供开发的储备土地总量有限，再加上外来人口多年来源源不断地大量涌入，这直接导致房产市场的供需比例失衡，即商品房供给小于需求，商品房价格呈现不断上涨的趋势。一线楼市素来是房地产市场的风向标，其非理性状态显然不利于培育健康稳定的房地产市场。一方面，在上海这种具有经济活力的一线城市，年轻人的房价收入比不断攀升，房价成为阻隔人才进入城市的高门槛，会影响整个城市的竞争力。另一方面，由于一线城市的外来人才绝大多数是需要父母补贴才能买房，这就使更多的资金集中在上海等一线城市，严重地挤出了家庭正常的非住房消费，也严重地透支了三、四线城市的住房购买力，这在一定程度上会导致三、四线城市更难“去库存”。因此，对于房价的非理性上涨，政府部门不能听之任之。近年来，上海陆续出台楼市调控政策，这些调控措施主要是“限贷、限购、限价”等传统的“三限”措施，这些政策其实是治标不治本，可以说是比较短视的、行政性的调控手段，政策调控是必要的，但对于房价，仍然需要发挥有形之手和无形之手相结合，发挥市场调控作用。政策和市场结合，房价的理性运行才有可能，土地市场的平稳发展才有可能实现。

理论分析和实践经验都表明，房价快速上涨对土地市场最大的不利影响是，它将持续地引致土地市场价格的上涨。因此，可以预计，在上海房价没有实现平稳运行之前，企望上海土地市场价格的平稳运行也是不现实的。

2. 上海政府土地财政依赖问题依然十分严重，土地市场健康发展缺乏政府支持

根据调研数据，从 2009 年至 2016 年，上海土地财政依赖度最高的年份达到 50% 以上，最低的年份也有 23% 以上（见图 6 – 1）。由此可见，上海地方财政对土地出让收入的依赖程度依然很高。土地市场仍然具有为地方政府筹集城市建设资金的重任，地方政府不大会主动放弃或主动调控土地市场，让其平稳发展，让地价稳定运行。

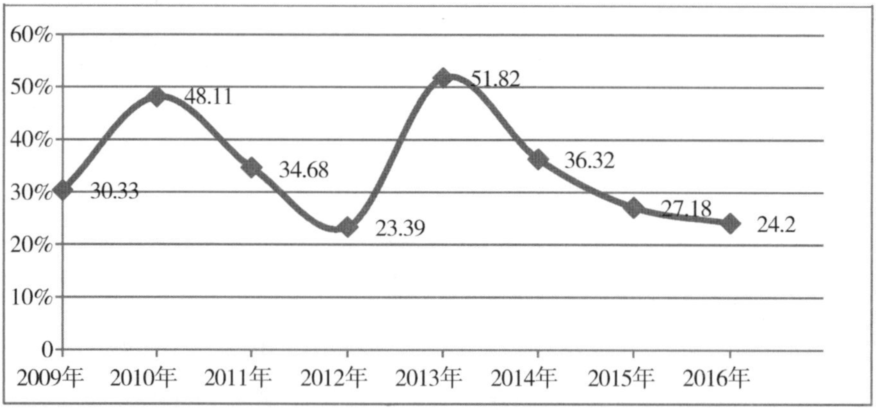

图 6 – 1　2009—2016 年上海土地财政依赖度的变化情况

数据来源：土地出让收入数据来自表 6 – 7，上海地方财政收入数据来自《关于上海市本年度财政预算执行情况和下年度财政预算的报告（2009—2016 年）》。根据土地出让收入占年度地方财政收入的比例计算得到土地财政依赖度，然后绘制成图形。

（二）上海土地市场问题应对策略

1. 扩展土地利用的行政边界，充分挖掘存量土地潜力，有效解决土地供给瓶颈

上海加大土地市场供应可以从以下两个方面入手：一是充分利用现有剩余土地。事实上，上海市域现有的土地资源已经非常稀缺，但可以通过开发周边城市的未利用土地，前提要做好的就是地铁线路的建设。对大部分人来讲，买房之所以考虑地域因素，大部分是因为考虑交通成本。如果将上海地铁与周边城市连通，这样既可以拓展上海的城郊地区商品房土地供应，也可以拓展周边的二、三线城市的商品房土地供应。二是加大旧城改造力度，提高存量土地的利用效率。上海目前的“城中村”问题仍然十分严重，城区多层房屋较多，特别是砖瓦结构住房存量大。政府可以通过旧城改造、“城中村”改造等手段来增加高密度住宅建设，提高单位土地面积的商品房供应数量。

2. 力促楼市平稳健康发展，引导房价稳定，为土地市场健康发展奠定基础

从根本上讲，房价非理性上涨是房地产金融化的必然结果。商品房作为不动产，其主要价值就是居住使用，是中国家庭最主要的财产之一。而金融化使商品房脱离了其基本的商品使用价值属性，异化为投资保值的金融产品，加剧了本身供需紧张的住房问题。因此，上海地区房产市场需要“去金融化”，商品房是特殊商品但也必须回归商品的属性，决不能成为纯粹的投资保值的金融衍生品。

不仅如此，政府还应增加保障房供应，保障中低收入家庭、困难家庭的基本住房需求，以分流商品住宅市场需求，减弱商品房价格上涨的动力；在满足必须的规划要求和补交必要税费的前提下，允许部分小产

权房入市；逐步推行房产税……这样多种措施并举，从根源上探索解决房价非理性上涨问题，进而稳定土地市场价格，促进土地市场平稳健康发展。

3. 改革政府的城镇化融资模式，减弱地方政府土地财政依赖

2020 年，上海将基本建成国际金融中心，而今后新型城镇化建设资金需求高达 42 万亿元。（杨雄，2017）这就迫使上海市政府不得不探索新的融资模式，不能一味地依赖土地财政模式。目前 PPP 模式正在探索中，也取得了一定成效。此外，政府和企业都应借鉴国内外成熟的融资经验，引入公司债券、投资信托、土地入股等融资方式，而不是传统的土地财政和银行贷款融资。由此，可以迫使上海逐渐走出一条多元的城镇化和城市建设融资道路，减弱土地金融化、杠杆化效应，促进上海土地市场的健康、可持续发展。

四、上海土地市场发展趋势

（一）困扰上海土地市场健康发展的房价与土地财政依赖因素仍将长期存在

虽然宏观调控已实施多年，但上海住房供应的结构性矛盾未得到彻底解决，房价尚未回归到市民所能接受的合理水平，这与实现房地产市场健康有序发展的目标距离还尚远。由此我们可以认为，推动上海土地市场非理性发展的房价因素仍将长期存在。

此外，我们必须承认的一个既定事实是，土地市场已经成为地方政府主要的财政来源，让地方政府主动地改革现行的土地财政收入模式，消除或减弱对土地财政的依赖，就必须由中央政府通过顶层制度设计，并以强力手段监督地方政府去严格执行，同时应允许地方政府探索新的替代性融资模式。然而，这个过程将会十分艰难和漫长。因此，阻碍上海土地市场良性发展的土地财政依赖因素仍将长期存在。

（二）供给侧改革有一定成效，但土地供给短缺仍将继续困扰上海土地市场健康发展

2016 年上海实行供给侧改革，成效显著。推进供给侧结构性改革，是国家面对我国经济发展的新矛盾、新问题做出的战略部署，也是适应和引领经济发展新常态的重大创新。

目前，上海不少企业面临着土地资源短缺等问题，供给侧结构性改革则有利于上海房地产企业破解发展难题，促进企业转型升级。2015 年，上海商品房销售面积同比上升 16.6%。2016 年 2 月，上海商品房成交面积 142.72 万平方米，同比上涨 52.7%，商品房销售价格为每平方米 24 754 元，同比上涨 26.03%，创下了历史新高。然后，商品房市场上，房屋供应库存减少、中小户型不足等结构性矛盾仍然比较突出。供给侧改革，就是从供给、生产端入手，通过解放生产力，提升竞争力，促进经济发展。具体而言，就是要求清理“僵尸企业”，淘汰落后产能，将发展方向锁定为新兴领域、创新领域，创造新的经济增长点。其核心在于提高全要素生产率。政策手段上，包括简政放权、放松管制、金融改革、国企改革、土地改革以及提高创新能力等。（吴鸿根，2016）

2016 年以来，上海全力推进供给侧结构性改革，把“三去一降一补”等重点任务与上海实际相结合，以产业结构调整为导向，重在降低制度性交易成本，破解制约科技创新和扩大开放的制度性短板。同时，更好地发挥政府作用，用规划引领市场行为，用法治规范市场行为，用

政策调节市场行为。上海将产业结构调整作为主攻方向，着力改善制造业。在住房保障方面，由于“十三五”期间，上海严格控制建设用地供应量，年均建设用地仅为 12.2 平方千米，对开发商来说拿地更加困难，不得不走供给侧改革，否则只能面临负收益运作或破产。所以，政府围绕新型城镇化战略目标，要求房地产商参与城镇保障性住房建设，改善住房的供应结构，平抑上涨过快的房价，实现住宅供需平衡，促进上海房地产市场健康发展。

但是，我们也必须清醒地认识到，困扰上海土地市场的供给约束问题仍将长期存在，上海土地市场平稳健康发展的道路仍将十分艰难和漫长。

第七章　温州苍南县龙港镇土地市场发展案例

温州市苍南县龙港镇是联合国开发署可持续发展试点镇、全国小城镇化建设试点镇、全国小城镇综合改革试点镇、浙江省中心镇和小城镇培育试点镇、浙江省城乡统筹现代商贸服务示范镇和温州市强镇扩权改革试点镇。2014 年又被确定为全国仅有的两个新型城镇化国家级试点镇之一。回溯其土地市场发展历史，对了解我国中小城镇土地市场发展有非常大的帮助。龙港镇的土地市场从萌芽到高速发展都是伴随着龙港城镇化的萌芽和快速发展而同步演进的，因此，本案例主要从龙港城镇化的历史进程中考察其城市土地市场的发展过程。

一、龙港城镇化与城镇土地市场发展的历程[①]

苍南县龙港镇地处温州市南部、鳌江入海口南岸，东濒东海，南至江南平原，西接 104 国道、沈海高速公路和温福铁路线，北临苍南县鳌江镇，与苍南县宜山镇、钱库镇和金乡镇为邻。龙港镇辖 17 个社区，

---

① 本案例主要参考了陈多长等的《政府主导启动、市场自发演进、工业化驱动的城镇化模式：温州苍南龙港城镇化案例分析》，收录于《国家社会科学基金课题“基于治理地方政府土地财政依赖目标的城镇化模式创新研究”论文集》（2016 年完成）。

28 个居民区，171 个行政村。辖区土地面积 172.05 平方千米，总人口近 50 万人。根据最新统计数据，2015 年龙港镇地区生产总值 226.9 亿元，财政总收入 23.2 亿元，城镇常住居民人均可支配收入 3.978 万元，农村常住人口人均可支配收入 1.973 万元，位居全国综合实力百强镇的第 20 位。①

本案例定义城镇化为“生产要素和产业空间积聚和土地非农转化的过程”。城镇化的过程是人口、土地、产业、基础设施和人口管理形式发生重大变革的过程。从土地市场研究的需要出发，本章重点关注龙港镇土地城镇化进程及其土地市场、土地交易发展变化情况。

根据本书作者的调研，发现龙港在建镇之前的 1980 年到 1983 年之间，龙港区域的城镇化其实已经启动。因此，为研究方便，可把 1984 年龙港建镇之前的城镇化定义为“前城镇化阶段”，以重大标志性事件为依据，把 1984 年龙港建镇后的城镇化过程划分为三个典型阶段，加上“前城镇化阶段”，一共四个阶段。我们将在四个城镇化阶段的基础上，分别考察龙港镇的土地市场发展历程。

（一）前城镇化阶段（1982—1983 年）：龙江港区建设阶段，土地市场尚未萌芽

1982 年 4 月 9 日，经温州市政府批准，在龙江公社的金钗河、江口、下埠和沿江公社的方岩下、河底高等 5 个大队范围内建立沿江港区，同年 8 月更名为“龙江港区”，这是龙港镇的前身。因此，龙港镇的城镇化历史开端于龙江港区的建设，此阶段可称为“龙港镇前城镇化阶段”。

---

① 此处数据来源于龙港镇政府的《温州市苍南县龙港镇 2016 年政府工作报告》。

前城镇化阶段的主要工作是港区基础设施建设，主要由政府和国有企业来主导推进。完成的主要城镇基础设施建设项目包括以下几个方面（王汝亮，1994）：一是港区道路建设。1982 年 8 月动工建设长 3 085 米、宽 24 米的龙翔路，当年冬季完工。1982 年底开始建设进港公路，此前已建设完成了龙翔、龙跃、站前、建新等 7 条街道。二是港区码头、仓库建设。1983 年 10 月动工兴建一号货运码头，总建筑面积 820 平方米，2 个 1 000 吨级泊位，同时配建了一批仓库。三是水电供应设施建设。1983 年 9 月，从龙江水闸到方岩下全长 2 162 米的压力管铺设好，供水基础设施施工任务完成。1982 年建设高低压线路 1 300 米，增设 3 130kVA 变压器。1983 年龙翔路建设了 35kV 的变电所。城镇化所需的水电供应设施基本完成。四是国有企业和政府部门进港进行营业和办公设施建设。到 1982 年冬天，已经有 21 家国营商业公司、2 家饭店和银行，以及政府的财税、工商等 12 家单位相继在港区建设了各自的营业和办公用房，总建筑面积 3. 482 万平方米，职工个人住房 286 间，建筑面积 5. 79 万平方米。这些建设项目的完成，为后来的龙港建镇和城镇化的迅猛推进奠定了重要的基础。

此发展阶段仍处于我国计划经济体制之下，不只是土地的征用依靠行政手段完成，连土地的开发利用也主要通过行政力量主导下的计划配置手段来完成。在此阶段，龙港城镇土地市场尚未萌芽，但土地的城镇化不仅为龙港城镇化的快速发展奠定了重要的物质基础，也为后来龙港城镇土地市场的发育、发展准备了基本的供给条件。

（二）城镇化第一阶段（1984—1994 年）：城镇化启动并快速发展，土地市场萌芽

此阶段城镇化的标志性事件是，依据浙政发〔1983〕148 号文件，

1984年4月龙港镇政府宣告成立，龙港镇的城镇化正式启动并进入快速工业化和城镇化发展阶段。

在龙港建镇之初，从行政区划角度看，只有龙江港区的5个村（大队）8 788人，城镇户籍人口仅仅110人，辖区5个村的耕地面积2 970亩（相当于1.98平方千米）（见表7－1），辖区土地总面积仅7.2平方千米。龙港镇的城镇化和城镇土地市场发展的历史就从这5个村开始。

表7－1　龙港建镇之初的5个村（大队）人口和耕地数据

村名	村民/户	村民/人	耕地/亩
江口村	635	3 033	943
方岩下村	290	1 201	417
金钗河村	232	1 090	346
下埠村	399	1 962	580
河底高村	300	1 502	684
合计	1 856	8 788	2 970

资料来源：作者根据魏启潘、梅永炼的《中国第一农民城：龙港镇的由来》（经济科学出版社，2008，第3—10页）提供的资料整理得到。

20世纪80年代初期，苍南县已经有了大约6 500户的“万元户”，其中95%（大约6 000户）分布在鳌江南岸的江南片区。（刘建民，2011）龙港镇政府利用“户籍制度改革”“粮食供应制度改革”和“宅基地使用制度改革”三大制度创新策略，鼓励先富起来的周边地区的农民“自理口粮、自谋职业、自建住宅、自费医疗、自我生存、自我发展”到龙港镇落户。至1984年12月31日，共有3省7县5 000户（大约10 000人）申请到龙港建房落户，收取宅基地使用费1 000余万元，基本解决了当时镇区建设的“三通一平”所需资金问题。随着房地产开发的兴起，宅基地使用费标准逐渐提高，土地收入逐渐增加，公共设施建设资金增加。1985 年，仅镇办学经费就高达 175 万元，全部来自宅基地出让收入。（慎海雄，1994）在建镇之初，龙港镇区仅有 1 条石板路，3 家土作坊，1 所小学，5 家杂货铺。宅基地出让不仅带来了巨大的土地出让收入，迅速地改善了龙港城镇基础设施的面貌，更为重要的是，此政策还吸引来了大量的外来人口落户龙港。1983—1992 年龙港镇区（城区）人口统计数据如表 7－2 所示。

表 7－2　1983—1992 年部分年份龙港镇区人口

单位：万人

年份	1983	1986	1990	1992
非农业人口	0. 12	0. 28	0. 57	0. 86
自理口粮人口	0	0. 45	2. 50	3. 40
农业人口	0. 61	1. 12	1. 42	1. 49
暂住人口	0	0	0. 15	1. 08
合计	0. 73	1. 85	4. 64	6. 83

资料来源：引自孙胤社的《农民城龙港崛起的启示》（《城市发展研究》1995 年第 6 期，第 39—42 页）。

从表 7－2 中可以发现，1986 年、1990 年和 1992 年这三个年头自理口粮到龙港落户的人口分别为 4 500 人、25 000 人和 34 000 人，增长十分迅速，表明龙港“三改”制度创新的人口城镇化效果十分显著，1992 年龙港镇区人口已经接近 7 万人。另据统计，到 1992 年底龙港镇总人口 12. 4 万人，其中外来人口 2. 7 万人。1984—1992 年龙港镇人口自然增长 2 788 人；机械增长 11. 33 万人，占人口增长总数的 97. 6%。（徐天琪，1994）由此可见，从人口增长的来源结构看，龙港城镇化的第一阶段是一种“异地人口城镇化”。到 1994 年底，龙港镇的常住人口达到了 13. 36 万人，其中非农业人口 10. 5 万人（从事非农产业的人口 8. 1 万人）、流动人口 4. 5 万人。以非农人口计算的城镇化率达到了近 61%。

1992 年 3 月 9 日，浙民基字〔1992〕176 号文件同意撤销龙港区及其所辖的沿江、龙江、白沙、海城 4 乡，归龙港镇管辖。至此，龙港镇共管辖 49 个村、9 个居民区，辖区土地面积从 7. 2 平方千米增加到 58 平方千米，工业化、城镇化所需的土地资源得到了有效的补充。到 1994 年，龙港镇建成区面积达到 19 平方千米，土地城镇化率达到了 15. 5%。

从城镇土地市场发展的角度看，此阶段最具有创新意义的是，龙港镇在全国较早地开始了城镇国有土地使用权（这里是指宅基地使用权）的出租，其实这标志着龙港城镇土地市场已经萌芽。此外，该阶段龙港镇行政范围的扩大和土地的城镇化、国有化又为龙港土地市场扩大和国有建设用地供给的增加提供了实现的可能。

（三）城镇化第二阶段（1995—2013 年）：城镇化平稳发展，城镇土地潜在供给显著增加

此阶段划分的主要依据是 1995 年龙港镇被确定为国家级小城镇综合改革试点镇，1996 年正式启动试点改革。产业结构转型的证据是，龙港镇三次产业结构比例由 1995 年的 5. 2∶65. 1∶29. 7 变迁为 2013 年的 3. 8∶53. 8∶42. 4[①]，农业、工业增加值比重显著降低，第三产业增加值比重迅速增加，产业结构加速转型升级的势头十分明显。伴随着产业结构

① 1995 年产业结构数据来源于王晓峰、黄宗克：《龙港：二次创业再创辉煌》，《浙江经济》1996 年第 11 期，第 63—64 页；2013 年数据来源于龙港镇政府：《龙港镇小城市培育试点三年（2011—2013）行动计划评估报告》，2015。

的加速转型，龙港镇的城镇化在改革、扩权、行政边界扩张中稳定发展。

从人口城镇化效果来看，1995 年，龙港镇人口大约为 13.6 万人，城区常住人口大约为 8 万人①，以常住人口计算的城镇化率为 58.8%。2000 年，龙港镇总人口增加到 23.1 万人，城区常住人口大约为 10 万人，常住人口的城镇化率为 43.3%。② 2003 年，龙港镇城区常住人口达到 12 万人，镇域总人口 23.5 万人，城镇化率为 51.1%。(《今日浙江》编辑部，2004）2013 年，龙港镇常住人口达到 39.8 万人，建成区常住人口达到 25.2 万人，城镇化率达到 63.3%③（见表 7－3）。

表 7－3　2010 和 2013 年龙港镇城镇人口与城镇化率④

年份	户籍人口/万	常住人口/万	建成区常住人口/万	建成区户籍人口/万	城镇化率/%
2010	26.1	34.1	21.2	15.7	62.2
2013	36.1	39.8	25.2	17.86	63.3

资料来源：根据龙港镇政府《龙港镇小城市培育试点三年（2011—2013）行动计划评估报告》（2015 年）提供的数据整理得到。

从土地城镇化角度来看，龙港镇土地城镇化率变化情况见表 7－4。从 1995 年到 2013 年，龙港镇土地城镇化率从 1995 年的 15.52% 降到 2013 年的 11.04%，这种反常现象其实是龙港镇在其快速城镇化的第二阶段内经历了两次大规模的行政区划调整，镇辖区土地面积两次扩大的

① 数据来源于王晓峰、黄宗克的《龙港：二次创业再创辉煌》。

② 城镇化率下降是龙港镇行政区边界扩大、大量农村人口进入辖区的结果。

③ 另根据龙港镇政府《浙江省苍南县龙港镇国家新型城镇化综合试点工作方案要点》提供的数据，2013 年龙港镇户籍人口、常住人口、建成区常住人口分别为 36.2 万人、43.7 万人和 24.9 万人，由此计算的城镇化率为 57%。

④ 2010 年龙港镇进城落户为 1 500 人，本地人为 200 人；2013 年达 2 200 人，其中外地落户人口为 2 095 人。

结果。尤其是2011年的第二次行政区划调整，又把周边地区的舥艚、芦浦和方岩三个乡镇并入龙港镇辖区，土地面积从83平方千米急剧扩大到172.05平方千米，使龙港土地面积占苍南县土地面积的13.7%。行政扩界使龙港城镇化的区域范围扩大，土地市场的后备土地资源储备急剧增加。

表7-4　1995—2013年龙港镇土地城镇化效果

年份	1995	2000	2002	2010	2013
土地面积/km^2	58	80.7	80.7	83	172.05
城区面积/km^2	9	10	12	17.08	19
土地城镇化率/%	15.52	12.4	14.87	20.58	11.04

由此可见，龙港城镇化的过程同时也是龙港土地市场上城镇土地潜在供给逐步增加的过程。这次城镇土地潜在供给的增加，对龙港城镇土地市场发展的意义非常重大。因为在其后的几年中，龙港镇国有土地使用权的批租和巨额的土地财政收入的归集，主要归功于这次土地城镇化所带来的土地供应范围的扩张。

（四）城镇化第三阶段（2014年至今）：新型城镇化试点，土地市场平稳发展

2014年12月29日，国家发展和改革委员会、住房与城乡建设部等11部委联合下发《关于印发国家新型城镇化综合试点方案的通知》，决定在全国62个市、县、镇开展新型城镇化综合试点工作。其中，“镇改市”试点全国范围内仅选两个镇：一个是浙江省苍南县龙港镇，另一个是吉林省吉林市安图县二道白河镇。此后，龙港镇开始进入新型城镇化试点阶段。城镇化由追求规模和速度向追求质量和可持续性转变。

作为新型城镇化的国家试点镇，龙港镇被国家赋予了“强镇扩权镇改市、先行先试”的政策优势。把握这些优势，抓住难得的机遇，从融资机制、镇级城市管理模式改革、城镇化路径创新等方面探索我国新型城镇化的有效实现途径是国家赋予龙港镇的重大任务。

2014 年，龙港镇土地面积 172.05 平方千米，建成区面积 19 平方千米，土地城镇化率为 11.04%，与 2013 年龙港镇土地面积和建成区面积数据保持一致。行政管辖 17 个社区、22 个居民区、171 个行政村，户籍人口 37.1 万人，常住人口 44.3 万人，外来人口 10 余万人。2015 年，龙港镇管辖 14 个社区、22 个居民区、171 个行政村，户籍人口 37.3 万人，常住人口 44.4 万人，建成区面积仍为 19 平方千米，建成区常住人口 27 万人，以此数据计算的城镇常住人口城镇化率为 60.8%。

在新型城镇化试点阶段，龙港镇的城镇化融资模式渐渐朝着多元化发展，但土地财政收入依然是主导性的地方政府收入来源和城镇化融资的主要渠道，而作为实现土地财政收入的城镇土地市场仍将持续平稳发展。值得注意的是，龙港镇的土地市场的特殊性在于，增量土地的供应除了征用集体土地这种常规性来源以外，也有相当多的增量土地来自“填海造地”的国有土地。

二、房地产开发和工业化驱动龙港土地市场发展

（一）房地产开发与土地市场

房地产开发在龙港城镇化和土地市场发展过程中起着至关重要的作用。考察龙港城镇化和土地市场发展的历史可以发现，作为城镇化和土地市场的重要驱动力，房地产开发业曾经在龙港镇掀起过两轮高潮。

第一轮是龙港建镇之初的1984年至1993年。作为启动龙港人口城镇化的重要政策，龙港镇政府在1984年开始允许各地先富起来的农民自理口粮、购买宅基地入户龙港镇。此举极大地刺激了龙港镇原始的以自建住宅为特色的房地产开发热潮。与此同时，为尽快启动城镇化、加快人口积聚，政府机构和国有企业等单位也积极兴建自用办公、营业用房和职工用房，政府支持下的房地产开发公司也开始了商品房的批量开发。根据相关文献的记载（王汝亮等，1994），从1984年到1992年，龙港镇共拆除旧房763间，新建民用住房187万平方米，营业和办公大楼、厂房56万平方米。其间，苍南县房地产开发公司在龙港镇先后开发了江湾新村、海港新村等住宅区，征用土地21.34亩，建设商品房3万平方米，单间48间，套房276套。苍南县城乡建设发展公司在龙港镇征地40亩，建设商品房4.54万平方米。其间，共有570户农民进城购买了商品房。这是龙港镇商品性房地产开发业起步的重要标志。1993年，苍南县房地产开发公司征用土地62亩，开发住宅5.93万平方米；苍南县城乡建设发展公司在龙港镇征用土地35亩，开发商品房面积达到4.5万平方米。同年，龙港镇第一批别墅区——金都别墅区开建。

第二轮房地产开发热潮开始于1998年（福利分房制度终结）、兴盛于2006年之后。根据本书作者的调研，2006—2016年龙港镇用于住宅、商业、仓储、服务业等房地产开发的土地共计2 002余亩，具体年度分布情况见图7－1。

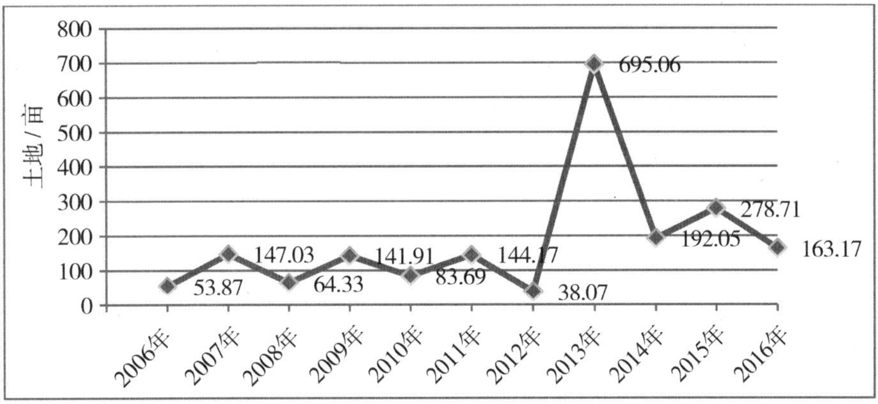

图7－1　2006—2016年龙港镇房地产开发用地面积

注：其中2016年的数据仅计算到1—6月。

房地产开发业的繁荣不仅为人口和非农产业的空间积聚提供了必要的居住和营业场所，也为城镇基础设施建设融通了大量的资金（此即所谓的土地财政问题，该问题留待后文专门予以讨论）。因此，房地产开发业无疑是龙港城镇化和土地市场发展最主要的驱动产业之一。

（二）工业化、城镇化与土地市场

工业化是城镇化最重要、最持久的动力之一。不过，龙港镇的工业化路径与我国其他地区有所不同。龙港镇建镇之初以吸引农村先富起来的农民为主，先是以优惠的户籍政策吸引农民到龙港落户，然后再鼓励这些已经拥有一定数量原始资金积累的农民自主创业，家庭工业和小商品生产迅速发展起来。这些以私营经济为特色的比较初级的乡镇工业构成了龙港工业化的基础。之后，由于改革开放政策和龙港镇政府的大力促进，龙港私营经济、小商品生产和专业市场迅速发展壮大，渐渐形成了独具龙港特色的产业集群，由此推动龙港工业化的迅猛发展和城镇化进程的加快。因此，龙港的城镇化与工业化之间是一种首先由城镇化孕育了工业化，后来由工业化反促城镇化的双向互动关系。

根据统计，1983 年前，龙江港区范围内仅有 3 家工厂，年工业产值仅 130 万元。建镇之后，家庭工业和小商品生产迅猛发展，1984 年龙港镇内从事家庭工业生产的专业户达到 299 户，从业人员有 1 006 人。到 1993 年，全镇工业总产值达 12. 5 亿元，其中家庭工业产值为 5. 16 亿元，占全镇工业总产值的 41. 3%。在家庭工业快速发展的同时，作为集体工业重要组成部分的乡镇工业也在迅速崛起，尤其以 1986 年的发展最为迅猛。1986 年全镇乡镇工业企业增加到 71 家，全年工业产值 1 280 万元，比 1984 年增加 10 倍。1988 年乡镇工业企业 121 家、工业产值 4 510 万元，1991 年乡镇工业产值达到 10 426 万元；1993 年乡镇工业企业 375 家，产值 4. 12 亿元，从业人员 7 959 人，全镇工业企业 552 家，工业总产值 12. 56 亿元。（王汝亮等，1994）

经过早期家庭工业发展和 1986—1993 年期间集体工业的大发展，龙港镇逐渐形成了以工业经济为主体、以工业产业集群为特色、以工业园区为载体的现代工业体系，对龙港城镇化的推动作用大大地增强。从产业结构来看，2013 年龙港镇三次产业结构比为 3. 8∶53. 8∶42. 4，工业经济主体地位十分显著。目前已经形成印刷、礼品、纺织等三大传统产业和不锈钢、特种纤维、新型材料等新型产业，建成了印刷、小包装、塑编、城东等 4 个工业功能区，加速了工业化带动城镇化的进程。①

从土地市场的角度考察，从 2008 年至 2016 年上半年，一共出让工业用地 1 368. 54 亩（年度数据见图 7 – 2）。由此可见，工业化不仅促进了人口的非农化和城镇化，而且还直接导致了龙港土地利用的非农化和

① 仅龙港印刷工业园就占用土地超过 12 000 亩，工业化导致土地城镇化的效果十分显著。

空间的城镇化。因此，工业化是推动龙港城镇土地市场发育的另一个重要驱动产业。

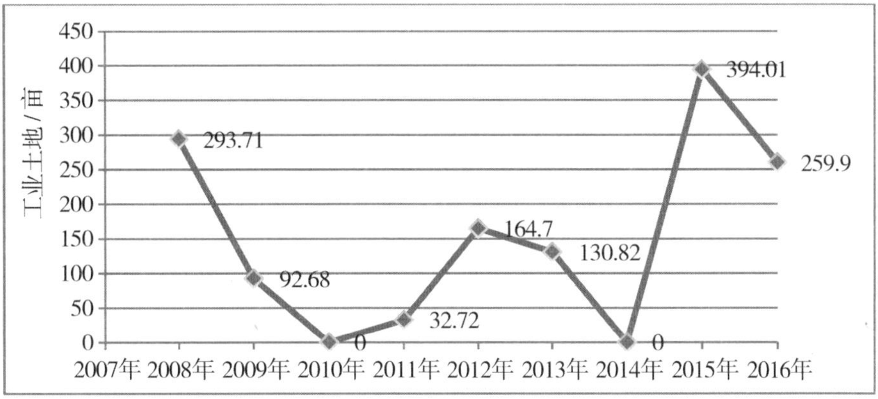

图 7－2　2008—2016 年龙港镇工业用地出让面积

注：其中 2016 年的数据仅计算到 1—6 月。

三、龙港土地市场交易与土地财政依赖状况

龙港镇是国内较早利用国有土地使用权出租为城镇化融资的城镇之一（始于 1984 年），这也是目前流行的土地财政模式的原始形态。1987 年以后，土地批租出让形式的出现标志着现代意义的“土地财政模式”正式形成，而土地财政大行其道并逐渐成为龙港城镇化主流的融资手段则是 1992 年以后的事情了。

1984 年 3 月，为了更快、更多地为龙港城镇化融资，龙港镇政府规定，对在龙港购买宅基地的临街建房户收取每间 1 200 元的公共设施费，之后又细化此政策，个人建设房屋用地按照地段优劣分为 6 个等级，分别收取公共设施费，最高的每间地基（$12 \times 3.5m^2$）收取 4 400 元，最低的每间地基收取 700 元。（王汝亮等，1994）到 1985 年底，一

共收取宅基地使用费1 000万余元，基本解决了龙港城镇化初期的“三通一平”问题，其间镇里兴办学校投入的175万余元资金也全部来源于宅基地出租收入。（慎海雄，1994）

从1984年龙港建镇到1994年，龙港城镇化基础设施建设投入资金12亿元，90%由土地使用费筹措，其余10%则由政府投资、国有企业投资和群众集资完成。

20世纪80年代以来，伴随着龙港房地产市场的繁荣，从1987年开始龙港镇开始实行非工业用地的招标出让。土地市场交易价格急剧上涨，龙港镇政府获取的土地财政收入也快速增加。城镇化资金来源得到了较好的保障。1992年龙港镇每平方米土地最高价格达到了1.5万元，当年龙港镇土地出让收入达到5 800万元。（李其铁，1994）从此以后，龙港镇城镇化转向了土地财政融资模式。2005年下半年至2016年上半年龙港镇土地财政依赖情况见表7－5①。从2006年至2016年，龙港镇土地财政收入累计值相当于财政总收入累计值的47.64%。

表7－5　2005—2016年苍南县龙港镇土地财政数据

时间	土地出让面积/亩	土地交易总价/亿元	财政总收入/亿元	土地财政依赖度/%
2016年	423.02	14.408	24.5	58.81
2015年	672.72	7.2326	23.20	31.18
2014年	192.05	1.5883	20.80	7.64
2013年	825.88	14.4063	18.90	76.22
2012年	202.77	2.4436	16.30	14.99

① 从数量上看，龙港镇年度财政收入并不算少，但地方可用资金不多，这是导致城镇化融资依赖土地财政收入的重要原因之一。以2013年为例，当年龙港镇财政总收入为18.90亿元，地方可支配财力仅为2.3亿元，当年土地财政收入达到14.4亿元。

（续表）

时间	土地出让面积/亩	土地交易总价/亿元	财政总收入/亿元	土地财政依赖度/%
2011 年	176.89	11.1676	14.80	75.46
2010 年	83.69	6.8016	12.40	54.85
2009 年	234.59	8.5502	9.70	88.15
2008 年	289.73	2.4166	8.83	27.37
2007 年	147.03	5.8319	7.60	76.74
2006 年	53.87	2.201	4.69	46.93
2005 年（9—12 月）	22.50	0.4391	—	—
合计	3324.74	77.4868	—	47.64

数据来源：土地财政数据是本书作者根据温州市苍南县公共资源交易中心发布的历年《土地交易信息》整理得到，财政总收入数据来源于龙港镇年度财政预算执行报告和历年政府工作报告等。土地财政依赖度由土地出让收入除以财政总收入得到。

四 、结论与政策建议

（一）结论

第一，龙港镇土地市场的发育与发展始终伴随着龙港城镇化的全过程，城镇化与土地市场化相互促进，共同发展。城镇化为土地市场发展既提供了土地供给也创造了土地需求（引致性需求），而土地市场则是城镇化过程中城镇基础设施建设的重要融资工具。

第二，驱动龙港城镇化和城镇土地市场发展的产业早期为城镇基础设施建设（广义房地产业）和居民住宅自建活动，之后主要由工业化和经营性房地产开发为主。

第三，龙港城镇土地市场交易形式，在1984年建镇之后主要是宅基地使用权的交易，1992年之后则主要是土地使用权批租（出让）。

第四，从财政角度看，目前龙港地方土地财政依赖模式已经形成和固化，这是导致地方政府继续维持现行土地市场交易模式的重要财政体制根源。

（二）政策建议

为了更好地促进龙港镇的土地市场持续健康发展，必须下大决心治理地方政府土地财政依赖。为此，政府必须在以下几个方面做出政策安排。

第一，立即对现行分税制进行改革，提高镇政府税收收入留成比例，减弱地方政府依赖土地市场筹集土地财政收入的激励。

第二，允许龙港镇政府实行低地价政策，以地方政府土地财政收入的减少换取人口城镇化成本、企业商务成本的降低和地方税收收入的增加。此政策又必须以分税制改革为基本前提。

第三，实行真正的非征地条件下由当地村民自主、自愿推进的主动型城镇化。允许集体建设用地市场的发育，地方政府只起规划、引导和政策服务等作用。换而言之，建议推行集体土地所有权不变前提下的由民间力量主导、以产业发展为前提的渐进式的新型城镇化，并允许集体建设用地的合法交易。此种模式下的城镇化本质上是一种区域经济发展的结果而非经济发展的手段，其土地市场也是为提高资源配置效率服务的，而非地方政府牟取土地财政收入的工具。这种模式下的城镇化和土地市场才可能有效治理当前饱受诟病的地方政府土地财政依赖问题。

附表1　2016年（1—6月）苍南县龙港镇土地财政数据

时间	地块	占地/亩	用途	总价/亿元
2016-6-17	龙港镇黄家蓬片区B16地块	1.61	住宅	0.0650
2016-5-13	龙港镇世纪新城片区7-02等2宗地	83.25	商住	7.3500
2016-5-4	龙港镇通港路B-05地块	31.93	商住	2.0800
2016-2-4	龙港西河水深区块A1-02-1	25.65	工业	0.1201
2016-2-2	龙港西河水深区块A1-02-2	34.21	工业	0.1611
2016-1-25	龙港世纪新城南片A-06	41.45	商住	0.5010
2016-1-19	龙港云岩集聚区LG-YY-01-1	4.88	商业	0.0295
2016-1-15	龙港新城XC-B04（海域）	59.88	工业	0.2229
2016-1-15	龙港新城XC-B03-a（海域）	70.00	工业	0.2604
2016-1-15	龙港新城XC-B02（海域）	70.16	工业	0.2611
1—6月合计	—	423.02	—	11.0511

附表2　2015年苍南县龙港镇土地财政数据

时间	地块	占地/亩	用途	总价/亿元
2015-12-25	龙港镇江南大酒店配套控规A-06	10.52	商业	0.1089
2015-12-16	龙港镇中心区下涝村B-01地块	24.86	商住	1.5960
2015-9-25	龙港镇礼品生产工业园补征地块	1.62	工业	0.0083
2015-8-28	龙港镇世纪新城片区3-17	73.22	商服	1.2660
2015-5-27	龙港镇海域2011-12	2.01	仓储	0.0062
2015-4-15	龙港镇中心区D地块	34.29	商住	2.1400
2015-4-8	龙港镇1号环岛地块	47.88	科教	0.2273
2015-2-5	龙港新城XC-C02等15宗	390.57	工业	1.2213

（续表）

时间	地块	占地/亩	用途	总价/亿元
2015-1-30	龙港镇斗门区块 B-07	19.08	商住	0.1534
2015-1-28	龙港镇商业中心地下人防商业街	48.92	商服	0.1020
2015-1-9	龙港镇大桥编制工业区西路 A，B 地块	1.82	工业	0.0034
2015-1-8	龙港镇黄家蓬片区 A09-3 地块	2.33	住宅	0.0611
2015-1-8	龙港镇黄家蓬片区 A25	6.79	住宅	0.1585
2015-1-7	龙港镇黄家蓬片区 A09-1，A09-2 地块	5.03	住宅	0.1088
2015-1-6	龙港镇龙金东区 F01-01 地块	3.78	住宅	0.0714
全年合计	—	672.72	—	7.2326

附表 3　2014 年苍南县龙港镇土地财政数据

时间	地块	占地/亩	用途	总价/亿元
2014-11-17	龙港镇商业中心地下人防商业街	48.92	商服	0.6850
2014-9-26	龙港镇舥艚仓储用地 A1，A2 地块	6.34	仓储	0.0223
2014-8-7	龙港新城 XC-1-52a，XC-1-10a	119.38	住宅	0.2770
2014-4-25	龙港镇龙金东区 F01-01 地块，E05-6 地块	13.92	商住	0.4635
2014-4-23	龙港镇瓦窑头村 A-02 地块	3.49	商住	0.1405
全年合计	—	192.05	—	1.5883

附表 4　2013 年苍南县龙港镇土地财政数据

时间	地块	占地/亩	用途	总价/亿元
2013-11-27	龙港镇龙金东区 B13-7 地块	3.00	住宅	0.1212
2013-11-22	龙港镇下垟郑花园小区	3.55	住宅	0.0997
2013-11-6	龙港镇新兰村龙金大道 F 地块	22.89	商住	1.3500
2013-10-25	龙港新城 XC-1-32a 地块	28.29	商务、金融	0.1768

（续表）

时间	地块	占地/亩	用途	总价/亿元
2013－10－30	龙港镇示范工业功能区四期河道 A 地块	2.34	工业	0.0119
2013－10－25	龙港镇新兰村西五路 F 地块	1.50	住宅	0.0527
2013－10－17	龙港镇朝西屋村龙湖路 A－01 地块	23.25	商住	1.8882
2013－10－17	龙港新城 XC－1－42 等 10 宗地	581.41	商服、商住	8.6218
2013－9－18	龙港镇咸园村白鸽场地块	12.58	商住	0.7800
2013－9－5	龙港镇中心区 A－2－10 地块	18.59	商住	0.9100
2013－4－19	龙港镇启动区 A04－4 地块	30.00	工业	0.0934
2013－1－23	龙港镇启动区 A04－1、2、6 地块	58.00	工业	0.1771
2013－1－18	龙港镇启动区 G0901－1 地块	40.48	工业	0.1235
全年合计	—	825.88	—	14.4063

附表 5　2012 年苍南县龙港镇土地财政数据

时间	地块	占地/亩	用途	总价/亿元
2012－12－21	龙港新城 F04 地块	48.72	工业	0.1490
2012－12－21	龙港新城 F03 地块	37.66	工业	0.0930
2012－12－19	龙港新城启动区 F01－2 地块	27.26	工业	0.0660
2012－12－19	龙港新城 H01－1 地块	10.00	工业	0.0304
2012－9－12	龙港镇湖前塑编工业功能区 A1 等 7 宗地	34.05	工业	0.0998
2012－7－20	龙港镇咸园村西六街安置地块	17.76	商服、住宅	0.5550
2012－3－21	龙港镇河北庙村 HBM－1 地块	20.31	住宅	1.4300
2012－2－15	龙港镇湖前塑编工业功能区 A10 地块	7.01	工业	0.0204
全年合计	—	202.77	—	2.4436

附表 6　2011 年苍南县龙港镇土地财政数据

时间	地块	占地/亩	用途	总价/亿元
2011-12-22	龙港镇山湖路 A 地块	42.23	商服	0.5200
2011-11-30	龙港镇肥艚工业功能区 B03 地块	28.60	工业	0.0730
2011-8-30	龙港镇通港路与宫后路交叉河流地块	1.87	工业	0.0073
2011-5-25	龙港镇中心区 A-2-07 地块	20.36	商住	2.5300
2011-5-13	龙港镇中心区 A-2-08 地块	12.05	商住	1.1300
2011-5-6	龙港镇中心区 A-2-A 地块	69.53	住宅	6.9000
2011-2-25	龙港镇 08-01 工业地块	2.25	工业	0.0073
全年合计	—	176.89	—	11.1676

附表 7　2010 年苍南县龙港镇土地财政数据

时间	地块	占地/亩	用途	总价/亿元
2010-11-18	龙港镇世纪大道水门村 1 号地块	13.34	商服	0.1400
2010-9-3	龙港镇世纪大道 F 地块	13.87	商住	1.1831
2010-9-3	龙港镇象岗居住区 XG-C04 地块	5.42	住宅	0.7500
2010-2-11	龙港镇人民路 D 地块	25.74	商住	3.3100
2010-2-5	龙港镇商业中心 A-05-02 地块	8.38	商住	0.725
2010-2-1	龙港镇新浦小区 A 地块	16.94	住宅	0.6935
全年合计	—	83.69	—	6.8016

附表 8　2009 年苍南县龙港镇土地财政数据

时间	地块	占地/亩	用途	总价/亿元
2009-12-16	龙港镇城东工业功能区一期 B1-1 等 4 宗地	35.39	工业	0.1352
2009-11-18	龙港镇商业中心 A-05-01 地块	11.45	商住	0.5842

（续表）

时间	地块	占地/亩	用途	总价/亿元
2009－10－27	龙港镇人民北路 A 地块	10.78	商住	0.2564
2009－10－22	龙港镇商业中心 C－07 地块	13.21	商住	3.200
2009－10－13	龙港镇商业中心 B－04，06，08 地块	55.65	商住	3.5073
2009－8－25	龙港镇城东工业功能区三期 C4－2 地块	12.50	工业	0.0380
2009－7－31	龙港镇下垟郑村安置房地块	45.00	住宅	0.5183
2009－7－3	龙港镇城东工业功能区四期 A6－2 地块	44.79	工业	0.1193
2009－4－7	龙港镇滨江路 1 号地块	5.82	商业	0.1915
全年合计	—	234.59	—	8.5502

附表 9　2008 年苍南县龙港镇土地财政数据

时间	地块	占地/亩	用途	总价/亿元
2008－12－22	龙港镇白河路 1 号地块	52.02	商住	0.7009
2008－10－10	龙港镇工业区印刷礼品标准工业园 A1 等 7 宗地	78.06	工业	0.4936
2008－9－12	龙港镇鼎盛大厦主楼后地块	0.40	商住	0.0341
2008－9－10	龙港镇工业区印刷礼品标准工业园 A2 等 6 宗地	59.68	工业	0.3048
2008－9－5	龙港镇城东工业功能区四期 B20 地块	42.69	工业	0.1495
2008－9－3	原龙港粮食汽车修配厂，苍南铝合金材料厂地块	11.91	住宅	0.5528
2008－8－7	龙港镇城东工业功能区四期 B12，B17，C4 三宗地	44.97	工业	0.1809
全年合计	—	289.73	—	2.4166

附表10　2007年苍南县龙港镇土地财政数据

时间	地块	占地/亩	用途	总价/亿元
2007-12-26	龙港镇龙港大道流浦村新华大楼后地块	6.23	商住	0.1192
2007-12-6	龙港镇商业中心C04-06地块	42.53	商住	4.00
2007-4-27	龙港镇世纪花园地块	18.02	商住	0.1296
2007-3-9	龙港镇浙江金泰和包装有限公司储备地块	6.05	商住	0.0639
2007-2-14	龙港镇龙港大道29号储备地块	8.78	商住	0.5529
2007-2-7	龙港镇泰安大厦停车场地块	1.97	商业	0.0387
2007-1-31	龙港镇通港路B地块	63.45	商住	0.9276
全年合计	—	147.03	—	5.8319

附表11　2006年苍南县龙港镇土地财政数据

时间	地块	占地/亩	用途	总价/亿元
2006-12-29	龙港镇商业中心C-10地块	13.30	商住	0.8000
2006-12-29	龙港镇商业中心A-10地块	16.00	商住	0.7200
2006-7-6	龙港大道34号土地储备地块	2.08	商住	0.0442
2006-6-8	龙港镇加油站储备地块	6.00	商业	0.2500
2006-6-2	龙港镇江南宾馆储备地块	3.77	商住	0.0550
2006-5-18	龙港镇站港路B地块	12.72	商住	0.3318
全年合计	—	53.87	—	2.201

附表12　2005年（9—12月）苍南县龙港镇土地财政数据

时间	地块	占地/亩	用途	总价/亿元
2005-10-20	原龙港镇印染厂储备地块	9.90	商住	0.1391
2005-9-2	龙港镇金钗街原水厂储备地块	12.60	商住	0.3000
9—12月合计	—	22.50	—	0.4391

数据来源：本书作者根据温州市苍南县公共资源交易中心发布的历年《土地交易信息》及相关文献提供的数据整理得到。

第八章　杭州土地市场发展案例

一、杭州土地市场的发展历程

（一）杭州土地市场初步形成阶段

1988 年至 1994 年，是杭州土地市场初步形成阶段。在 1988 年以前，杭州乃至全国都或明或暗地进行着国有土地使用权的转让活动，但一直到 20 世纪 80 年代初期，以土地资源配置市场化为基本导向的制度性改革才开始实施。在土地所有权与土地使用权分离的基础上，一些城市开始尝试土地使用权的有偿使用，并且允许土地使用权的转让、出租、抵押等交易形式。

1988 年 4 月，第七届全国人大常委会第一次会议通过《中华人民共和国宪法修正案》，提出土地使用权可以依照法律的规定转让；1988 年 12 月通过第七届全国人大常委会第五次会议修改后的《中华人民共和国土地管理法》规定，国有土地和集体所有的土地使用权可以依法转让，国家依法实行国有土地有偿使用制度（杨庆媛，2002）；同年，浙江省杭州市土地管理局成立（中国土地编辑部，2002），标志着杭州土地交易市场初步形成。这一阶段的杭州土地市场有以下四个基本特征。

（1）规模逐年扩大，从零星交易变为成片出让土地使用权。

（2）向外商出让土地使用权也是杭州土地市场的一大特点。1988年底，在国家“积极引进外资，促进国内经济发展”的战略指导下，各地逐步向国外投资者成片出让土地使用权，随着天津经济开发区5.35平方千米地块的一次成功尝试，杭州也开始与外商洽谈国有土地使用权出让事宜。

（3）交易方式单一。国务院规定我国国有土地出让方式采用协议、招标、拍卖三种形式，但在市场初步形成时期，杭州土地使用权交易以协议为主要交易方式。

（4）政府调控能力弱。这一阶段政府缺乏完整合理的理论研究，尤其是土地供应方面缺乏研究，导致政府调控能力较弱，经济利益的驱动导致土地供给量较大，地价过低。

（二）杭州土地市场全面发展阶段

1. 杭州土地市场全面发展阶段特征

1995年起实施的《中华人民共和国城市房地产管理法》对土地招标、拍卖、出让的范围，协议出让的出让金等做出了限制和说明，对城镇用地使用权的取得方式、一级市场的土地供应及出让方式提出明确规定，标志着我国城镇土地市场进入全面发展时期。1997年以来，杭州建立土地储备中心以及土地储备制度，并于1999年最早实行经营性土地一律公开招拍挂，标志着杭州土地市场进入全面发展阶段。这一时期杭州土地市场的基本特点如下。

一是土地市场需求旺盛。1997—2007年的10年时间里，杭州共出让了 441 宗经营性土地，出让面积超过 1 600 万平方米。[①] 自杭州施行土地招拍挂制度以来，杭州公开出让的土地经历了两个高峰——2003 年与 2007 年，这两年的土地出让面积均超过 300 万平方米。而自 2007 年以来，由于土地出让成交数量多，价格高，成交金额呈几何级数增长。

二是竞争机制增强。在土地市场初步形成阶段，杭州土地使用权交易方式以协议为主，竞争较小，随着出让制度完善和土地需求增加，土地市场竞争加剧，以拍卖和招标方式交易土地使用权的方式越来越频繁，2007 年发布的《杭州土地十年发展报告》显示，1998—2007 年杭州通过招拍挂形式公开出让的土地量整体呈递增趋势，自 2004 年 8 月 31 日之后，土地协议出让全部被停止，此日期之后的杭州的土地出让量全部为招拍挂形式公开出让。

三是市场分化明显。土地市场初步形成阶段，杭州主要以一级土地市场交易为主，进入全面发展阶段后，二级市场逐渐活跃。二级市场的繁荣，一方面是从一级市场买入土地的难度加大，另一方面也折射出部分土地持有者运营难度增大，不得不转让土地求存的困境。

四是土地交易监管逐渐健全。随着互联网的发达，土地交易信息逐渐透明化，杭州土地交易过程逐渐公平、公正、公开。大约十年前，杭州招标地块经常发生串标、限制投标条件等情况，每交易一块地皮都会伴随未中标开发商的投诉，外地企业想要进入本地市场也相当困难；而近几年杭州外来开发商队伍庞大，如恒大、融信、万科等开发商，不再因为本地开发商的违法联合串标而无法打入杭州市场。

2. 杭州土地储备制度发展

在过去 20 余年，杭州土地市场发生了翻天覆地的变化，其中土地

① 数据来源于中国土地市场网的《杭州土地“招拍挂”十年 出让 441 宗经营性土地》。

储备制度起了不小的作用。土地储备是政府高效控制城市土地开发利用的一种常用手段，土地储备制度是伴随着市场经济改革的过程产生的，需要政府对自己的角色重新定位。在计划经济年代，政府包办一切；在市场经济年代，政府要成为城市的经营者，利用市场的手段推进城市发展。我国的土地储备制度就是伴随着国有企业改革的过程而产生的，地方政府推进土地储备制度，从而达到盘活城市土地资源、促进城市有序健康发展、保护城市周边农用地、提升城市生活质量的目的。

（1）杭州土地储备制度的建立。据统计：在1990—1993年间，杭州的耕地面积累计减少11.1万亩；1993年杭州的人均耕地面积仅余0.43亩。1997年到2010年，各项建设用地的需求为5.5万亩（毛镇林等，2001）。1997年8月，杭州市成立了土地收购储备中心，实行城市国有土地的资本运营，是国内最早建立的土地储备中心之一。1999年3月，杭州市人民政府颁布《杭州市土地储备实施办法》，制度规定，市区范围内须盘活的存量土地和用于房地产开发的用地，要统一纳入专门机构运作，实现统一收购、统一管理和统一出让。

杭州的土地收购储备制度出现，使土地管理方式从与计划经济相适应转变为与市场经济相适应，土地利用方式由粗放型转为集约型；使土地出让方式从暗箱操作走向以公平、公正、公开的招标、拍卖方式出让，保证了城市整体规划的有效性。

杭州市一直注重土地储备做地质量，于2014年7月出台《杭州市经营性用地做地质量标准指导意见（试行）》，该意见明确了“地块权属清晰、场地平整封闭、基础配套完善、影响条件明确、前期手续完备”5个方面15项标准（黄郭城，2016），并在实践中对标准进行逐步完善。该指导意见对全市做地质量提升起到了较好的把控作用，在地块配套、渣土管理、围挡构筑、场地覆绿等方面提高了对做地质量的要求。

（2）杭州土地储备模式特点。杭州土地储备模式是典型的以政府为主导的土地储备模式，在市区需要盘活的存量和增量土地都必须经过储备机构收购后进行再出让，企业不能进行私下交易。政府收购土地后，对土地进行房屋拆迁、土地整改、建设基础设施等前期工作后再将土地进行出让。以政府为主导的开发模式资金需求量高、对地价影响大、土地收购具有强制性、对市场调控力度高。杭州的土地储备模式不可避地面临资金问题，由于所有的土地都要政府的收购储备程序，储备中心需要大量的资金，而杭州的土地储备金主要来自银行贷款，由于银行贷款利率受经济状况影响较大，尤其当经济形势遇冷时，贷款利息就可能让土地收购储备中心面临巨大压力，所以杭州政府主导型的土地储备模式存在系统性风险。

二、杭州土地市场的现状

（一）杭州的人口及经济背景

从人口来看，2006 年以来，杭州市人口增长迅速，随着社会经济的发展，杭州市人口总量压力较大。杭州市人口基数大，加上外来人口持续增加，使杭州人口增长较快（见表 8－1）。据杭州统计局数据显示，2016 年杭州年末常住人口达 900 万以上。

表 8－1　2006—2015 年末杭州户籍总人口

年份	2006	2007	2008	2009	2010	2011	2012	2013	2014	2015
年末总人口/万人	666. 3	672. 35	677. 64	683. 38	689. 12	695. 71	700. 52	706. 61	715. 76	723. 55

数据来源：国家统计局。

此外，目前杭州人口老龄化现象较为严重，杭州人口结构完全步入老年型人口社会。据第六次全国人口普查资料显示，至2010年11月，杭州已有60岁以上老龄人口116.58万人，占总人口的13.4%，其中65岁以上老龄人口78.44万人，占总人口的9.02%，杭州市人口老龄化给经济建设和社会发展带来巨大挑战（其统计口径为杭州市常住人口）。

从经济角度看，在信息经济的带动下，杭州这座“1.5线”城市已经逐渐在迈向一线城市行列。在多个代表一线城市竞争力的指标领域，杭州已经与一线城市并驾齐驱。2016年杭州地区生产总值增速9.5%，与之对应的是全国6.7%、浙江7.5%（唐骏垚，2017），杭州地区生产总值增长速度在全国排名第二，仅次于重庆，杭州成为下一个一线城市指日可待（见表8-2）。

表8-2　2006—2015年杭州地区生产总值

年份	2006	2007	2008	2009	2010	2011	2012	2013	2014	2015
地区生产总值/亿元	3 441.5	4 100.2	4 781.2	5 088.0	5 949.2	7 019.1	7 802.0	8 343.5	9 206.2	10 050.2

数据来源：国家统计局。

从房地产投资情况看，住宅投资占总投资很大比重，在各类用途的用地中，住宅的价格最能看出开发商拿地的活跃程度。近几年，杭州的土地供应是比较平稳的，房地产开发投资额逐年增加，投资额在百亿元以上（见表8-3）。2013年和2014年出现较大波动主要是因为投资者对于未来楼市的不看好以及银行信贷的加码收紧。因此，风险集中型房企由于负债率高，资金紧张容易被投资者最先抛弃，银行信贷政策收紧会对企业产生负面影响；也有人认为是因为杭州土地供应量引发楼市低迷状态，但这次降价主要集中在杭州近郊，主城区房价并未出现较大波动，所以，尽管2014年杭州住宅库存不小，但并不是主要影响因素。

表8－3　2006—2015年杭州房地产投资情况

年份	2006	2007	2008	2009	2010	2011	2012	2013	2014	2015
房地产开发投资额/亿元	442.65	518.79	615.41	704.68	956.20	1 201.51	1 597.36	1 853.28	2 301.98	2 472.60
住宅开发投资额/亿元	326.88	381.89	456.22	509.64	676.27	751.02	1 001.74	1 169.56	1 337.92	1 442.21

数据来源：国家统计局。

（二）杭州地价与房价分析

从杭州近十年的房价走势来看，随着经济发展，房价不断上涨，十年来商品房房价经历了三个增长期，每个增长期之后都伴随一年的缓和甚至降价阶段，2007年之前房价上涨，2008年下降至12 665元/米^2，2009年至2011年持续上涨，2012年回跌，2013年之后又是一个上升期，可以看出一个3～4年的房价周期性波动（见表8－4）。

表8－4　2006—2015年商品房销售价格

年份	2006	2007	2008	2009	2010	2011	2012	2013	2014	2015
商品房平均销售价格/元·米$^{-2}$	9 385.34	14 049.69	12 665.00	14 615.00	19 170.00	21 350.13	19 589.82	24 402.00	24 723.00	33 942.00
住宅商品房销售价格/元·米$^{-2}$	8 848.04	13 369.63	12 823.00	14 389.00	18 954.00	21 037.05	18 995.92	23 427.00	24 040.00	33 661.00

数据来源：国家统计局。

房价的周期性波动，固然是受到调控政策的影响（例如2010年4

月之后开始限购，2013 年后开放二孩政策等因素），但房地产市场自身的调整可能更为重要。从供给来看：房价走低时，开发商投资会减少，导致一段时间后供给减少，使房价又可能因为供不应求而上涨；在房价上涨时，开发商投资会增长，一段时间之后供给增加，又对房价上涨起到抑制作用。从需求来看：在房价上涨时，购房者担心房价继续高涨，被迫承受压力入市，放大了需求；而在房价下跌时，房价绝对水平仍然很高，购房者无力购买，这又加剧了相对过剩的状况。

同样，住宅商品房价格也和商品房价格呈现同样的周期性，几乎是同时变化。此外，2016 年杭州由于 G20 的召开以及二孩政策开放等多种因素影响，经历了一场房地产市场历史罕见的牛市。据统计，截至 2016 年末，杭州市区新建商品住宅可售房源共 5 万套，较 2015 年同期减少 4. 2 万套。市区新建商品住宅去库存化周期仅 4. 6 个月，较 1 月末减少 6. 6 个月，已低于 6 个月的合理去化周期值，呈现偏紧状态。其中，80 ~90 平方米户型住宅库存面积去化周期仅 2. 81 个月，供应尤为紧张。杭州土地市场也随着这一波行情升温明显，市区共有 23 个板块楼面价纪录被刷新。2016 年杭州市区共成交土地 558. 75 万平方米，同比增长 23. 25%，总成交金额 1 624. 08 亿元，同比增长 144. 67%，土地成交金额创历史年度新高。（第一财经，2017）按照周期性变化规律，2017 年杭州房地产市场步入一个“休养生息”的调整周期，整体价格体系呈现平稳状态下的微态下移。

（三）杭州土地交易情况分析

1. 杭州土地出让情况

2012 年，杭州主城区土地市场共出让 77 宗地块，总出让面积为 202. 24 万平方米，总出让金额为 424. 77 亿元，其中住宅用地出让 28

宗，出让面积为 108.57 万平方米，占总面积的 54%，出让金额为 277.62 亿元，占总金额的 65%。2013 年，杭州主城区总出让金额为 841.6 亿元，成交面积 320.5 万平方米。2014 年，杭州主城区总出让金额为 597.5 亿元，成交面积 226.6 万平方米（见表 8－5），市区共成交 152 宗地块，总成交金额为 843 亿元，仅相当于 2013 年主城区的土地成交额，余杭区和萧山区成交面积分别为 172.3 万平方米和 132 万平方米，主城区成交量依然占主要部分。2015 年，杭州市区（含萧山区、余杭区）共计成交 114 宗地块，总出让面积为 377.37 万平方米，总成交金额为 630.54 亿元。从土地结构来看，2015 年杭州共成功出让宅地 66 宗，商地 45 宗。相比 2014 年，宅地所占的比例有所上升。2016 年杭州市区（主城区、余杭区、萧山区和大江东）共成交 126 宗地块，出让总金额 1 593.92 亿元，比 2015 年的 630.5 亿元环比上涨 152.8%；比 2013 年（1 326.9 亿元）多了 267.02 亿元，创历史新高，但是建筑面积比 2013 年少了 903.1 平方米。杭州市区平均楼面价却由 2013 年的 6 159 元/米^2 上涨至 12 737 元/米^2，2016 年是房企们拿地艰难的一年，杭州成为全国各地开发商的战场，拿地的竞争十分激烈。

表 8－5　2007—2016 年杭州主城区土地出让面积与出让金

年份	2007	2008	2009	2010	2011	2012	2013	2014	2015	2016
出让面积/万平方米	409.36	160.73	361.49	217.33	147.05	202.24	320.5	226.6	144.31	184.84
成交总价/亿元	646	312	1 054	493	316.70	424.77	841.6	597.5	379.35	992.49

数据来源：国家统计局。

从地价数据可以看出，土地市场的风险性，地价逐渐上涨是主要趋势，但每年均价变化较大，每年地价增长量也是变化很大，比如像

2009 年地价增长率为 50.2%，而 2010 年增长率为负数，两年时间内波动较大，直观地表现出房地产商拿地的风险和利润（见表 8－6）。地价增长率每一到两年会出现一次负值，表现出一定的周期性。

表 8－6　2007—2016 年杭州市主城区土地成交均价

年份	2007	2008	2009	2010	2011	2012	2013	2014	2015	2016
平均地价/元·米$^{-2}$	15 780.73	19 411.43	29 157.09	15 358.57	21 536.9	21 003.3	26 258.97	26 368.04	26 287.15	53 694.55

数据来源：杭州土地资源网。

2. **目前杭州土地储备与利用情况**

杭州市土地储备制度存在的问题。杭州市土地储备制度建立于 1997 年 8 月，经过 20 年的使用经验，逐渐发展成熟，形成了政府主导型的杭州模式。在 20 年的运行过程中，杭州市土地储备制度在发展时遇到了一些问题。首先，杭州的土地储备机构职能工作有待强化，杭州的土地储备工作主要分自主做地和合作做地两种方式，目前来看自主做地这块还需要加强。其次，土地资源方面存在问题，伴随大中型国有企业改制及外迁工作的基本完成，杭州市可供储备的企业存量土地正在逐年递减。目前正在开发中的土地供应以市区城中村为主力，随着城中村的逐步开发，杭州土地储备量也在逐年减少，同时社会经济水平上涨，房价上涨更快，这就意味着拆迁成本更高，政府面对市民要承担更大补贴，这样造成开发成本更高，更难保证土地供应。另外，土地储备中心筹措资金比较困难，原先的融资方式主要以银行贷款为主，无法形成稳定的资金筹措机制，再加上从 2016 年 1 月开始，财政部下发通知，各地不得再向银行业金融机构举借土地储备贷款，这就使得各地土地储备机构面对不小的资金压力。杭州土地储备情况如表 8－7 所示。

表 8－7　杭州土地储备情况

项目	1995 年	2005 年	2015 年
城镇用地/公顷	655 057	2 132 052	2 705 931
农业用地/公顷	3 266 078	2 210 819	1 715 715
水体/公顷	916 219	466 546	427 940
空地/公顷	18 459	53 075	1 078
林地/公顷	966 492	965 332	977 161

数据来源：陈清云、苏小亚、黄广华等：《基于土地利用的生态系统服务价值时空变化》，《攀枝花学院学报》第 34 卷第 2 期。

1995 年至 2005 年：杭州林地类面积减少了 1 159.6 公顷，水体面积减少了 449 672 公顷，缩小的范围约占原来水体面积的一半；城镇用地 10 年间增加了大约 1 476 995 公顷，而农业用地减少了 10 552 559 公顷。2005 年至 2015 年，水体面积 10 年间减少了 38 605 公顷，林地面积增加了 11 829 公顷，说明该区的环境条件有较大幅度的改善趋势。增加最快的是城镇用地，面积由 2 132 052 公顷增加到 2 705 931 公顷。农业用地持续减少，由 2 210 819 公顷减少到 1 715 715 公顷。

从图 8－1 可以看出 20 年来杭州土地用途的大致变化，很明显的两个指标是城镇用地增加，而农业用地减少，相比较 1995 年，杭州城镇用地面积增长了 3 倍，这是杭州城市化的一个明显指标。水体面积和农业面积减少说明很大一部分生态用地面积转为城镇用地，而林地面积变化不是很明显，但保持着平稳的增长，说明杭州在林业方面用地控制工作做得很好，没有因为发展城市而损害林业生态环境。

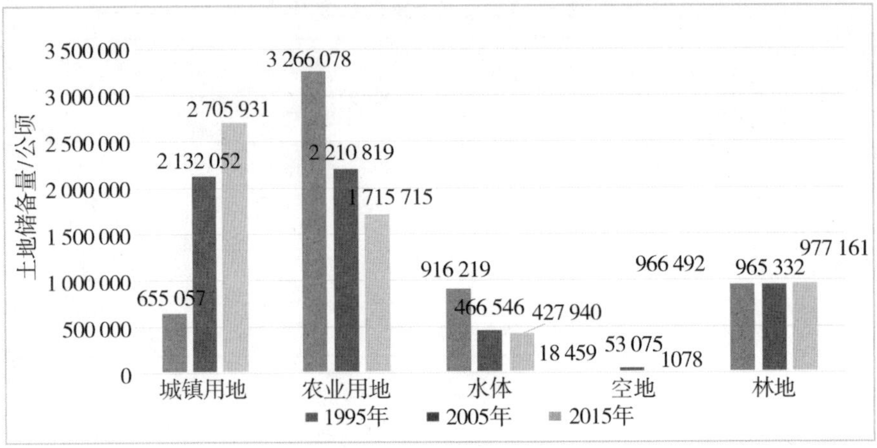

图 8－1　杭州土地储备情况

根据 2015 年度土地变更调查最新结果显示，截至 2015 年 12 月 31 日，杭州市土地总面积 1 685 003.13 公顷。按三大类分：农用地 1 375 996.18 公顷，占 81.66%；建设用地 236 518.95 公顷，占 14.04%；未利用地 72 488 公顷，占 4.30%。

农用地面积中，耕地 211 116.17 公顷，另有可调整耕地 13 451.13 公顷，合计可耕地 224 567.3 公顷；园地 102 588.36 公顷，林地 1 019 120.49 公顷，牧草地 31.52 公顷，其他农用地 43 139.65 公顷。

建设用地面积中，城镇村及工矿用地 154 174.61 公顷，交通运输用地（扣除农村道路）24 540.96 公顷，水域及水利设施用地（水库水面及水工建筑用地）57 803.38 公顷。①

从数据上看，农用地面积所占比重很大，但杭州的地域比较特殊，由于西湖、湿地等影响，市区周边土地较难开发，所以农用地面积大并不意味着土地供应量大。建设用地中，主要以城镇和工矿用地为主。

① 数据来源于杭州市国土资源局编写的《杭州市 2015 年度土地利用变化情况》。

未来三年政府的供地计划是相对比较平稳的，每年出让计划都保持在 100 宗以上，2016 年杭州市区（包括萧山、余杭）共出让土地 126 宗，而这一年也是土地市场较为活跃的一年，2017 年政府大约出让 112 宗，2018 年出让 106 宗，对土地市场来说是一个稍事休息的过程。在各区中主城区仍然是主力军，萧山区、余杭区次之（见表 8 – 8）。

表 8 – 8　2017—2019 年杭州市住宅用地出让计划

序号	城区	2017 年		2018 年		2019 年		2017—2019 年	
		宗	面积/公顷	宗	面积/公顷	宗	面积/公顷	宗	面积/公顷
1	主城区	36	2 197	35	2 393	38	2 166	109	6 756
2	萧山区	31	2 970	26	1 650	28	2 250	85	6 870
3	大江东	3	250	4	300	5	350	12	900
4	余杭区	27	2 000	24	2 050	25	2 050	76	6 100
5	富阳区	15	1 100	17	1 500	16	1 300	48	3 900
合计		112	8 517	106	7 893	112	8 116	330	24 526

数据来源：杭州市国土资源局（2018 年改为杭州市规划和自然资源局）。

受政策以及杭州本地域因素影响，杭州土地市场逐渐出现分化，高低端市场需求不同，主城区、余杭区一些热门地块地价甚至高过周边房价，“地王”现象频繁出现。杭州的土地市场对未来企业吸引较大，比如 2015 年 7 月 7 日下午出让的一宗余杭未来科技城低密度宅地，创造了杭州土地市场当年的三大纪录——年内溢价率最高、板块内楼面价最高、年内参与报价的房企最多。出让面积为 6.9 万平方米，容积率为 1.01 ~ 1.02，可建面积为 7.1 万平方米，起拍总价为 5.2 亿元，折合楼面起拍价为 7 353 元/米^2。最终被福建的泰禾集团拿下，总价 8.82 亿元，折合楼面价为 12 504 元/米^2，溢价率达 70%。（章岚，2015）房地产行业是资金密集型行业，当银行资金收紧，开发商没有那么容易获取资金来源时，中小型企业拿地能力就迅速减弱。另外，随着近几年房产大热，房价飞涨，市民购房能力下降，用房贷计算器算一下就知道，首套房利率 8.5 折和 1.1 倍时所交的利息差距是巨大的。如果以贷款 70 万元 30 年的话，大概要多支付 20 万 ~30 万元。没有多少开发商能够如此大幅度地让利给消费者。但为了冲业绩，上市公司就只能以降价来维持市场份额，所以房产商拼的不是内功，而是资金闪转腾挪的能力，拼的是关系资源。谁能筹到更多的资金，从而拿到更多的地，就能快速滚动开发。由此大开发商越发抢着拿地，竞争越激烈地价被炒得越高，分化越严重。

从 2016 年杭州土地市场的出让情况看，有现场竞价环节的地块，基本位于主城区或余杭区的热门板块。自富力地产 2012 年拿下未来科技城宅地后，随着阿里巴巴淘宝城、梦想小镇等多个高新技术产业（园）的相继进驻，板块的发展潜力也被不少开发商看好。近四年，未来科技城板块吸引了合景泰富、江苏新城、建工等多家房企的入驻。

而随着 G20 峰会过后，即将迎接的亚运会，杭州奥体中心承办会议已逐渐呈现出极具潜力的奥体板块，像新驻杭州的旭辉集团，第一站就落子奥体板块，打造的“绿地旭辉城”也是区域里的标杆性住宅项目。绿地旭辉城和奥体中心主体育场只隔一条马路，它是奥体便利交通和未来繁华配套的最大得益者之一。众所周知，在国内外不少城市，一旦拥有了大型体育中心，不仅能促进空间格局的转变，还能引发房价上涨，人们将此称之为“奥体效应”。伦敦、北京等城市都曾因“奥体效应”带来板块格局的变化和区域价值的上升。RET 睿意德正式签约绿地集团杭州之门项目，奥体板块的价值更是水涨船高。

三、杭州土地市场发展预测

（一）旅游资源带动服务业持续发展

杭州是我国著名的旅游城市，“上有天堂，下有苏杭”，随着国民经济提高，人们越来越关注生活的质量，出游群体往往是一群具有一定消费能力的城市人群。像杭州这样的大城市，既有着深厚的历史文化底蕴和独特的人文景观资源，同时商业繁荣发展，基础设施良好，具有很好的旅游观光功能。

与旅游资源密不可分的要素包括吃、住、行、游、娱、购等方面，杭州依山傍水，拥有得天独厚的历史生态资源，这是杭州吸引外地游客的天然资源；而杭州历史悠久，自秦时设县治以来，已有 2 200 多年历史，各个旅游景点除了山水以外还伴有大量的历史故事，像断桥吸引情侣、岳飞墓吸引爱国人士等，以及西湖醋鱼、东坡肉等美食都增加了杭州的旅游吸引力。

旅游产业必将带动和影响地产业。首先，旅游业发展带动了酒店、民宿等房地产的需求量，尤其是景区的需求，同时提高了博物馆、艺术馆、美术馆等公共建筑的需求。杭州政府近几年也大力发展特色小镇的建设，不仅增加旅游景点，也培育了一批富有乡村慢生活休闲元素的旅游区。其次，旅游产业有明显的季节性周期，节假日和工作日人流量有天壤之别。近几年法定节假日期间，出现了不少关于景区、高速路拥堵的报道，因此旅游业要发展得好，必然要求本地土地规划部门对道路面积做出规划，宽广的公路街道和便利的地铁网必不可少。

（二）信息经济带动杭州迈向一线城市

杭州作为支付宝的发源地，已经带动杭州经济比其他二线城市更快速地发展，现在杭州交易几乎已经普及了支付宝，杭州已经发展成为电商最为发达的城市，电商的发展离不开大量的计算机人才，杭州各高校计算机毕业生尤其是杭州电子科技大学毕业生，毕业后更愿意留在杭州工作。从一些招聘网站可以看到，程序员、工程师等计算机人才是非常稀缺的人才，而做程序工作的普遍是年轻人，他们对于小型住宅需求量较大，同时也对二级市场的小公寓有较大的租赁需求，这就刺激开发商在一些产业密集的区域开发一部分小型住宅的楼盘。另外，座落在杭州的著名大学——浙江大学，教师和学生普遍善于科研创新，科研经费是衡量大学研究实力的重要指标之一，浙江大学科研经费一直位居全国前列。根据教育部科技司最新公布的高校年度科研经费数据，浙江大学以37.14亿元位居全国第二。2016年，浙江大学共获得国家自然科学基金项目769项，获得项目数量继续高居全国第二，资助总金额达5.58亿元，总金额相比2015年增加超过1亿元；其中获批国家自然科学基金杰出青年基金9项、国家自然科学基金优秀青年基金17项、重点项目22项、重大科研仪器研制项目3项。杭州拥有如此强大的科技创新能力，就必然着力打造以杭州高新区、青山湖科技城、未来科技城、大江东产业集聚区为代表的创新平台，使得新兴服务业迅速发展。

（三）“大事件”带动经济发展

G20峰会之后，其所带来的联动效应必将对杭州的房地产市场造成不小的影响。为了迎接盛会，加速基础设施配套的建设，使周边的居民提前享受到一系列利好，杭州市政府出资1 200亿元人民币改善城市建设。盛会举办后板块知名度大大提高，购房者的接受度也随之提高。对区域的价值潜力增长方面，很好地体现在了钱江南岸的土地市场上，G20 峰会之后，滨江的房价屡创新高，根据房天下官网房产交易显示，截至 2017 年 4 月，钱塘江两岸楼市房价已突破 4 万元/米^2，滨江金色花园房价达 49 672 元/米^2，滨江东方郡房价达 46 573 元/米^2。据杭州本地宝统计，2016 年杭州各区平均工资达 7 519 元，居全国第六，因此市民未来对房价的接受度也会逐渐提高。

从政策方面看：2016 年 11 月，杭州市政府调整住房公积金贷款首付比例，职工家庭购买首套普通自住住房，或拥有一套住房并已结清购房贷款的，为改善居住条件再次申请住房公积金贷款，首付款比例从不低于 20% 调整为不低于 30%；拥有一套住房但未结清相应商业性购房贷款、再次申请住房公积金贷款购买普通自住住房的，贷款首付款比例从不低于 50% 调整为不低于 60%；拥有两套及以上住房或未结清住房公积金贷款的，不得申请住房公积金贷款。（杭州本地宝，2016）此次调控将苗头对准外地购房者，以压缩外来购房者的比例。自 G20 峰会后，杭州房价暴涨不仅是因为当地市民买房热，更多的是外地购房投资者抢占杭州先机，这一政策有效地打压了外地购房者的热情，保证房地产市场向理性市场回归。

未来十年里，杭州还将举办 2022 年亚运会。一方面“大事件”势必会带动房价、经济继续上涨，又由于杭州土地供应有限，政府只能不断拆迁改造城中村，地价房价高居不下，拆迁成本也会不断提高，对土地规划部门是不小的难题；另一方面地价高昂，对开发商更是挑战，无论是筹集资金方面还是市场预测风险方面都有不小的困难，所以未来一段时间杭州土地市场也会有较长的调整期。

专题研究一　货币供应对中国土地市场价格的影响：实证检验

房地产市场是我国商品市场体系的重要组成部分，而地价则是房地产市场价格体系的重要内容之一。理论与实证研究均证明，尽管土地市场价格会受到多种因素的影响，但货币供应量是其中最重要的因素之一。基于此认识，本专题拟利用土地市场数据和货币供应数据检验货币供应量对土地价格的影响。本专题主要工作如下：第一，从研究的需要出发简单地回顾我国土地市场的发展进程。第二，从理论上分析地价的主要影响因素，发现利率、其他资产价格、信贷规模和通货膨胀等因素均会导致地价波动。对货币超发这个现象进行专门讨论。第三，对货币供应量影响不同类型地价做实证检验，通过格兰杰因果检验和建立误差修正模型得出货币供应量对地价具有正向刺激作用。其中住宅用地和商服用地受货币供应量影响最为明显，工业用地和综合用地对货币供给的弹性则较低。

一、绪论

（一）研究背景和意义

自1998年我国实行住房分配货币化改革以来，房地产市场就一直保持着较高的发展速度，其市场规模也越来越大。房地产开发与上下游关联产业，如水泥、钢材和平板玻璃等联系日益紧密，房地产业已经成为我国国民经济和生产的重要组成部分。根据国家统计局发言人在国民经济运行情况发布会上的报告，2015年我国房地产行业对GDP增长贡献率是2.4%，而2016年就达到了7.8%。结合房地产上下游关联产业，其对GDP增长贡献率占近1/3。2011—2015年中国住宅商品房平均销售价格数据中，若按2011年为基期，其同比涨速分别达到了8.75%、7.74%、1.42%和9.10%，根据中国社科院发布的《中国住房发展报告（2016—2017）》，2016年3月同比增长率为18.25%，9月达到12.66%。如此看来，在GDP增长的背后，房地产开发业居功甚大。

土地作为稀缺的资源之一，是房地产开发业中最基本的生产要素，土地市场在我国主要应关注土地一级市场。在房地产商品价值中，土地成本所占的比例也是逐年上升。地价的变动对房地产开发成本及房地产开发企业的经营效益都有巨大影响。目前，高房价这一重大民生问题的背后就隐藏了地价的快速增长。近年来，全国各地“地王”频出，引起全社会的高度关注。虽然“地王”有喧暖市场气氛，提高视觉冲击的能力，以此达到楼市促销宣传的效果，但因为土地市场上诸多的标准使得伪“地王”涌现，使市场信息部分失真，对房地产市场预期造成严重影响。

从发达国家的历史经验来看，美国和英国在过去都曾发生过许多地价飞涨的现象，但紧跟着就是地价陡降，并严重地影响了国家的财政体制。在20世纪70年代，日本也曾出现过多次类似的波动。查阅1955年至1989年间日本全国土地市场相关信息，日本平均地价上升了54倍，东京、大阪等六大城市则上升了128倍，这已经大大超越了同期消费的物价上涨5倍、工资上升21倍的速度。再看现阶段世界经济形势，2008年金融危机爆发之后，关联国家纷纷采取了诸如降低利率、扩大货币供给量等扩张性货币政策以刺激经济的尽快复苏。在美国次贷危机演变为全球性金融危机并诱发全球性经济衰退的背景下，我国央行的货币政策也经历了从“从紧”到“灵活审慎”再向“适度宽松”渐进转变的过程。然而，我国房地产价格却长期处于高位运行并有向上发展的长期趋势，在货币政策调控下并没有取得预期的控制效果。从外部情况来看，美国经济提前复苏并渐渐进入加息周期，而我国主要出口国或地区——日本和欧盟又处于经济疲软状态，实行了负利率刺激政策。使得我国在国际收支经常项目上出现逆差，资本项目顺逆差交替，资本外流及人民币贬值压力严重。

从国内的实际情况来看：首先，近年我国经济从高速发展转向经济新常态，经济增长速度由高速向中高速转换，而经济L型增长趋势仍未见底。其次，资源配置中市场的地位也进一步得到了提升，逐渐从基础性作用向决定性作用转换。我国大量的产业正在实行供给侧结构性改革，这种种原因也造成了我国的货币供给量并未随着基本面的变化而回落。2015年A股市场景气和2016年债券市场景气，这些空中楼阁都经历了短期惊人上涨后相继实现价值回归。但不可否认的是，在这结构性过量流动性润滑剂下的过山车起落中我们隐约能听见泡沫破灭的声响。

而正是伴随着A股牛市的尾声，我国房地产业也出现了各地城市的大涨现象。2016年各地的“地王”纷出，单单在2016年1—8月全国合计出现211宗“地王”。在宏观经济基本面下行的情况下，国内商品房和土地价格却逆势上扬，屡创新高。其走势与宏观经济的不景气形成了鲜明的对比。这背后固然有国家供给侧改革去库存的政策作用，但全国多个地方出现了房地产价格急剧上涨有投机驱动的成分也是一个不争的事实。正如美联储前主席艾伦·格林斯潘（Alan Greenspan）所说：“泡沫是很难确定的，除非它破了。”我国主流媒体也一度讨论“保房价”还是“保汇率”的问题。不同于股市债市的泡沫，房地产业更关乎民生。因此，在如此形势下，有关我国货币超发，流动性是否过剩的探讨就越发激烈。

从上述国内外的现实背景分析，我们可以看出房地产业在宏观经济中的影响力在上升，而房地产业发展必然也将使宏观经济环境产生改变，使央行的货币政策面临新的挑战。如何维持本国金融体系与经济的稳定，以及央行在经济新常态下如何把控货币政策的方向和度是一个很重要的现实问题。货币供给量作为货币政策多年来调控的目标变量，对土地价格具有重要的影响，但影响程度究竟如何一直是一个没有探讨清楚的问题。因此，本专题研究货币供给量对土地价格的影响对评价我国货币政策效果具有重要的参考价值。具体而言，本专题研究意义有两个方面：一方面，从理论上来看，国内外研究货币政策和资产价格的文献众多，及其对房地产价格影响的文献也不少，而单独用于研究货币供给量对地价的影响却不多见。从这个角度看，本专题有一定的理论研究价值。另一方面，从实际价值来看，在我国建党一百年实现全面小康的目标看来，我国接下来的国内生产总值年均增长不应低于6.5%，而我国目前进入了经济新常态。2017年中央经济工作会议的重点是防风险，即要求经济增长稳中求进。在此过程中，房地产业的发展与货币政策宏观审慎调控之间的关系值得研究。随着我国金融市场的日益完善，金融创新程度的不断提高，目前我国仍采用货币供给量作为中间目标，但随着利率市场化的不断推进，我国货币政策的调控指标必然从数量型向价格型转变。从 2016 年狭义货币供应量（M_1）与广义货币供应量（M_2）"剪刀差"现象以及多地土地价格急剧飙升来看，目前的土地市场现实问题很值得我们认真研究。

（二）相关研究述评

学术界对于地价、地租的研究可以追溯到 17 世纪。英国前古典经济学家威廉·配第提出了级差地租的最初概念和计算方法。随后的古典学派大师亚当·斯密、马克思、大卫·李嘉图等，以及后来的资产阶级经济学大师如萨谬尔森等进一步完善了地租、地价理论，在土地经济学和城市经济学上展开了各自的相关研究。

事实上，随着经济社会的高速发展，资产价格和资本市场的关系也愈发成为学者关注的对象和研究的重点。尤其是在 20 世纪后期，日本、英国、美国等国家，以及中国台湾地区都相继爆发过房地产市场泡沫以及泡沫破裂。同一时期，中国大陆地区的海南、北海等地也出现了类似房地产泡沫现象。巴菲特曾经说过："只有当潮水退去，你才能发现谁在裸泳。"在经济发展与信贷扩张互为因果的情况下，人们往往在外部环境的刺激下出现非理性预期，从而促发各种市场的投机型上涨，最终往往因为一些黑子现象或者基本面的紧缩使得"击鼓传花"的游戏戛然而止，房地产泡沫带来的虚假繁荣也最终以市场价格的急剧回落而告终。但是，特别值得注意的是，房地产泡沫破灭之后往往会引发一系列严重的不良社会经济后果。因此，对待房地产泡沫的理性处置方式应该是边发展边挤压，以多次软着陆的方式来替代一次硬着陆。对于当前我国房地产市场重新出现的火热事态，吴敬琏在中国经济 50 人论坛 2014 年年会上提到说房价上涨的根本原因是货币超发（吴敬琏，2014）。而这也是本专题所要实证检验的假设，目前的货币供应量对于地价上涨的影响所要选取的指标，以及国内外学者对此的研究结果，下面拟作简要的评述。

1. 相关因素的度量指标

对于流动性的分类，大体可分为货币流动性、银行体系流动性和金融市场流动性。北京大学中国经济研究中心宏观组（2008）和陈继勇等（2013）在研究中国股票、房地产价格极度繁荣和萧条两个周期极点时期流动性变化时，重点考虑了 M_2 增长率和 M_1/M_2 作为流动性的度量指标。后者反映的主要是货币的流动性结构，数值越大，流动性越强。陈洋林、陈立刚（2014）则选择了 M_2 与 M_1 之差作为其分析的流动性指标，在流动性宽裕时就往往会出现资产价格上涨并且引发通货膨胀。何鑫、朱宏泉（2012）在研究货币供应量对地价影响时采用了 M_1 而不是利率，主要理由是，他们认为中国房地产市场的租售比常年不合理，因而无法用收益还原公式反映真实的房地产价格。而地价则将高档住宅地价单独列出以反映金融支持（其中主要是货币供应量和市场利率）对地价的影响。谢太峰、路伟（2013）在研究我国货币供给量、贷款利率和国民收入对房地产价格影响的时候进行了“约翰森（Johansen）协整检验”并建立了“VAR 模型”，他们采用了 1998—2012 年的广义货币供应量增长率和全国房价指数年度数据。时鹏、余劲（2012）在研究货币供应量、地价与房价关系的时候则分别运用 M_2 作为货币发行量的替代变量，土地购置费用作为地价的替代变量。与之相同的是昌菖（2016）在研究货币供应量、地价对房价影响的时候运用了年度土地出让面积和成交价格以及央行 M_2 数据作为研究的基准指标，在此基础上采用两者的变化率 LPR、M_2R 分别表示，并且将地价按区域划分为东、中、西部进行分析。刘伟江、丁一和隋建利（2015）在前两者的基础上加入了利率的影响，并且进一步分析了美国货币政策对我国的溢出效应和影响程度。基于美国的货币供应量、联邦利率和中国货币供应量、同业拆借率和上证收益率进行实证检验。此外，焦振华（2015）在讨论我国货币是否超发时使用了广义货币 M_2 和 GDP 增长速度的对比以及 M_2/GDP 的动态变化。

2. **地价指数的编制问题**

朱建宁（2006）认为，我国各地地价内涵还不够明晰、统一，同一地区不同时期的地价内涵一致性也不足，且当前众多地区的地价指数是按照行政区划作为分界，而实际上同一行政区域内经济发展水平的不同使得大范围的地价指标失真。由此认为，这样建立的地价指数体系其可靠性就不能保证。与之相反的是，宋佳楠等（2011）将地价水平进行了细分，选取了 2008—2010 年全国 105 个城市建立的地价增长率和水平值影响因素的 HLM（多层线性模型）进行定量分析。但其采用的是不同行政层次下的影响因素。结果显示，房地产投资增长是市级地价影响因素中地价上升的最直接动力，而省级耕地保护政策对平抑地价、控制地价涨速作用显著，其中两大政策指标分别是新增建设用地土地有偿使用费和耕地占用税。公云龙等（2012）构造地价均衡模型来分析金融发展水平对地价的影响。对金融结构优化的指标选用了金融相关比率（FIR）来衡量，公式为：FIR = 某地区一定时期期末金融机构存贷款余额 ÷ 同期 GDP，用此来衡量区域银行业的深化程度。地价数据则采用 2009 年商业和住宅监测地价的截面数据，并且引入住宅地价、商业地价与人均金融机构贷款余额进行相关性分析。

3. 地价的主要影响因素

对于房地产价格尤其是地价与货币供应量之间的互动关系，国内外学者已经做了大量的研究。北欧银行研究分析师 Tuuli Koivu（2010）为了揭示货币政策、资产价格和消费之间的动态联系，使用结构向量自回归方法。研究结果支持“中国货币宽松型政策确实导致了资产价格的上涨”。研究结果表明，随着中国金融体系的日益完善，中国的货币政策通过财富渠道对股票市场和资产市场的作用来影响实体经济的能力也逐渐增强。张淳（1991）回顾了20世纪日本地价变动的事例，以东京为例总结出地价上扬的几个特点：第一，地价因使用类型不同而表现不同，东京涨幅最高的是商业用地。第二，区位因素是地价迥异的一大关键，大致呈同心圆状分布。据东京市中心10千米与60千米比较，地价每平方米相差3.3倍。第三，与其他地区的地价水平差异明显，如东京圈与大阪圈等。同样是研究日本城市地价变动，梁刚（2004）则从地价变动的一般原因开始分析，认为城市用地的稀缺性、增值性（即反通货膨胀能力）和用地需求的投机性是地价变动的三大原因。当然，宏观经济基本面也是重要的影响因素之一。同时他把城市地价变动机制区分为投机价格机制和自我膨胀机制两类。在投机机制中主要是投机者的心理预期和土地的供给相互影响带动了地价的变动，自我膨胀机制则是由于银行信贷的参与使之得以实现（见图1、图2）。

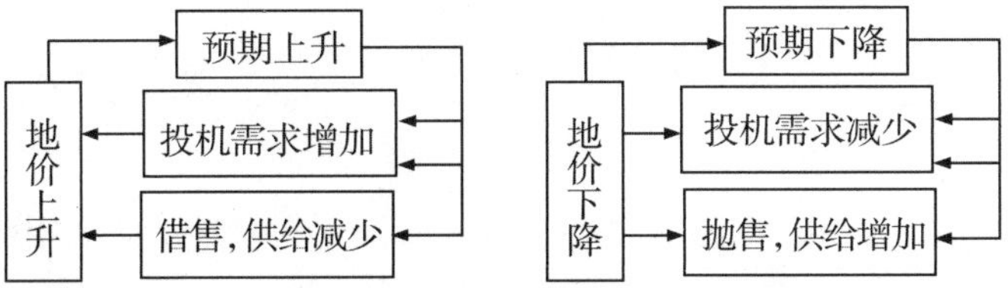

图1　投机价格机制

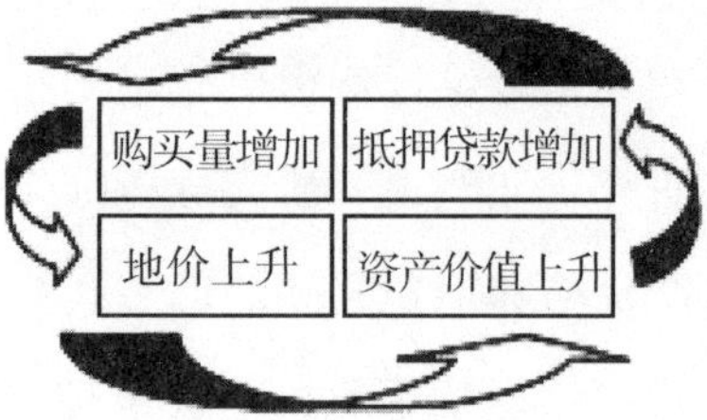

图 2　自我膨胀机制

我国目前金融市场还不像发达国家那样完善，许多法规框架还不健全，价格型调节机制方兴未艾。央行作为统筹国家金融系统全局的中央政府组成机构，其货币政策的中间目标仍然是货币供应量。然而，土地的区域异质性注定了国家统一调节的货币政策有大水漫灌的嫌疑，针对性的区域性调节仍在进一步建设中。这也造成了货币政策对于不同区域的土地价格存在着影响程度上的差异。相关的学术研究也大致验证了这个判断。昌菖（2016）采集 1998—2014 年中国 35 个大中城市的数据，基于东部地区、中部地区和西部地区指标变化率进行了脉冲响应分析，发现三者的区域性特色：中部地区对货币供应量变化反应最为显著；东部地区对地价反应较为明显；西部地区地价对于货币供应量变化具有迅速的冲击反应。因为东部地区资金密集使得地价这一成本因素反应迅速，而货币供应的增加反应则变得相对滞后。同样进行货币政策对地价影响区域异质性研究的彭飞、朱道林、谢保鹏和张立新（2016）借用向量自回归模拟（VAR）模型，采用时间序列数据进行实证检验发现 M_2 和金融机构人民币贷款余额的增加会推动地价上涨，但在中西部地区其对于地价的正向促进作用存在一定的时滞性，东部地区更依赖于价格型货币政策。何鑫、朱宏泉（2012）在判断影响土地价格变化主导驱动力的时候将土地价格分为三类：土地交易价格指数表示土地市场整体价格的变动，住宅用地价格指数表示住宅用地市场价格变化以及高档住宅用地价格指数。其运用“VAR 模型”及格兰杰（Granger）因果关系检验等方法研究货币政策及住房需求对地价的影响，实证得出主要驱动力是货币政策的影响，但存在两个季度的滞后。其中，高档住宅受货币供给的影响最大。这里面综合了银行信贷放松、市场利率下降和通货膨胀等因素在内。焦振华（2015）根据货币超发的定义，结合 M_2/GDP 增长率的动态变化数据，认为我国当前存在超发货币。他认为，为应对金融危机的逆经济周期扩张是货币内生性超发的原因，另一原因是宽松的货币政策和汇率制度安排。我国的汇率市场化程度低，在长期升值预期下引发了大量外资投机性涌入，结合国内货币超发造成了房地产价格的飙升。主要根源在于我国经济发展的结构失衡，货币超发引发的不均衡财富分配和经济发展，进一步使金融市场中的泡沫不断沉积，金融风险加剧。时鹏、余劲（2012）通过对 1998—2010 年陕西省的样本时间序列数据进行 VAR 模型检验，在此基础上进行格兰杰（Granger）因果关系检验，结果显示 M_2 对地价存在显著的影响，前者推动后者上涨。因为货币供应增加能使需求和购买力更强劲。反过来，地价的上涨也能使广义货币供应量内生性增加，这其中有地方性银行系统监管和放贷约束性的不力因素。陈洋林、陈立刚（2014）采用中国人民银行发布的数据 M_2-M_1、中经网发布的工资数据进行格兰杰（Granger）因果关系检验，发现收入上升并不是房地产价格上升的主要根源，而只是其影响因素之一。其实证检验的结果是流动性与房地产价格存在长期均衡。而公云龙等（2012）的观点则与之相悖，其研究货币供给量等金融工具对于在区域尺度上城市之间地价差异，运用“岭回归分析”模型，结果显示，人民收入的增加是当前中国地价上涨的主要动因。其基本逻辑是，金融系统的发展带来融资效率提高，对开发商和消费者行为产生影响，通过住宅和土地两个市场的关系来影响土地市场供求，推动地价的上涨。刘伟江、丁一和隋建利（2015）在中美两国货币供给量和银行同业拆借利率与我国房地产关系的格兰杰（Granger）因果关系检验中构建“SVAR模型”，根据脉冲响应函数对我国房地产价格变动进行模拟分析，发现美国的溢出效应已经对我国房地产价格产生了重要影响。姜林（2009）在研究美国次贷危机对我国房地产的启示时，同样提到了中国过去10年的低利率周期，在房地产融资主要渠道是银行信贷的情况下，信贷量直接影响开发商的资金来源。而货币供应量主要影响市场上可供投资和贷款的货币量，其过剩的投放使流动性沉积资本市场导致经济泡沫。她认为，国家改革土地交易方式为招拍制是“地王”涌现的原因。政府应加强交易管理，在投放量上审慎引导，合理地控制地价。对此，况伟大（2012）通过对不同土地出让方式的实证研究得出，地价主要由房价决定，而非由土地出让的方式决定。即招拍制并非是地价快速上涨的主因，高房价则是导致出现“地王”的主因。对此，他给出了土地出让方式对房价和地价影响微乎其微的结论。他认为改革的方向是将现行的出让方式划分为拍卖和行政划拨两种，前者满足私人目的，后者用于公共目的。此外，在土地财政驱动下，地方政府为了自身利益最大化，要想其主动采取措施抑制房地产价格上涨可谓艰难。与之相似的观点有Jinfeng Du，Richard B. Peiser（2014）提出的地方政府囤积土地的行为。地方政府通过囤积土地对土地定价制度产生影响，其取得并持有土地作为中国土地投机中的一种形式。抑制私人土地投机的方法有设定财产税，用于平衡预期回报和土地持有成本。但对于地方政府而言，其主要费用为被征收农村的补偿土地或城市建筑土地、土地储备和基础设施的成本改善和对这些支出的利息。目前中国设定的机制是乡村用于非农业发展的土地必须首先被征用，受影响的农民按照行政规定给予补偿标准，而地方政府获得整个土地价值增值。同时地方政府可以获得以优惠利率贷款以支持土地囤积的商业贷款，并且那里没有征财产税的土地的持有成本。因此，地方政府的土地囤积一直很猖獗，而土地价格在中国已经飙升。

4. **综合评述**

第一，国外学者的相关研究结论对我国土地市场的理论参考意义大于实践应用价值。一方面，是因为我国的中国特色社会主义，其核心理念与政府的职能大小、运作方式和在市场中扮演的形象与其他发达国家存在较大差异。另一方面，尽管我国发展迅速，各项体系框架在逐步完善，但是仍有自身的问题。从国际案例来看，日本的房地产泡沫，其背景在利率市场化和市场机制起主导作用的情况下发生。如美国的次贷危机，其大量的金融衍生品的运用类似于冰山原理。大量的风险被隐藏于暗处，巨大的体量使得市场的泡沫不断积聚，犹如滚雪球一般在风险冰地上行走直到冰层被压碎。这些情况在我国目前不具备重现的条件，但是也仍然对我们有显著的警示价值。

第二，改革开放以来，短短的40年我们生活发生的变化程度远超了之前一千年。在如此一个信息爆炸的时代，金融创新在不断发展，各种新奇的金融工具得到运用，颠覆性的技术在不断酝酿。从以上文献综述上看，许多文献的参考意义在不断减值，大量的新生框架覆盖之前的问题。比如目前的货币超发现象的影响与土地价格上涨的关系。在2009年有同样的情况，但是当时我国仍处于大量出口的时期，经常项目和资本项目双顺差。而如今我国的币值在长时间的升值之后出现了贬值压力，外汇储备日渐减少，国内为解决上一次房地产泡沫推行去库存政策，历史看似相像，实则不同。在如此背景下的结论是以往研究经验无法得出的，这也是目前研究的意义。

第三，从学术界所用指标来看，反映货币供应的有 M_1、M_2、M_2 -

M_1、M_2/GDP 和 M_1/M_2 等，鉴于当前 M_1 与 M_2 “剪刀差”的走势和地价的上涨，本文采用 M_1 来代表货币供给指标。反映土地价格的有全国房指数年度数据、土地购置费用、年度土地出让面积和成交价格，用土地交易价格指数表示土地市场整体价格的变动，用住宅用地价格指数表示住宅用地市场价格变化以及高档住宅用地价格指数，并特别做了将地价按区域划分为东、中、西部进行分析。其中得出的结论有：我国城市地价变动幅度呈明显的地区差异性：东高西低，南高北低。不同地区应基于地域特征，分别从土地供应量及结构控制、资金流入及流出控制引导等不同侧重点进行调控。比如：东部地区控制地价稳定的重心可放在土地的供应增量及结构化调整上。中部地区和西部地区受货币供应量变化相对较为明显，重心主要为限制货币供应量变化所带来的资金流动。

第四，对于地价上涨究竟是由人民收入上升引起的，还是由流动性的增加引起的，学者之间存在着分歧，但多数认为流动性与房地产价格存在长期均衡，而收入上升只是影响因素之一。对此，最新研究多表示我国流动性过剩表现出的是总量过剩而且结构失衡，部分产业资金充裕，而部分行业却面临资金缺口问题。目前，央行并未按照市场预期采取全面释放流动的策略，而是采取让商业银行盘活存量资产的做法。在流动充裕的情况下，即使物价稳定，还必须关注经济结构，预防经济泡沫出现。此外，促进地价上升的一大因素是地方政府的政策和动机。土地出让金在地方财政中所占比重可以说是半壁江山。如今改革后的招拍制虽说减少了政治寻租但促进了土地投机和“圈地热”，同时也给地方政府带来了道德风险。对于研究学者所用的一些分析模型有“岭回归分析”模型、HLM（多层线性模型）进行定量分析，SVAR 模型、Johansen 协整和向量自回归分析（VAR）及格兰杰（Granger）因果关系检验、脉冲响应分析等。其中有学者还考虑到外部影响，如美国的溢出效应，通过研究中美两国货币供给量和银行同业拆借利率与我国房地产关系的格兰杰（Granger）因果关系检验，构建 SVAR 模型根据脉冲响应函数。也有考虑到区域异质性影响对中国 35 个大中城市的数据基于东部、中部和西部地区指标变化率进行了脉冲响应分析。其中我国研究主要出现在实证上，对于货币供应量对地价影响的系统梳理却相对不多，因而本专题首先在理论角度对其影响途径和程度进行探讨。

（三）研究内容、研究思路

在查阅和整理相关文献资料的基础上，本专题结合搜寻的各种相关数据进行理论分析。然后将分析结果与参考文献中学者的观点进行比较，寻找差异所在，并分析产生差异的原因。最后结合分析结果猜想后期的现实变化，给予合理的政策建议。

本专题研究对象具体范围与假定如下：

（1）土地价格样本对象为省级层次（除台湾地区以外的 31 个省级行政区），市级层次为被列入全国城市地价动态监测系统统计的 105 个重点城市。这些城市具有区域代表性，对于全国的地价变化都有重要影响。

（2）研究范围为国内市场，不涉及国际资本流动的影响。

（3）假定货币供给量外生，利率内生。实际上有所差异。

（4）本文不深究地价与房地产价格的上涨关系和影响程度。

研究思路如下：首先，回顾我国土地市场的发展历程，对地价概念进行界定，研究地价理论及地价的决定和影响因素。其次，从理论上看货币供给对地价影响的传导机制，在研究货币供给量多个途径影响地价时引入一些经典理论进行分析，如利率、信贷、通货膨胀等因素影响。再次，对货币超发问题进行研究探讨，再选取好指标，通过构建模型，得出实证检验的结论。进行协整检验、格兰杰（Granger）因果检验和误差协整模型来判断货币供应量对不同类型土地地价的影响程度。因为货币供给量是统一的，而土地显然存在极强的异质性，其对于货币供给量变动的弹性不同，这对于央行调控市场具有现实意义，最后进行总结给出合理可行的政策建议。

本专题主要的数据来源于国家统计局网站、同花顺 ifind 客户终端、中国人民银行网站、自然资源部网站以及中国城市地价动态监测网，包括全国各类土地的平均销售价格、国内生产总值的增长速度、全国货币供给量的年度数据等。

理论分析主要是土地价格方面的理论，如大卫·李嘉图的地租理论、马克思地租理论、亚当·斯密土地经济学理论等。在货币供给量研究方面主要对货币层次结合现状进行分析，对于货币乘数和基础货币的影响因素、货币政策通过影响货币供给量对地价调控的多途径传导机制进行分析。实证部分则主要通过定性和定量分析。定性主要为对国内生产总值增长速度以及地价的比较，结合货币供给量的变化进行数据的图表统计分析。定量则运用 Eviews 软件进行数据处理分析，构造相应模型得出结果，并进行探讨研究。本专题的主要创新点：①旨在反映当前社会上货币供应量对地价的影响，而目前多数研究主要围绕房价或房地产价格来进行探讨，因而立意较新。②对于目前国内外新形势下，国际收支出现双顺差，人民币在多年升值后出现贬值压力，美元驶入加息周期，人民币仍处于开闸放水阶段，国内证券市场的牛市尾声刚消，房地产市场牛市有起头趋势，恰恰政府在进行供给侧结构性改革，去库存政策进行中。此外，各地严厉的限购政策频出。此番背景下，对于货币供应量对地价影响的传导机制、影响结果等都值得探究。

二、中国城市土地市场发展概况

自改革开放以来，我国的城镇化快速发展，我国逐渐成为促进全球经济发展的引擎之一。从 1979 年至 2016 年，城镇化率从 17.92%增至 57.35%，平均年增长率达到了 1.04%，引起了全世界关注。这其中国家政策占据了主导作用，在我国经济建设和城镇化的进程中，各项土地政策的出台，在逐步完善土地市场框架的同时，也对土地价格造成了深刻的影响（见表 1）。

表 1　改革开放以来的重要土地政策

时间	颁布部门	政策法规名称	要点
1986 年 12 月	深圳市委市政府	《深圳经济特区土地管理体制改革方案》	率先在全国进行了土地使用权有偿、有期出让试点改革
1988 年 4 月	七届全国人大一次会议	《中华人民共和国宪法修正案》	正式规定试行土地有偿使用制度
1988 年 9 月	国务院办公厅	《城镇土地使用税暂行条例》	城镇国有土地使用税的征收、缴纳及使用的政策问题
1990 年 5 月	国务院办公厅	《城镇国有土地使用权出让和转让暂行条例》	涉及土地使用权的出让、转让、出租及抵押等问题
1999 年 5 月	国务院办公厅	《关于加强土地转让管理 严禁炒卖土地的通知》	加强土地转让管理，严禁炒卖土地，督促政府部门依法行政，合理用地

（续表）

时间	颁布部门	政策法规名称	要点
2002 年 5 月	国土资源部	《招标拍卖挂牌出让国有土地使用权规定》	商业、娱乐、旅游、商品住宅用地的经营性用地必须以招拍挂形式出让
2003 年 7 月	国务院办公厅	《关于清理整顿各类开发区加强建设用地管理的通知》	全面整顿各类开发区过多而滥的问题，土地政策正式开始参与宏观调控
2004 年 3 月	国土资源部	《关于继续开展经营性土地使用权招标拍卖挂牌出让情况执法监察工作的通知》	2004 年 8 月 31 日以后所有用地实施招拍挂制度
2006 年 9 月	国务院	《国务院关于加强土地调控有关问题的通知》	加大土地的供应调控力度，严格土地管理，调整住房供应结构
2008 年 1 月	国务院	《国务院关于促进节约集约用地的通知》	坚持节约资源的基本国策，推动科学发展，坚守 18 亿亩耕地红线
2010 年 3 月	国土资源部	《关于加强房地产用地供应和监管有关问题的通知》	发布 19 条土地调控政策，如“开发商竞买需两成以上保证金”
2011 年 12 月	国土资源部	《国土资源部关于进一步依法行政　实现国土资源法治化的意见》	完善扩大建设用地使用权招拍挂制度范围和程序

（续表）

时间	颁布部门	政策法规名称	要点
2014 年 12 月	中国土地勘测规划院	《2014 年中国土地政策蓝皮书》	保发展、保红线、保权益
2015 年 9 月	国土资源部等 6 部院	《关于支持新产业新业态发展　促进大众创业万众创新用地的意见》	支持新产业、新业态发展用地
2016 年 5 月	国土资源部	《关于下达〈2016 年全国土地利用计划〉的通知》	以土地利用总体规划为控制，实行 3 年滚动编制，分年度下达
2016 年 6 月	农业部	《农村土地经营权流转交易市场运行规范（试行）》	建立健全土地经营权流转交易市场，维护农民合法权益
2017 年 2 月	中共中央、国务院	《关于深入推进农业供给侧结构性改革加快培育农业农村发展新动能的若干意见》	加快土地流转，落实农村土地集体所有权、农户承包权、土地经营权“三权分置”，治理土壤环境，推进国土绿化

中国城市地价研究始于 20 世纪 80 年代，自 1988 年的《中华人民共和国宪法修正案》和《中华人民共和国土地管理法》出台之后，我国经济体制由计划经济转向了市场经济，城市经营性土地也逐步以市场化的方式进行配置。尤其在土地招标、拍卖、挂牌出让制度实行以来，土地市场也慢慢成形，土地也因此具备了市场价格。在早期，关于城市地价的研究集中围绕着土地市场规范化改革以及其健康化发展服务，主要涵盖地价指数编制、基准地价评估和城市地价动态监测等方面。但随着地价的市场决定机制形成，土地价格在类别乃至城市之间有了巨大的

差异。

城市地价主要分为综合用途、商服用途、住宅用途和工业用途四方面。不同用途的土地其价格必然有所差异，随着我国经济的发展，国内的产业结构不断地调整，第二产业工业比重逐步被第三产业服务业所占据，人民生活水平的提高也决定了未来地价的走向。

国土部门在编制地价指数时以 2000 年为基准年限，四大类用地皆以 100 为基准点，根据经济发展的速度，同时确定了地价增长的程度。环比指标（A）：A≥3% 为快速增长，市场处于高位运行；3% >A≥2% 为较快增长，市场处于较高位运行；2% >A≥1% 为低速增长，市场处于温和上行；1% >A≥ -1% 为市场运行平稳，A< -1 为负增长。对应的同比量化指标（A）分别为：A≥10%、10% >A≥7%、7% >A≥4%、4% >A≥0%，A<0% 为负增长。根据原国土资源部发布的地价数据，2008 年起各季度地价增长率如图 3 所示。

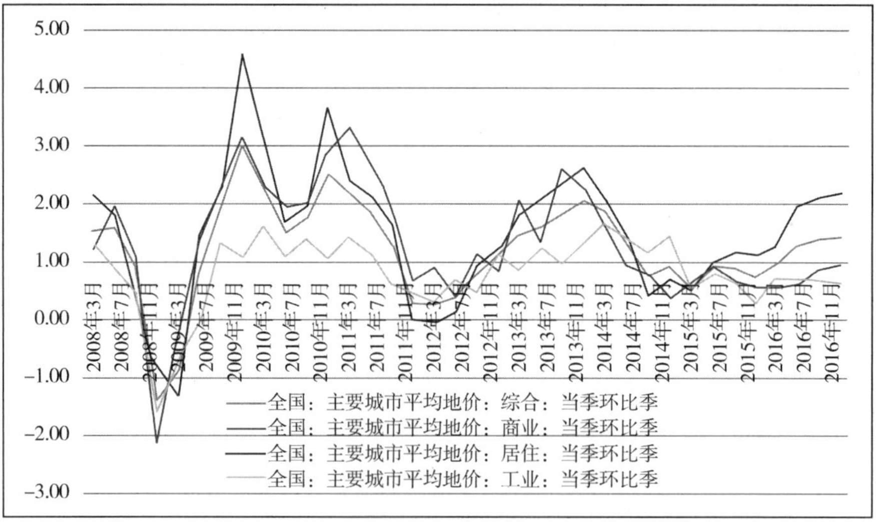

图 3　全国主要城市分用途地价环比增速曲线图

数据来源：原国土资源部与地价动态检测网。

从图 3、图 4 可看出，2008 年金融危机对中国土地市场产生冲击，各类用地的同比环比数据都出现了负增长。在 2008 年 11 月的“国十条”下，国务院计划 2008 年 12 月至 2010 年底约需投资 4 万亿元进行大型基础建设，由于房地产业的长周期滞后性，使得在 2010 年第 1 季度起到 2011 年底的地价增长率爆发，同比增长率都在 10% 以上，环比在 3% 以上，其中以住宅地价环比增长最为迅猛。在随后 1 年时间的调整后，2013 年底地价增长率再次冲高。其中原因主要为之前过量投放资金引起的社会流动性过剩使得房地产市场出现泡沫，同时由于绝大部分资金支持流入了国企等民间资本无法介入的行业，在政府投资效率低下的同时也造成了产能过剩和通货膨胀，因此在这种背景下的地价加速上涨，实际上对民间投资产生了挤出效应，实业利润率低，加快了实业中资金的流出，因此在 2016 年起地价整体再一次出现了较大幅度上涨。

从各类用地的地价增长情况中可以发现，工业用地的地价增长率逐

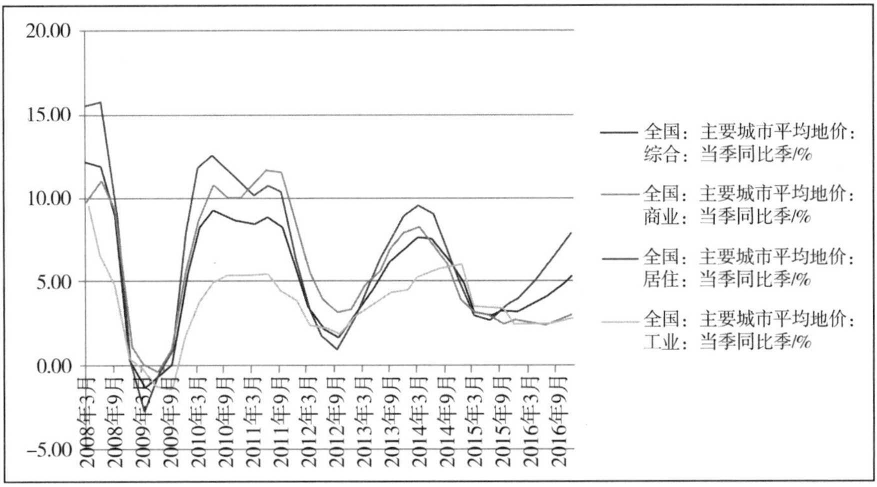

图 4　全国主要城市分用途地价同比增速曲线图

数据来源：原国土资源部与地价动态检测网。

渐被住宅和商服用地地价增长率赶超，并且分化程度明显。其背后有国家大力倡导的产业升级和结构转型政策在起作用，目前国家的创新驱动性发展战略和大力扶持高科技新兴产业的背后，是我国综合国力的提升和人民物质生活水平的改善，第三产业的比重在逐年上升，居民在刚需住房的基础上对改善性住房的需求在不断上升，促进了住宅用地的开发，使得住宅用地地价增长率多年占据首位。

如图5所示，从整体上看，土地价格的环比增长率和同比增长率走势趋于一致，然而地价同比增长率的波动要远大于环比增长，这主要是由时间的跨度所造成的。在数据的叠加对比下，我们可以看出，地价增长率的变化存在一定的季节性规律，因为样本所采用为季节数据而非月度数据，因此该现象并不明显，而周期性却相对较为明显。刘洪玉认为：房地产业在中国经济发展中正从增长火车头向稳定器转变。在现阶段，我们应对土地价格进行理性预期，不能盲目认为历史会简单重演。

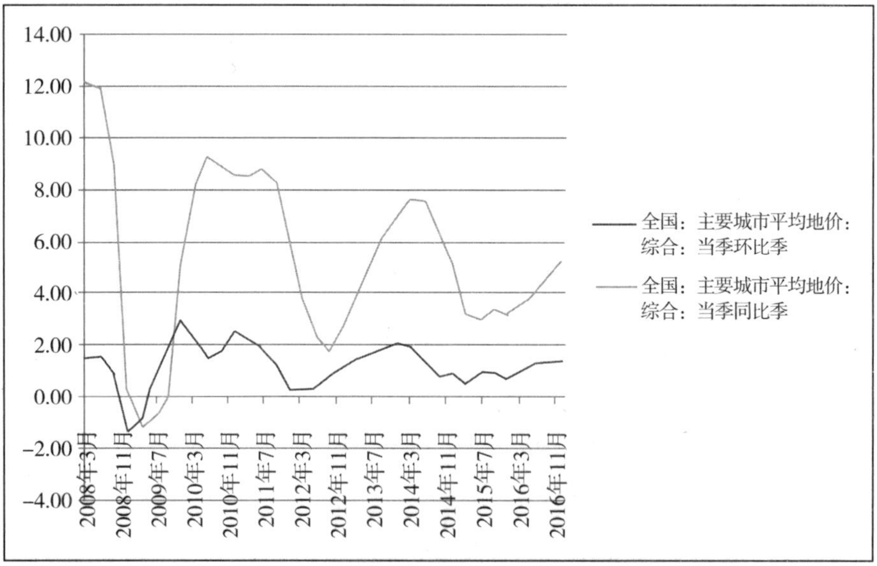

图5　全国主要城市平均地价环比增速曲线图

同时在错综复杂的国内外形势下，全面认识我国土地市场有助于提高政府部门对调控房地产业政策的有效性。

三、地价决定及其影响因素的相关理论

从根本上来说，土地价格是由市场供求关系决定的。由于当前我国土地的招拍挂制度，土地的需求方主要是以开发商为主导，而供给方主要以政府为主导。对于需求方，影响其拿地意愿的因素有土地价格、住宅价格、利率、对未来价格或利率等影响因素的预期、政府行政手段、货币政策、放弃其他行业收益的机会成本等。而对于影响供给方意愿的因素有住宅价格、社会舆论、土地价格、地方财政收支状况、具体人员决策和规划目标等。

其中，土地价格和住宅价格对供求双方都造成较大影响，住宅价格与需求同向变动，一同升降，过高的住宅价格在其他因素，如预期的影响下会推动需求，使得供给不变的情况下，土地将被以更高价格竞得（见图6）。开发商所付出的代价常以转嫁等方式转移到消费者身上，又推动住宅价格进一步走高。土地出让金偏高的现象也往往是地方政府出于一些考虑，如GDP增长率考核、长远规划用地等，政府在无法满足供给的情况下，限购这一直接抑制投机性炒作的行政手段就应运而生。

在马克思看来，土地价格是资本化的地租，即土地价格实质上是地租的价格。威廉·配第认为一年的地租是一块土地耕作者从收获中扣除种子、口粮等生活必需品后剩下谷物的价格，而土地价格相当于21年的年租。亚当·斯密认为地租是使用土地的代价，是保证租地人取得对所垫付资本的足够补偿，在获得平均理论下按土地的实际情况支付给地主的最高价格。大卫·李嘉图认为地租是为使用土地原有和不可摧毁生

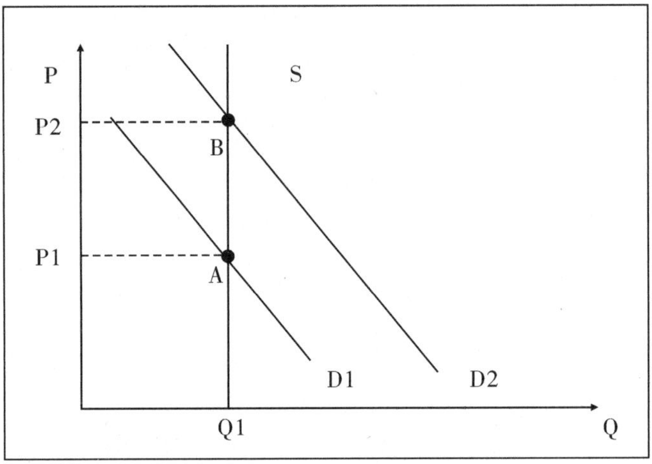

图 6　供给不变时需求带动地价变化

产力，而付给所有者的那一部分土地产品的价格。事实上，按照地租和地价理论发展顺序，大致可以分为四个阶段。最初的第一阶段是 17 世纪中叶到 19 世纪初，即古典学派。代表人物威廉 · 配第提出了级差地租的最初概念和地价的计算公式。而亚当 · 斯密的地租理论中包含了绝对地租、级差地租、建筑地租、派生性地租等。大卫 · 李嘉图在劳动价值论基础上阐明了地租理论，其中承认了级差地租，但否定了绝对地租。第二阶段是在 19 世纪初的资产阶级经济学理论阶段，其中有代表性的是萨伊德“三位一体”理论：工资、利息和地租。工资是劳动的补偿，利息补偿资本，而地租是补偿使用土地。第三阶段是 19 世纪下半叶马克思地租地价理论以及 20 世纪初至今。第四阶段是现代的西方地租地价理论。其相互间的发展和继承关系见图 7。

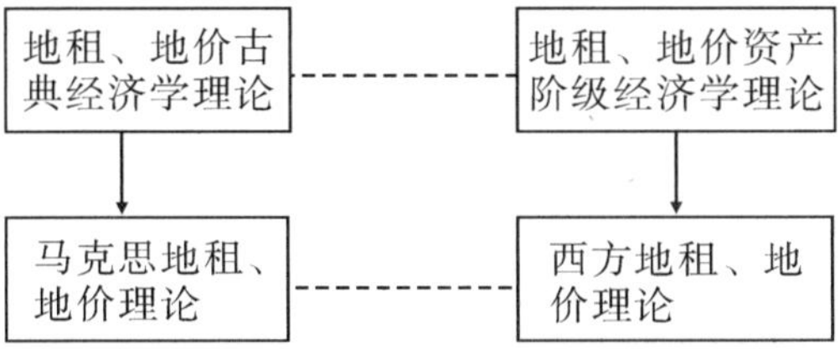

图 7　地租理论形成与发展体系的关系图

马克思的地租地价理论是从劳动价值论的基础上出发，阐明资本主义地租的三大形式：级差地租、绝对地租和垄断地租。绝对地租是所有权垄断使用任何级别土地所必须缴纳的地租。级差地租是根据土地肥沃程度和区位的优劣、不同的土地经营权垄断形成的地租。他提出的计算公式的理想状态是：土地价格 = 地租 ÷ 利息率。垄断地租是由产品的垄断价格带来超额利润而转化成的地租。

现代理论主要注重于空间上以及定量的分析，在空间上包含了农村地租和城市地租，该理论主要把地租分为契约地租、经济地租和竞标地租。其中经济地租是根据土地的稀缺性所形成的一种类似垄断所要求的补偿。马歇尔的均衡价格论中，地租只受土地需求影响而决定于土地的边际生产力；克拉克认为地租是一种“经济盈余”；丁伯根提出了影子价格；萨缪尔森认为观察问题的角度不同，决定了地租是否是决定价格的成本因素。

四、货币供应量对地价影响的理论分析

（一）货币供应量的概念及影响因素

所谓货币供应量，是指一国在某一时点上为社会经济运转服务的货币存量，它由包括中央银行在内的金融机构供应的存款货币和现金货币

两部分构成。根据金融资产流动性可划分为不同层次。尽管经济学家们对划分有不同的观点，中国人民银行现阶段将我国货币供应量分为三个层次：

M_0 = 流通中的现金；$M_1 = M_0$ + 活期存款；$M_2 = M_1$ + 准货币［定期存款 + 储蓄存款 + 其他存款（其他存款中包含了客户存于金融机构的证券保证金、住房公积金等）］。

在我国，央行控制货币的发行，其传导到实体经济主要靠的是商业银行存款的扩张和收缩，这其中存在一个关系：M_1 等于货币乘数 m 与基础货币 B 的乘积。而 B 是央行和财政部的货币供给量，也可以看作商业银行的准备金 R 加上流通的通货 C。货币乘数存在一个学界普遍接受的公式：

$$m = \frac{1 + k}{r_d + r_t * t + e + k}$$

（k 为现金漏损率，r_d 为法定准备金率，r_t 为定期存款准备金率，t 为定期和储蓄存款占活期存款的比例，e 为超额准备金率）

单单从这一个公式中，我们可以看出货币供应量 M_1 的变化受到货币乘数 m 与基础货币 B 的影响。关于基础货币的变化，因为其属于央行的负债，我们可以从央行的资产负债中来看（如表 2 所示）。

表 2　基础货币变化的根本原因探讨

变动原因	变动方向
1. 政府的财政收支	扩大：政府赤字时增发通货或向央行透支 减少：财政部还债使通货减少或减少央行手中的政府债务
2. 黄金存量的变化和国际收支状况	扩大：收购黄金或购入外汇
3. 技术和制度性因素	在途结算票据使准备金增加，基础货币增加
4. 中央银行的行为	公开市场操作进行冲销，买债发货币或反之

从以上分析看基础货币完全由外生决定。从货币乘数的角度来看，其影响因素中，央行可控制 r_d 与 r_t，另三个变量的影响因素如表 3 所示：

表 3　货币乘数影响因素探讨

影响因素	变动原因
超额准备金率 e	1. 利率 2. 贷款投资机会 3. 借入资金难易与成本大小
公众通货持有比率 k	1. 公众流动性偏好程度 2. 持有通货的机会成本
定期存款对活期存款比率 t	1. 定期存款利率 2. 收入和财富（内生）

随着金融体系的日益完善，金融深化的程度不断加大，价格型指标所扮演的角色地位在不断稳固。随着利率市场化的进程，货币供给量的内生性也不断显现，也因此许多国家将利率作为货币政策的中间目标，如美国的联邦利率。但是对于我国而言，货币供给量依然是不动摇的中间目标，也是调控的重心。在不断推进利率市场化的同时，研究运用多种有针对性的、灵活性的调控工具对货币政策进行辅助是当前央行所能选择的合理方法。

（二）货币供应量影响地价传导机制分析

1. 货币供应通过利率影响地价

早期的古典学派认为货币市场的唯一作用就是决定物价的绝对水平，而与实际部门无关，典型的学说有欧文·费雪的现金交易数量说和庇古的现金余额数量说。而1930年凯恩斯的《通论》出版可谓是货币理论的分水岭。凯恩斯的主要观点为货币需求的三大动机中投机动机的流动性偏好与利率呈反向关系。而货币当局可以通过改变外生的货币供应量 M 对利率的影响，使之影响有效需求。

货币政策工具→M↑→利率 R↓→投资 I↑→总收入 Y↑

其理论前提假设为利率对消费和投资支出的弹性较大，且金融市场只有两种资产：生息资产（债券）和非生息资产（现金），后者流动性好但无利息收入。在政府调控使得 M 上升时，货币供给大于货币需求，居民的交易动机和预防动机不变，其投机动机上升，手上过多的货币就会用于购买债券，推动债券价格走高，利率走低，利率在下降的过程中资本成本会相应下降。如直接造成开发商贷款的资金成本下降，增加其投资意愿，通过投资乘数放大使社会总产出上升。能最直观地反映其分析过程的是希克斯和汉森的IS－LM模型，其模型中IS与LM交点表示货币市场和资本市场同时达到均衡，是一般均衡分析法（见图8）。

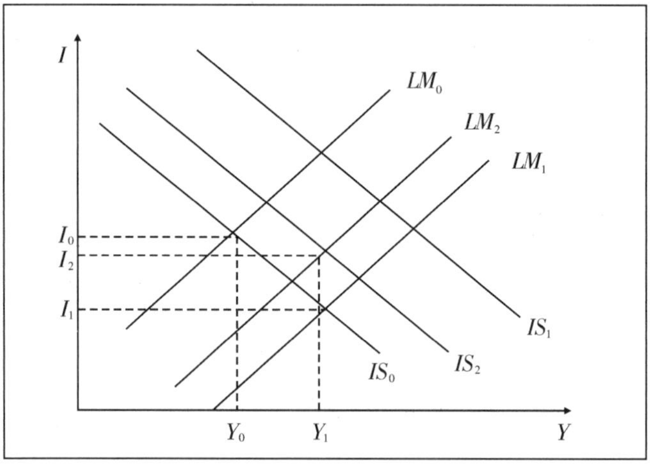

图8 IS－LM 模型下利率传导过程

当央行增加货币供给，货币市场变动结果使 LM_0 右移至 LM_1，利率下降到 I_1，此时收入水平不变仍为 Y_0，较低的利率刺激投资消费，使总需求上升带动总产出增加至 IS_1，此时收入水平增加，利率水平上升至 I_2，交易动机和预防动机随收入增加使得投机动机减小，LM_1 左移至 LM_2，同样如上影响使得 IS_1 相应左移至 IS_2 最终达到新的均衡。此时总产出上升到 Y_1，利率水平下降至 I_2。

在以上理论框架下，对于货币供应量影响地价的情况，我的分析如下：首先从投资者拍卖取得土地的用途看，部分投资者以囤地营利，而大多数是以开发商的身份将土地开发利用以房地产的形式出售进行营利。房地产行业的特殊性决定了该项投资是一个长周期的、有着众多不确定因素的较高风险的投资行业。在这个过程中，无论是囤地还是将土地开发做房地产都注定有较长时间的资金占用，随之而来的是巨量的资金成本。巨量资金若通过借贷得到，利率必是决定该项投资的关键因素，若是运用其自有资金，也背负着较大的机会成本。

当货币供应量上升，即造成实际利率下降，对于开发商而言在既定的地价下预期收益率必然上升，那么其在竞价时就愿意出更高的价格竞拍，推动地价上升。从消费者的角度来看，房地产消费是一个高价格的特殊商品，这也往往造成大多数消费者无法一次性付清款项，按揭贷款就成为主要的购买方式。市场利率的下降直接能引起消费者购房成本的降低，增加其购房需求，而房地产开发期长的问题决定了短期供给极低，这样往往会使房地产价格上升。此结果直接刺激开发商拿地开发的热情，地价相应升高。传导途径如下所示。

货币供应量↑→实际利率↓→
- 开发商成本↓→愿意出价↑→地价↑
- 消费者购房成本↓→房价↑→开发商拿地价↑→地价↑

2. 货币供应通过资产价格影响地价

以弗里德曼为核心的货币主义学派，对货币政策影响经济的传导路径考虑到了除利率之外的其他资产价格的影响。即：货币政策工具→M→E→Y。E 包括了金融资产和实物资产在内的所有资产替代物。其认为在利率变化影响金融资产价格时，投资者可以选择投资其他，如实物资产等作为替代物。

首先我们讨论汇率渠道下的传导机制。当央行扩大货币供应量时，在外币不变的情况下本币的供给增加，供求的影响导致了本币的贬值和外币升值，使得本国的货物相对外国变便宜了，净出口增加，本国经常账户趋于顺差方向发展。而近些年来，我国实际的资本账户多是外资流入，首先是因为在我国高速发展下，各种行业尤其是房地产业隐藏着高利润，其次政府的优惠政策和汇率差带来的优势促使外资涌入。在大量资金涌入的情况下，土地价格相应走高。传导途径：

货币供应量增加→本币贬值，外币升值 →资本流入增多 →土地需求上升 →地价上升。

除此之外，与股票价格相关的有托宾（Tobin）的 q 理论，本文借用 q 理论从另外一个角度对土地价格变动进行分析。托宾定义了 q 为企业市场价值除以企业的资本重置成本。当 q 大于 1 时即市场价值大于资本重置成本，即建设新厂房和设备所需成本小于企业市场价值，简单理解即该企业的股票市值。在这个角度上我们可以发现，发行较少的股票可以购买到较多的设备对企业进行扩建。货币主义学派发现当货币供应量上升时，公众发现所持有流通货币较多，往往会投资股票市场，推动股价上升，此时 q 也上升，相应地，企业发现发行股票的成本高于投资扩建成本，往往会增加实业投资，土地使用和地价可能因此走高。传导途径：货币供应量增加 →Pe（股价）上升→q 上升→I（投资）增加 →

地价上升。

3. **货币供应通过银行信贷影响地价**

关于银行信贷传导，伯南克在《信用、货币与总需求》中有详细的讲解，他强调了金融市场中信息不对称下货币政策的传导机制。银行贷款渠道的出发点在于商业银行不仅仅为大型国企和央企提供间接融资，同时也在为中小型民营企业贷款。在央行实行扩张性政策、银行的准备金和存款增加的同时，贷款量也相应上升，而这又会促使企业的投资和公众的消费增加。传导途径：货币供应量增加→银行存款增多→银行贷款扩大→I（企业投资）和D（购房需求）增加→地价上升。

货币供应通过通货膨胀影响地价。通货膨胀的定义有多种，弗里德曼将其定义为价格总水平的持续时间的不可逆上涨，这种上涨超出人们的预期，并且会影响人们的行为。结合以上分析的信贷角度可以得到一个现象：在债务既定的情况下，利率若保持不变，通货膨胀的增加往往会使公司的债务负担减少，从而使净值增加，降低其道德风险和逆向选择。此处的传导途径可看作：货币供应量增加→P（未预期物价水平）上升→公司净值上升→贷款增加→I（企业投资）增加→地价上升。通货膨胀对地价的影响还体现在人们对通货膨胀的预期上。根据弗里德曼的货币需求函数表达式：

$$M = f\left(p,\ r_b,\ r_e,\ \frac{1}{p}\cdot\frac{dp}{dt},\ W,\ Y,\ \mu\right)$$

其中p为价格水平，r_b，r_e分别为债券和股票的预期名义收益率，$\frac{1}{p}\cdot\frac{dp}{dt}$是通货膨胀率，W是非人力财富与人力财富的比值，Y是恒久收入，μ指代其他因素。

当央行进行扩张性货币政策时，往往会促进通货膨胀或者居民对通货膨胀的预期。当居民手上的实际货币余额下降，其持币的实际成本上升时，居民通常会减少手中的货币持有量，选择持有一些保值的资产来对抗通货膨胀，其中房地产往往是首选。从风险的角度看，投资房地产的风险小于股票与债券；从收益的角度看，我国房价增长总体较快，且拥有出租和出售两种盈利渠道，保值年份长。当在人们预期一致时，同时还有出于消费的需要，往往会扩大对房地产购买的需求，促进房价上升。而从房地产开发商的角度看，此时必然也会促进其拿地热情高涨，无论是用于开发或是囤积，土地都是一个良好的投资品，然后又会促进地价的上涨。因此存在两种传导途径：

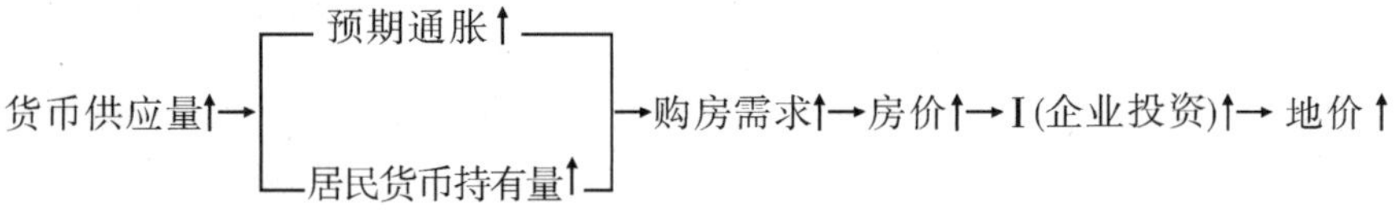

4. 小结

本部分从货币供应量的概念出发，讨论了影响基础货币和货币乘数的主要因素，引出了货币政策的政策工具——调控货币供应量的根本原因。再从货币政策的调控目标出发，梳理了从开始调控到完成目标的整个过程，总结了几种传导机制。货币供应量增加，市场利率下降，居民购房成本降低，有效需求上升，开发商资金成本下降，投资收益率上升，竞地意愿增强，土地价格上升。我国的金融市场不够发达，导致企业融资渠道匮乏，多依赖商业银行提供的贷款。央行进行货币扩张时，直接导致商业银行的贷款规模扩张。导致企业资金成本下降，投资收益率上升，对土地需求上升，地价上涨。从资产负债表角度看，由于信息不对称的存在，央行收紧货币，企业的股价和现金流趋于下降，而商业银行为防止企业的道德风险和逆向选择，往往会设定较高的贷款利率，使企业资金成本上升，需求下降而供给弹性较低，最终地价下降。当央行扩大货币供给时，常常伴随着通货膨胀或者居民对通货膨胀的预期，刺激提前消费和购买保值资产，房地产需求上升，价格上涨，促使开发商竞拍土地，推动地价上升。根据以上分析，理论上货币供应量的增长往往会带来地价的上涨，需求的增加往往是地价关键因素。不同类型的土地受到货币供给量的影响应有所不同。针对这一假设，后文进行实证分析。

五、实证检验

根据前文的分析，货币供应量的变动可以通过利率、资产价格、信贷、通货膨胀及预期等渠道对地价产生影响。本部分将利用统计数据来实证检验货币供应量对地价的影响。

其主要有两个内容：第一，简单讨论我国是否存在货币超发的问题，分析货币超发情形下影响地价上涨的主要因素。第二，采集货币供应量和全国主要城市平均地价的季度数据，构建回归模型来定量检验货币供应量对地价的影响，同时进行可预测意义上的因果检验，即格兰杰（Granger）因果检验。

（一）关于我国的货币超发问题

周其仁（2011）认为货币超发是通货膨胀的根源。持这样观点的学者很多，在股票市场每每遭遇牛市泡沫破裂之后，房地产市场总能刮起一阵风。改革开放40年里，我国的各项水平都得到高速的发展，居民收入增加的同时，通货膨胀的水平、房地产价格和货币供应量等一系列指标在波动中上涨。纵观我国的经济发展，GDP增长总是伴随着货币供应量的相应增长。而近年来，随着我国GDP增长率的回落，M_2 的增长率也有相应回落。从图 9 中可看出，地价增长率的走势与 M_1 增长率有极大的一致性，而两者波动中地价增长率的滞后在 1—3 个季度内。而地价增长率与 M_2 增长率的趋势一致程度较低，甚至出现背离现象。

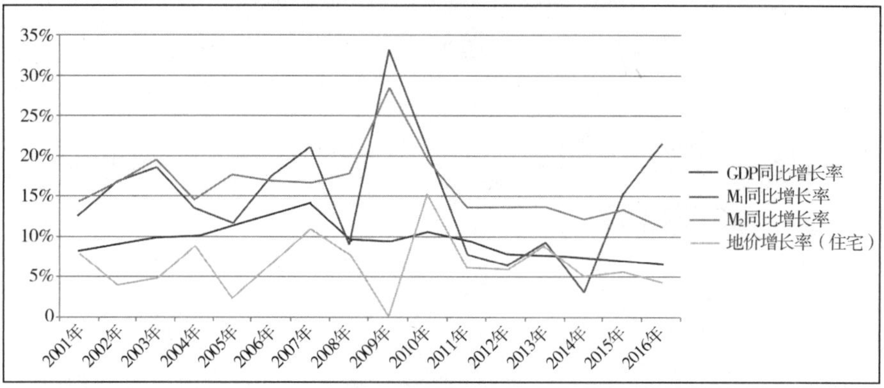

图 9　2001 年至 2016 年住宅用地地价、GDP、M_1、M_2 年增长率

数据来源：根据原国土资源部提供的数据绘制。

在图 9 中我们可以发现 2008 年是关键的一年。在这一年中，M_2 与 GDP 的增长率一致性被打破，在这背后是当时的全球金融危机下，我国政府出台的 4 万亿元救市计划和一系列刺激房地产市场的政策。结果我们可以看到，GDP 增长率大致企稳，而 M_1、M_2 的增长率在飙升。相比 M_2，M_1 增长率在波动程度上更大，而我国的土地主要由地方政府控制，因此其在供给上弹性很低，且受行政政策干预很大。在行政政策不改变的情况下，地价受到货币供应量的影响就很大。但是当政府进行行政干预时，如大量进行土地供给，那么货币供应量对地价影响的体现度就相对较低。下面运用表格的形式从其他的角度比较各指标的关系。

在表 4 中，我们发现，除了 2009 年 M_2/GDP 的比值相对稳定，但相比之前仍有一定量的上升，即 M_2 在 GDP 增长率下行的情况下变动的幅度较低，存在一定的超发。反观 M_1/GDP，这种现象就较为明显。再看货币供应量对地价比较的过程中，我们首先对2008年进行讨论。我们发现这一年货币供应量严重飙升，其比值之大反映在流动性还没有进入土地市场中。但随后几年里，无论是M_1/地价增速还是（M_2-M_1）/地价增速都体现了地价走强的趋势。因为大量的流动性在不断地被消化的过程中必然是后者即地价在上涨。2014年至2016年的数据，可明显发现M_1增长率高于其他指标，且远高于2001年至2008年。最后一个

表4　M_2、M_1与GDP、住宅用地地价增长率比较

年份	M_2/GDP	M_2/地价	M_1/GDP	M_1/地价	（M_2-M_1）/地价
2001	1.73	3.27	1.53	2.88	0.39
2002	1.85	3.01	1.85	3.01	0.00
2003	1.96	3.87	1.87	3.69	0.18
2004	1.46	1.64	1.35	1.52	0.12
2005	1.54	2.95	1.04	1.98	0.97
2006	1.33	2.70	1.38	2.79	-0.10
2007	1.18	1.08	1.49	1.37	-0.28
2008	1.84	80.91	0.94	41.36	39.55
2009	3.03	3.60	3.53	4.19	-0.59
2010	1.86	1.79	2.00	1.92	-0.14
2011	1.43	2.07	0.83	1.20	0.87
2012	1.75	6.11	0.82	2.88	3.23
2013	1.74	1.52	1.19	1.04	0.48
2014	1.67	2.52	0.44	0.66	1.86
2015	1.93	3.39	2.20	3.88	-0.48
2016	1.69	1.43	3.19	2.71	-1.28

指标的负数反映了 M_1 增长率高于 M_2 增长率，货币供应量出现了“剪刀差”。2008 年后宽松的货币政策在土地市场上得到了体现，房地产市场兼具投资属性和商品属性，房价的上升促进地价的上升。当多余的货币向房地产市场倾斜时，土地价格也相应上涨。

（二）货币供应量（M_1、M_2）对地价影响的实证检验

此处使用的土地价格数据主要来自原国土资源部网站与同花顺 ifind 客户终端。由于早期官方公布的数据在时间序列上存在一定的缺失，故采用 2008 年第 1 季度起至 2016 年第 4 季度共 36 期季度数据（其中包括全国综合用地平均价格 HLP、商服用地价格 SLP、住宅用地价格 ZLP 和工业用地平均价格 GLP，见表 5）。我们使用的货币供应量数据来自中国人民银行网站，包括狭义货币 M_1 与广义货币 M_2。从上面的分析中发现，2008 年是一个转变的节点，因此从该年度起进行分析，其结果具有一定的现实意义。

表 5　几个主要指标的描述性统计表

项目	工业用地平均价格（GLP）	全国综合用地平均价格（HLP）	M_1	M_2	商服用地价格（SLP）	住宅用地价格（ZLP）
均值	665.0833	3 034.667	292 586.7	949 746.3	5 556.000	4 462.833
中位数	660.5000	3 081.000	288 686.9	934 340.0	5 760.500	4 543.000
最大值	782.0000	3 826.000	486 600.0	1 550 100.	6 937.000	5 918.000
最小值	477.0000	1 456.000	150 867.5	423 054.5	2 402.000	1 782.000
标准差	77.94261	589.3199	85 713.73	342 705.5	1 200.829	1 039.536
偏度	-0.400370	-1.091201	0.224162	0.131819	-1.163772	-1.110125
峰值	2.666955	3.969808	2.614331	1.826264	3.880669	3.960662
Jarque - Bera	1.128155	8.555116	0.524602	2.170741	9.289554	8.778572
概率	0.568885	0.013877	0.769279	0.337777	0.009612	0.012410

（续表）

项目	工业用地平均价格（GLP）	全国综合用地平均价格（HLP）	M_1	M_2	商服用地价格（SLP）	住宅用地价格（ZLP）
Sum	23 943.00	109 248.0	10 533 122	34 190 868	200 016.0	160 662.0
平方累加和	212 626.8	12 155 428	2.57×10^{11}	4.11×10^{12}	50 469 632	37 822 227
样本容量	36	36	36	36	36	36

注：土地销售价格单位为“元/米²”，货币供给单位为“亿元”，GLP 指工业用地平均价格，HLP 指全国综合用地平均价格，SLP 指商服用地平均价格，ZLP 指住宅用地平均价格。

首先对原始数据进行季度性调整。为消除时间序列数据中异方差的影响，我们再对各变量进行对数化处理，分别用 Lnm1_ sa，Lnm2_ sa，Lnhlp_ sa，Lnslp_ sa，Lnzlp_ sa，Lnglp_ sa 表示。具体如图 10 所示：

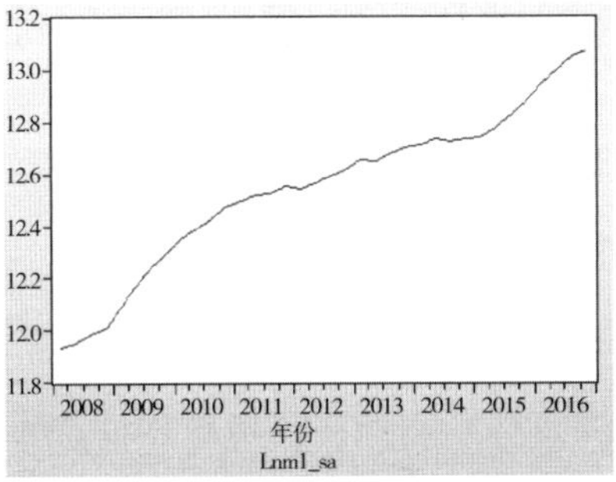

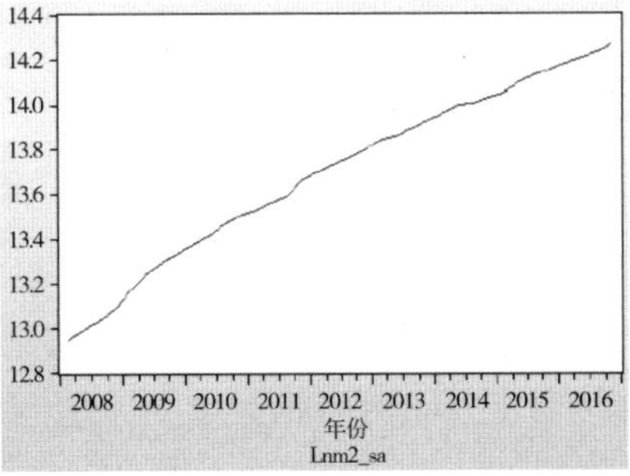

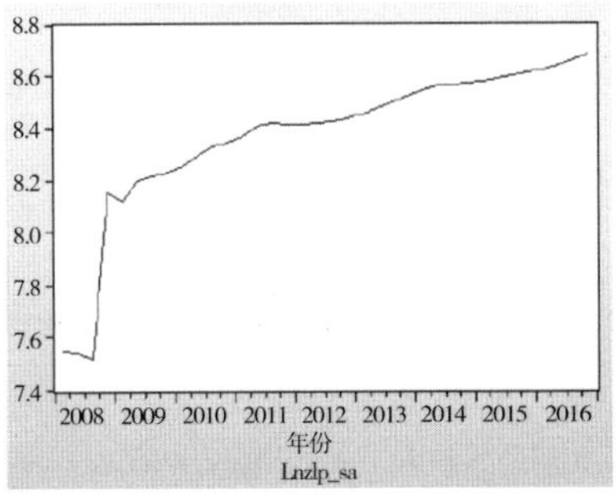

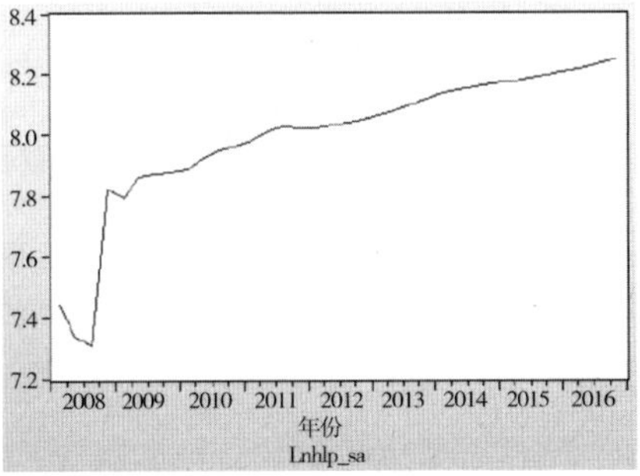

图 10　数据初步处理结果

然后再运用协整检验和格兰杰（Granger）因果检验，就 M_1、M_2 对不同类型地价的影响进行分析。为了防止出现实际上不相关的两个非平稳变量在回归分析过程中出现相关关系的伪回归现象，故需要进行单位根检验。结果如表 6 所示：

表 6　数据平稳性检验结果

变量	差分次数	(C, T, K)	DW 值	ADF 值	5% 临界值	1% 临界值	结论
Lnzlp	1	(C, 0, 9)	2.08	-7.37	-2.99	-3.72	I (1) *
Lnhlp	1	(C, 0, 3)	1.84	-3.99	-2.96	-3.66	I (1) *
Lnslp	1	(C, T, 3)	1.82	-4.52	-3.56	-4.28	I (1) *
Lnglp	1	(C, 0, 3)	1.84	-3.99	-2.96	-3.66	I (1) *
Lnm2	1	(C, T, 1)	2.08	-4.28	-3.55	-4.26	I (1) *
Lnm1	1	(C, 0, 0)	2.28	-3.20	-2.95	-3.64	I (1) **

注：* 表示变量在 1% 显著水平通过平稳性检验，** 表示在 5% 显著水平通过平稳性检验。(C、T、K) 表示 ADF 检验式中是否含有常数项、时间趋势项以及滞后期数。

（1）从检验结果来看，货币供应量中 M_2 是显著性水平 1% 下一阶差分平稳的，M_1 是 5% 显著水平下一阶差分平稳的，而地价中 glp 即工业用地地价原序列是平稳的，为了协整检验故将地价都在一阶差分下讨论，发现各类地价都属于一阶差分平稳。即六个变量都属一阶单整。

（2）DW 值在 1.82 ~2.28，证明变量几乎没有自相关性。此时，六个变量可视为增长率来理解。

（3）这里 M_1 的 lag length 是 0，说明 M_1 的变化对土地价格的影响是即时的，几乎不存在滞后期。

下面建立双对数回归模型：

$$\text{Ln}(p_t) = \beta_0 + \beta_1 \ln(M_t) + \mu \quad t = 1, 2, 3\cdots\cdots \tag{1}$$

对六个变量的一阶差分值进行协整检验，对方程进行最小二乘回归，得到结果如表 7 所示：

表 7　E－G（Engle－Granger）两步检验法回归结果

	Lnhlp	Lnglp	Lnslp	Lnzlp
C	2.355 *	2.355 *	0.144 * * * *	−0.881 * * * *
	(13.105)	(13.105)	(0.204)	(−1.092)
Lnm2	0.302	0.302	0.617	0.675
	(23.028)	(23.028)	(11.979)	(11.464)
C	1.763	1.763	−1.237 * * * *	−2.490
	(7.376)	(7.376)	(−1.564)	(−2.856)
Lnm1	0.377	0.377	0.783	0.866
	(19.799)	(19.799)	(12.439)	(12.458)

注：* 为 1% 显著性水平，* * * * 为 10% 显著性水平，（　）中的数字报告的是 T 检验值。

从以上检验结果可以明显地看出，各解释变量都通过了不同显著水平的 T 检验，而 R－squared 值均在 0.90 左右，说明拟合度很好。为检验序列之间的协整关系，还要对以上回归结果残差序列进行平稳性检验，若残差项平稳，则说明各变量之间存在协整关系。分别记 Lnhlp 关于 Lnm2 方程的残差项为 Resid01，Lnglp 为 Resid02，Lnslp 为 Resid03，Lnzlp 为 Resid04。Lnhlp 关于 Lnm1 的残差项为 Resid05，Lnglp 为 Resid06，Lnslp 为 Resid07，Lnzlp 为 Resid08。残差平稳性检验结果如表 8 所示。

表 8　残差序列单位根平稳性检验结果

变量	Lag	ADF	显著性 1%	显著性 5%	P 值	结论
Resid01	1	-5.36	-2.63	-1.95	0.0000	平稳
Resid02	1	-5.35	-2.63	-1.95	0.0000	平稳
Resid03	1	-3.53	-2.63	-1.95	0.0009	平稳
Resid04	1	-3.60	-2.63	-1.95	0.0007	平稳
Resid05	1	-3.85	-2.63	-1.95	0.0003	平稳
Resid06	1	-3.85	-2.63	-1.95	0.0003	平稳
Resid07	1	-3.44	-2.63	-1.95	0.0011	平稳
Resid08	1	-3.65	-2.63	-1.95	0.0006	平稳

从表 8 可知，8 个残差序列都是平稳的序列，即 Et—I（0）。这表明货币供应量 M_1 与地价、M_2 与地价均存在长期稳定的均衡关系。根据表 7，我们可以得到以下主要结论：

（1）从长期来看，土地价格与货币供应量之间存在着显著的正相关关系，且弹性系数较大，在 0.302 ~ 0.866。长期内，货币供应量每增加 1%，会使地价上升 0.302% ~ 0.866%。

（2）总体比较发现，综合用地和工业用地的价格受货币供应量的影响小于商服用地和住宅用地受货币供应量的影响。对 M_1 的弹性系数分别为 0.377、0.377、0.783 和 0.866；对 M_2 的弹性系数分别为 0.302、0.302、0.617 和 0.675。四种不同用地对货币供应量的弹性系数有依次增大的趋势。

（3）对比 M_1 和 M_2 对地价的影响程度，可发现 M_1 对地价弹性普遍大于 M_2。即同一类型土地，M_1 的弹性要强于 M_2。这也意味着，实施改变 M_1 的货币政策更有利于调控土地价格。

现在来确定土地价格与货币供应量之间的因果关系。本专题对 Lnm_1、Lnm_2、Lnzlp、Lnglp、Lnhlp 与 Lnslp 的相互关系进行格兰杰（Granger）因果检验。因为采取了季度数据，此处在运用“VAR 模型”取最优滞后期的条件下，结果如表 9 所示。

表 9　格兰杰（Granger）因果检验结果

Null Hypothesis	Lags	Obs	F – Statistic	Prob.	Result
LNM_2 does not Granger Cause LNM_1	3	33	2.97040	0.0482	接受
LNM_1 does not Granger Cause LNM_2			1.91548	0.1519	接受
LNGLP does not Granger Cause LNM_1	3	33	3.76214	0.0228	拒绝
LNM_1 does not Granger Cause LNGLP			1.24839	0.3125	接受
LNM_2 does not Granger Cause LNGLP	3	33	8.95812	0.0003	拒绝
LNGLP does not Granger Cause LNM_2			2.87647	0.0553	接受
LNHLP does not Granger Cause LNM_1	3	33	3.76214	0.0228	接受
LNM_1 does not Granger Cause LNHLP			1.24839	0.3125	拒绝
LNHLP does not Granger Cause LNM_2	3	33	2.87647	0.0553	接受
LNM_2 does not Granger Cause LNHLP			8.95812	0.0003	拒绝
LNZLP does not Granger Cause LNM_1	3	33	3.23572	0.0384	拒绝
LNM_1 does not Granger Cause LNZLP			74.6295	7×10^{13}	拒绝
LNZLP does not Granger Cause LNM_2	3	33	4.76260	0.0089	拒绝
LNM_2 does not Granger Cause LNZLP			127.627	1×10^{15}	拒绝
LNSLP does not Granger Cause LNM_1	3	33	3.01200	0.0482	拒绝
LNM_1 does not Granger Cause LNSLP			42.0807	4×10^{10}	拒绝
LNSLP does not Granger Cause LNM_2	3	33	4.67874	0.0096	拒绝
LNM_2 does not Granger Cause LNSLP			75.6697	6×10^{13}	拒绝

由表9的结果可以看出：从变量之间的预测性角度考察，工业用地是货币供应量 M_1 的格兰杰原因，而 M_2 是工业用地地价的格兰杰原因；M_1 与 M_2 均为综合用地的土地价格的格兰杰原因；商服用地和住宅用地的地价与货币供给量 M_1、M_2 互为因果。综合上述分析可见，土地价格与货币供给量之间不仅存在着长期均衡关系，还存在着预测意义上的因果关系。[①] 此时，可用误差修正模型（ECM）来考察各变量间短期的动态关系，具体公式如下：

$$d(lnlp_t) = \beta_0 + \beta_1 d(lnm_t) + \varepsilon_{t-1} \qquad (2)$$

得到模型：

$$dlnglp = -0.0053 + 0.4016dlnm2 - 0.9469resid02_{-1} \qquad (3.1)$$

(−5.4656)

$$dlnglp = 0.0024 + 0.2448dlnm1 - 0.7228resid06_{-1} \qquad (3.2)$$

(−4.1981)

$$dlnhlp = -0.0024 + 0.2448\ dlnm1 - 0.7228resid05_{-1} \qquad (4.1)$$

(−4.1981)

$$dlnhlp = -0.0005 + 0.4016dlnm2 - 0.9469resid01_{-1} \qquad (4.2)$$

(−5.4656)

$$dlnslp = 0.0228 + 0.2014dlnm1 - 0.4218resid07_{-1} \qquad (5.1)$$

(−2.9545)

$$dlnslp = -0.0172 + 1.2180dlnm2 - 0.4274resid03_{-1} \qquad (5.2)$$

(−3.2381)

$$dlnzlp = -0.01471 + 1.2764dlnm2 - 0.4051resid04_{-1} \qquad (6.1)$$

---

① 此处检验所得到的所谓的格兰杰因果关系，并非通常意义上的逻辑上的因果关系，它只是证明可由一个变量的发生预测到另外一个变量的发生。

（ −3.2910）

$$dlnzlp = 0.0211 + 0.4050dlnm1 - 0.4282resid08_{-1} \quad (6.2)$$

（ −3.1062）

其中：$resid01\ (-1) = 0.302lnm2 + 2.355 - lnhlp$

$resid02\ (-1) = 0.302lnm2 + 2.355 - lnglp$

$resid03\ (-1) = 0.302lnm2 + 0.144 - lnslp$

$resid04\ (-1) = 0.675lnm2 - 0.881 + lnzlp$

$resid05\ (-1) = 0.377lnm1 + 1.763 - lnhlp$

$resid06\ (-1) = 0.377lnm1 + 1.763 - lnglp$

$resid07\ (-1) = 0.783lnm1 - 1.237 - lnslp$

$resid08\ (-1) = 0.866lnm2 - 2.490 - lnzlp$

误差修正模型可以将变量的水平值和差分项有机地结合在一起。从短期来看，被解释变量的变动由较稳定的长期趋势和短期波动所决定，短期内系统对均衡状态的偏离程度大小直接导致波动振幅的大小。从长期来看，协整关系式起到引力线的作用，将非均衡状态拉回到均衡状态。这里的长期波动由误差项体现，短期则由各变量的差分项所反映。根据上述分析，我们可以得出以下结论：

（1）从长期来看，M_1与M_2对工业用地和综合用地的影响程度相同。M_1上升1%，两种地价都上涨0.2448%，M_2上升1%，地价上升0.4016%。而M_1上升1%，商服用地地价上升0.2014%，住宅用地地价上升0.4050%；M_2上升1%，商服用地地价上升1.2180%，住宅用地地价上升0.4050%。由此可以看出，货币供应量对土地价格都有正向影响，且对商服用地的影响最大，其次是住宅用地，再次是工业用地和综合用地。

（2）从短期来看，M_2对地价上升的促进作用更大一些，同一类型用地，M_2弹性要大于M_1弹性。且8个误差修正模型的误差修正项系数均为负数，即具有方向调控性，当长期与短期的均衡偏离，在下一期会得到调整。

（三）货币供应量对地价影响的区域性差异

根据以上分析，我们可发现从长期和短期看，我国货币供应量的变动都会对地价产生或大或小的影响。而我国幅员辽阔，广大的国土面积和不同区域间的较大差异必然会在同一宏观政策下衍生出不同的现实状况和实际问题。土地的异质性和不可移动性等带来的区域性问题，在如今东部、中部、西部地区经济发展水平不平衡下凸显。针对这一问题，本专题采取进一步分析，考察货币供给对土地价格区域性影响是否存在。

按照国家统计局对我国东部、中部、西部经济地带的划分，我国的东部地区包括河北、辽宁、天津、上海、江苏、广东、福建、广西、浙江、山东、海南、北京12个省（区）市；中部地区包括山西、内蒙古、河南、吉林、黑龙江、湖南、安徽、江西、湖北9个省（区）市；西部地区包括新疆、云南、重庆、四川、青海、贵州、西藏、宁夏、陕西、甘肃10个省（区）市。在本专题分析中，主要数据采用中国城市地价检测网站中的三大区域所测的地价水平，货币供应量以M_2为代表。此次所取数据为2010年第1季度到2017年第1季度，共29期数据（见表10）。此处我们将运用向量回归模型，反映在统一的货币供应量下对不同类型的区域性地价影响问题。

表 10　货币供给总量与各地区不同地价简况

变量	平均值	中位数	最大值	最小值	标准类	观测值
XLP_ G	596. 7241	599	642	536	32. 25445	29
XLP_ H	3 032. 86	3 096	3 368	2 460	257. 3484	29
XLP_ S	5 823. 414	5 992	6 609	4 415	703. 1535	29
XLP_ Z	3 865. 483	3 971	4 327	3 030	351. 5705	29
ZLP_ G	611. 3793	616	660	541	38. 5231	29
ZLP_ H	2 275. 655	2 259	2 725	1 833	270. 8169	29
ZLP_ S	3 581. 172	3 580	4 355	2 826	480. 9752	29
ZLP_ Z	2 770. 241	2 711	3 526	2 122	409. 7278	29
DLP_ G	1 121. 552	1 073	1 411	879	171. 7289	29
DLP_ H	7 035. 931	6 812	9 221	5 366	1 138. 595	29
DLP_ S	15 040. 07	15 143	18 304	11 040	1 989. 567	29
DLP_ Z	11 648. 59	11 298	16 000	8 783	2 071. 098	29
M_2	1 093 136	1 077 379	1 599 600	649 947. 5	290 427	29

注：XLP、ZLP、DLP 分别代表西部、中部和东部地价，后缀 G、H、S、Z 为工业、综合、商服和住宅用地。

首先对上述数据分别进行季节性调整后，以取对数的方式消除异方差，进行 ADF 平稳性检验，其结果如表 11 所示。

表 11　区域性地价数据平稳性分析结果

变量	差分次数	（C，T，K）	DW 值	ADF 值	5% 临界值	1% 临界值	结论
Lnm2	1	（C，T，0）	2. 04	-6. 56	-3. 58	-4. 34	I（1） *
Ldlp_ Z	1	（C，T，6）	2. 49	-4. 92	-3. 64	-4. 47	I（1） *
Lxlp_ Z	1	（C，T，2）	1. 37	-5. 69	-3. 60	-4. 37	I（1） *
Lzlp_ Z	1	（C，0，4）	1. 90	-3. 26	-3. 00	-3. 75	I（1） * *
Ldlp_ H	1	（C，T，3）	1. 76	-4. 84	-3. 61	-4. 39	I（1） *

（续表）

变量	差分次数	（C，T，K）	DW 值	ADF 值	5%临界值	1%临界值	结论
Lxlp_ H	1	（C，T，3	2.06	-4.82	-3.61	-4.39	I（1） *
Lzlp_ H	1	（C，T，2）	1.77	-2.90	2.99 -	-3.72	I（1） * * *
Ldlp_ S	1	（C，0，2）	2.66	-3.79	-2.99	-3.73	I（1） *
Lxlp_ S	1	（C，0，2）	1.20	-3.97	-1.96	-2.66	I（1） *
Lzlp_ S	1	（C，T，0）	2.09	-4.03	-2.98	-3.70	I（1） *
Ldlp_ G	1	（C，T，0）	2.16	-3.23	-2.98	-3.70	I（1） * *
Lxlp_ G	1	（C，T，1）	1.87	-4.09	-3.60	-4..35	I（1） * *
Lzlp_ G	1	（C，T，0）	1.70	-7.75	-3.59	-4..34	I（1） *

注：* 为 1% 显著性水平，* * 为 5% 显著性水平，* * * 为 10% 显著性水平。

由以上结果，建立双对数模型：

$$L_iLP_t = c + \beta lnm2 + \mu_t \quad i \text{ 取 } D, Z, X\cdots\cdots \quad t = 1, 2, 3\cdots\cdots \tag{4.7}$$

以上检验发现各变量属于一阶单整，从区域上看，中部地区的显著性较差；从类型上看，工业用地的平稳性较差。下面检验残差的平稳性，得到残差序列平稳，可得出货币供应量与区域性地价之间存在的长期协整关系（见表 12）。

表 12　方程（4.7）回归结果

项目	C	t	Lnm2	t
Ldlp_ Z	0.7961	（2.1490）	0.6166	（23.0880）
Lzlp_ Z	0.5154	（2.5362）	0.5336	（36.4265 ）
Lxlp_ Z	3.7119	（11.8372）	0.3276	（14.4925）
Ldlp_ S	2.8320	（11.8311）	0.4887	（28.3198）
Lzlp_ S	1.3970	（6.7527）	0.4887	（32.7676）
Lxlp_ S *	2.4581	（8.3130）	0.4473	（20.9852）

（续表）

项目	C	t	Lnm2	t
Ldlp_ H	0. 9121	(3. 2441)	0. 5721	(28. 2270)
Lzlp_ H	1. 7277	(11. 2136)	0. 4323	(38. 9193)
Lxlp_ H	3. 7325	(16. 4392)	0. 3087	(18. 8586)
Ldlp_ G	-0. 4785	(-1. 5973)	0. 5400	(25. 0077)
Lzlp_ G	3. 2477	(35. 1387)	0. 2283	(34. 2633)
Lxlp_ G	3. 6607	(62. 3377)	0. 1968	(46. 4878)

注：Lxlp_ S 的残差项在5%显著性下原序列平稳，其余残差项都为1%显著性水平平稳。

根据以上回归结果可得到主要的结论有：

（1）我国东部地区地价对货币供给的弹性系数在 0. 54 ~0. 6166，而中部地区弹性系数在 0. 2283 ~ 0. 5336，西部地区弹性系数则为 0. 1968 ~0. 4473。从总的波动规律来看，东部地区受货币供应量变化的反应最为显著，中部地区次之，西部地区最不明显。

（2）按照同种类型土地在不同地区的弹性，我们可发现，各类土地价格对货币供给弹性都呈现了“东部 > 中部 > 西部”这一关系。而仔细观察可以发现，各地商服用地的弹性普遍较大且较为接近。西部对住宅用地的弹性明显小于另两个地区，而东部地区对工业用地的弹性明显大于另两个地区。

（3）在同一区域下我们讨论不同类型土地的影响，可以发现东部货币供给对地价的影响在一较高位置保持平稳态势，地价对货币供给变化的弹性为：住宅 > 综合 > 工业 > 商业。中部地区则是：住宅 > 商业 > 综合 > 工业，其不同类型的土地受货币影响的弹性波动为三大区域中最大者。西部地区地价对货币量的弹性关系为：商业 > 综合 > 住宅 > 工业。与另二者差异较大的是其对住宅用地的弹性小而凸显。

针对以上得出的结论，经过对这几种情况的分析，我们推断得出以下几方面的原因：

第一，从人口密度来看，东部地区要大于中部地区，西部地区最低。这也意味着房地产市场的潜在购买需求东部地区最旺盛。中部地区次之，西部地区则最小。

第二，从地方的土地供给能力来看，由于我国政策影响，相比而言，东部地区发展水平和土地资源开发深度都胜于中部地区和西部地区。这也意味着东部地区对土地供给的弹性要比中部、西部地区低，住宅与商业用地需求较大。这也可以解释在同类土地下，东部地价对 M_2 的弹性要更高。增加同等货币供给，东部增加的需求最多，供给最小，西部则相反。

第三，从收入水平和预期角度来看，越发达的地区往往具有更高的平均收入水平，这也产生更多的投资和财富增值的需要。而房地产价格高的地域往往人多地少，经济发展水平相对更高，同时也对货币供给刺激更为敏感，基于对未来上涨的预期，更大的需求促使资本不断流入。此时的地价和房价的攀升可谓是预期的自我实现。

（四）小结

（1）2008 年是我国货币供给和经济增长的一个转折点，4 万亿元货币供给的宏观政策成功使我国当年经济增长速度回落有限，并在随后数年保持平稳增长态势。但随后地价增速出现逐年攀升的趋势，在 M/GDP 下降的同时，M/地价却下降有限甚至相比前者出现上升，这一现象的背后就是货币增发。这里虽无法得出地价上升是由货币增发所造成的结论，但其必然在其中扮演了重要角色。

（2）根据货币供应量对地价波动影响的误差修正模型结果，短期

来看 M_1 对地价影响更明显，长期而言则是 M_2 对地价刺激更胜。其中 M 对商服用地和住宅用地的价格弹性较高，对工业用地与综合用地弹性较低，但都具有正向推动作用。格兰杰（*Granger*）因果检验显示 M 与前两者互为因果，M 是综合用地地价的格兰杰原因，工业用地是 M_1 的格兰杰原因，而 M_2 是工业用地地价的格兰杰原因。

（3）我国不同的区域经济发展水平和地价水平具有较大差异，在统一的货币供应量下，对于不同地区的不同类型土地也具有不同影响。货币供给对地价影响总体上呈东部地区最高，中部地区次之，西部地区最小。共同特征为住宅弹性都较大，其不同在于东部地区对于商业用地弹性最低，西部地区则是商业用地弹性最高，中部地区为工业用地弹性最低。

六、结论与政策建议

（一）结　论

（1）随着我国经济发展逐步进入新常态，土地市场也进入一个新的发展阶段。从分用途地价来看，近几年工业用地的地价增长速度被其他类型赶超，住宅用地价格表现最为突出。

（2）影响土地价格的因素众多，但土地价格最终由土地市场供求决定。货币供应量、利率、其他资产的价格、汇率、信贷和通货膨胀等均会影响地价，货币供应量是其中的最重要的因素之一。中央银行在调控货币供应量时可通过利率、汇率、信贷规模等渠道对土地价格产生影响。在地方政府垄断土地供应的现实下，招拍挂模式下货币供应量一样是决定地价的关键因素。这里的分析结论与土地市场货币数量方程的结论是一致的。

（3）基于 M_1、M_2 与 GDP 和地价增长速度的比较分析，发现我国近几年的确存在货币超发问题。尽管超发货币不会全部都流向土地市场，但土地市场肯定是分流了部分超发的货币，这是导致地价快速上涨的重要动因之一。

（4）通过建立反映货币供应量与各类土地价格之间关系的误差修正模型，回归分析结果显示，两者之间存在着长期的协整关系。但从长期来看，M_1 对土地价格的弹性要大于 M_2；短期来看，M_1 的弹性不如 M_2，然而 M_2 的变化滞后一期，M_1 则是当期变动就会引起地价上涨。从分类地价看，货币供应量对工业用地和综合用地的弹性较低，并且两者弹性一致，其次是商服用地和住宅用地。M_2 对商服用地的弹性最大，M_1 对住宅用地弹性最大。

（5）全国性统一的货币供给对不同地区和不同类型地价的影响程度有较大差异。总体呈东高西低的走势，东部土地受货币供给的弹性大小依次为：住宅 > 综合 > 工业 > 商业，中部为：住宅 > 商业 > 综合 > 工业，西部为：商业 > 住宅 > 综合 > 工业。从地价水平看，除工业用地为中部地区地价高于西部地区，其余则为东部地区最高，西部地区次之，中部地区最低。

（二）政策建议

（1）目前我国宏观经济的基本面仍然处于低位运行并向企稳迈进的状态，城市土地市场也开始进入一个新的发展阶段，但总体过剩、局部地区供应不足的结构性失衡问题依然存在。由于城市土地实际上主要由地方政府来掌控，因此，国家在出台和实施土地市场调控政策时，必须要充分考虑到地方政府利益目标与中央政府利益目标的不完全一致性，提前做好与地方政府的协调乃至监督、管制工作，尽力减少、避免一些地方出现囤地居奇的道德风险，以地方政府为导管，对各地土地市场以滴灌的形式进行调控，优化土地市场结构，提高运行效率，避免推出过于激烈的刺激性政策。

（2）以货币供应量为中间目标的货币政策仍然是我国今后一段时期内调控宏观经济的重要工具，而货币供应量无论是长期还是短期都会对土地市场产生深刻的影响。因此，在国家实施以增加货币供应量为取向的货币政策的过程中，必须充分地考虑到流动性过剩导致大量资金流入土地市场进而促升土地价格的显著影响，以避免地价泡沫化对土地市场、房地产市场乃至对宏观经济持续、健康发展产生不利影响。当然，除了高度关注商业银行对土地市场信贷规模的控制以外，地方政府也应加强对国有建设用地供给的顺向调控，以有效削弱货币供应增加对土地价格上升的动力。

（3）由于不同类型的建设用地对货币供应量的弹性具有一定的差异性，统一的货币政策在不同区域及不同领域所引起的地价波动规律也有所不同。目前，我国经济发展伴随着结构的转型，不同类型的土地需求增长也不一致。针对发展速度快的沿海地区和中心城市需要关注住宅用地和商服用地的供应量，根据实际用地需求制定科学的土地供应计划，适当扩大商品住宅用地和商业服务业用地的供应，以跟上住宅需求快速增加和服务业快速转型的节奏。在欠发达地区，要避免盲目地采用东部地区的“饥饿供地”的通行做法，审慎使用招拍挂的方式出让商品住宅地块来换取高额的土地财政收入，而应根据实际情况相机开发适宜区位的土地，避免因政府供地方面的原因导致土地市场价格异常波动，以促进土地市场健康、持续发展。

附表1　全国主要城市历年土地价格增长率

指标名称	主要城市平均地价：综合：当季环比/%	主要城市平均地价：商业：当季环比/%	主要城市平均地价：居住：当季环比/%	主要城市平均地价：工业：当季环比/%	主要城市平均地价：综合：当季同比/%	主要城市平均地价：商业：当季同比/%	主要城市平均地价：居住：当季同比/%	主要城市平均地价：工业：当季同比/%
2008年3月	1.54	1.22	2.16	1.32	12.12	9.88	15.64	9.61
2008年6月	1.59	1.95	1.85	0.87	11.94	11.08	15.82	6.66
2008年9月	0.94	1.12	0.28	0.48	8.98	9.48	10.52	4.80
2008年12月	-1.36	-2.13	-0.86	-1.60	-0.10	1.12	0.12	0.50
2009年3月	-0.89	-0.22	-1.33	-0.67	-1.23	0.12	-2.61	-0.24
2009年6月	1.27	1.71	2.14	-0.03	-0.70	-0.25	-0.60	-1.15
2009年9月	1.90	2.25	2.27	1.32	-0.12	0.85	0.73	-1.52
2009年12月	3.01	3.17	4.64	1.09	5.05	5.57	7.92	1.56
2010年3月	2.34	2.34	2.97	1.62	8.14	8.54	11.86	3.74
2010年6月	1.52	1.98	1.73	1.09	9.29	10.67	12.60	4.92
2010年9月	1.76	2.05	1.96	1.41	8.98	10.14	11.74	5.34
2010年12月	2.53	2.89	3.67	1.08	8.62	10.03	11.02	5.29
2011年3月	2.20	3.33	2.44	1.43	8.52	10.99	10.23	5.50
2011年6月	1.87	2.77	2.17	1.13	8.85	11.76	10.73	5.45
2011年9月	1.33	1.98	1.69	0.64	8.37	11.54	10.48	4.61
2011年12月	0.29	0.69	0.00	0.44	5.94	9.02	6.58	3.88
2012年3月	0.26	0.91	-0.04	0.31	3.53	5.74	3.70	2.39
2012年6月	0.39	0.40	0.13	0.69	2.33	3.93	1.77	2.27
2012年9月	0.78	1.13	0.92	0.47	1.77	3.15	1.03	2.00

（续表）

指标名称	主要城市平均地价：综合：当季环比/%	主要城市平均地价：商业：当季环比/%	主要城市平均地价：居住：当季环比/%	主要城市平均地价：工业：当季环比/%	主要城市平均地价：综合：当季同比/%	主要城市平均地价：商业：当季同比/%	主要城市平均地价：居住：当季同比/%	主要城市平均地价：工业：当季同比/%
2012年12月	1.12	0.84	1.21	1.14	2.61	3.34	2.26	2.70
2013年3月	1.47	2.07	1.77	0.86	3.86	4.53	4.12	3.27
2013年6月	1.62	1.34	2.06	1.25	5.11	5.48	6.13	3.79
2013年9月	1.85	2.60	2.32	0.98	6.21	7.03	7.58	4.31
2013年12月	2.06	2.29	2.64	1.32	7.02	7.93	8.95	4.45
2014年3月	1.89	1.73	2.11	1.71	7.63	8.17	9.52	5.27
2014年6月	1.36	0.93	1.45	1.44	7.53	7.48	9.14	5.73
2014年9月	0.78	0.80	0.42	1.17	6.42	6.11	6.98	5.91
2014年12月	0.94	0.39	0.69	1.45	5.16	3.90	4.85	6.03
2015年3月	0.55	0.62	0.53	0.54	3.25	3.22	2.98	3.62
2015年6月	0.92	0.94	1.01	0.80	3.01	2.94	2.71	3.42
2015年9月	0.90	0.69	1.16	0.67	3.30	2.55	3.41	3.48
2015年12月	0.74	0.57	1.14	0.29	3.16	2.70	3.92	2.38
2016年3月	0.96	0.57	1.27	0.73	3.55	2.60	4.66	2.50
2016年6月	1.29	0.62	1.95	0.71	4.03	2.47	5.73	2.47
2016年9月	1.40	0.87	2.11	0.69	4.57	2.67	6.77	2.49
2016年12月	1.43	0.96	2.18	0.64	5.31	3.09	7.91	2.84

数据来源：原国土资源部与土地动态监测网。

附表 2　全国历年各类地价与货币供应量的基本数据

指标名称	主要城市平均地价：综合：当季值/元·米$^{-2}$	主要城市平均地价：商业：当季值/元·米$^{-2}$	主要城市平均地价：居住：当季值/元·米$^{-2}$	主要城市平均地价：工业：当季值/元·米$^{-2}$	货币供应量M_1：期末值/亿元	货币供应量M_2：期末值/亿元
2016 年 12 月	3 826.00	6 937.00	5 918.00	782.00	486 557.24	1 550 066.67
2016 年 9 月	3 767.00	6 868.00	5 781.00	776.00	454 340.25	1 516 360.50
2016 年 6 月	3 715.00	6 809.00	5 662.00	771.00	443 643.70	1 490 491.83
2016 年 3 月	3 668.00	6 767.00	5 554.00	766.00	411 581.31	1 446 198.03
2015 年 12 月	3 633.00	6 729.00	5 484.00	760.00	400 953.44	1 392 278.11
2015 年 9 月	3 606.00	6 701.00	5 421.00	757.00	364 416.90	1 359 824.06
2015 年 6 月	3 574.00	6 655.00	5 359.00	752.00	356 082.86	1 333 375.36
2015 年 3 月	3 541.00	6 593.00	5 305.00	746.00	337 210.52	1 275 332.78
2014 年 12 月	3 522.00	6 552.00	5 277.00	742.00	348 056.41	1 228 374.81
2014 年 9 月	3 485.00	6 527.00	5 236.00	730.00	327 220.21	1 202 051.41
2014 年 6 月	3 458.00	6 475.00	5 214.00	722.00	341 487.45	1 209 587.20
2014 年 3 月	3 412.00	6 415.00	5 139.00	712.00	327 683.74	1 160 687.38
2013 年 12 月	3 349.00	6 306.00	5 033.00	700.00	337 291.05	1 106 524.98
2013 年 9 月	3 286.00	6 201.00	4 910.00	691.00	312 330.34	1 077 379.16
2013 年 6 月	3 226.00	6 044.00	4 799.00	684.00	313 499.82	1 054 403.69
2013 年 3 月	3 175.00	5 964.00	4 702.00	676.00	310 898.29	1 035 858.37
2012 年 12 月	3 129.00	5 843.00	4 620.00	670.00	308 664.23	974 148.80
2012 年 9 月	3 093.00	5 793.00	4 564.00	662.00	286 788.21	943 688.75
2012 年 6 月	3 069.00	5 728.00	4 522.00	659.00	287 526.17	924 991.20
2012 年 3 月	3 057.00	5 705.00	4 516.00	654.00	277 998.11	895 565.50
2011 年 12 月	3 049.00	5 654.00	4 518.00	652.00	289 847.70	851 590.90

（续表）

指标名称	主要城市平均地价：综合：当季值 /元·米$^{-2}$	主要城市平均地价：商业：当季值 /元·米$^{-2}$	主要城市平均地价：居住：当季值 /元·米$^{-2}$	主要城市平均地价：工业：当季值 /元·米$^{-2}$	货币供应量 M_1：期末值 /亿元	货币供应量 M_2：期末值 /亿元
2011 年 9 月	3 040. 00	5 615. 00	4 518. 00	649. 00	267 193. 16	787 406. 20
2011 年 6 月	3 000. 00	5 506. 00	4 443. 00	645. 00	274 662. 57	780 820. 85
2011 年 3 月	2 945. 00	5 358. 00	4 349. 00	638. 00	266 255. 48	758 130. 88
2010 年 12 月	2 882. 00	5 185. 00	4 245. 00	629. 00	266 621. 54	725 851. 79
2010 年 9 月	2 805. 00	5 018. 00	4 085. 00	623. 00	243 821. 90	696 471. 50
2010 年 6 月	2 756. 00	4 917. 00	4 066. 00	614. 00	240 580. 00	673 921. 72
2010 年 3 月	2 715. 00	4 822. 00	3 938. 00	607. 00	229 397. 93	649 947. 46
2009 年 12 月	2 595. 00	4 423. 00	3 726. 00	617. 00	221 445. 81	610 224. 52
2009 年 9 月	2 519. 00	4 287. 00	3 561. 00	610. 00	201 708. 14	585 405. 34
2009 年 6 月	2 525. 00	4 513. 00	3 545. 00	584. 00	193 138. 15	568 916. 20
2009 年 3 月	2 504. 00	4 455. 00	3 496. 00	584. 00	176 541. 13	530 626. 71
2008 年 12 月	2 526. 00	4 465. 00	3 543. 00	588. 00	166 217. 13	475 166. 60
2008 年 9 月	1 456. 00	2 402. 00	1 782. 00	477. 00	155 748. 97	452 898. 71
2008 年 6 月	1 491. 00	2 488. 00	1 814. 00	491. 00	154 820. 15	443 141. 02
2008 年 3 月	1 778. 00	2 775. 00	1 983. 00	568. 00	150 867. 47	423 054. 53

数据来源：原国土资源部、中国人民银行官网与同花顺 ifind 客户终端。

附表 3　全国历年货币供应量、GDP 与地价增长率数据

年份	GDP 同比增长率/%	M_1 同比增长率/%	M_2 同比增长率/%	地价增长率（住宅）/%	M_2/GDP	M_2/地价	M_1/GDP	M_1/地价	(M_2-M_1)/地价
2001	8.3	12.7000	14.4000	4.4100	1.73	3.27	1.53	2.88	0.39
2002	9.1000	16.8000	16.8000	5.5900	1.85	3.01	1.85	3.01	0.00
2003	10.0000	18.7000	19.6000	5.0700	1.96	3.87	1.87	3.69	0.18
2004	10.1000	13.6000	14.7000	8.9400	1.46	1.64	1.35	1.52	0.12
2005	11.4000	11.8000	17.6000	5.9600	1.54	2.95	1.04	1.98	0.97
2006	12.7000	17.5000	16.9000	6.2700	1.33	2.70	1.38	2.79	-0.10
2007	14.2000	21.1000	16.7000	15.4400	1.18	1.08	1.49	1.37	-0.28
2008	9.7000	9.1000	17.8000	0.2200	1.84	80.91	0.94	41.36	39.55
2009	9.4000	33.2000	28.5000	7.9200	3.03	3.60	3.53	4.19	-0.59
2010	10.6000	21.2000	19.7000	11.0200	1.86	1.79	2.00	1.92	-0.14
2011	9.5000	7.9000	13.6100	6.5800	1.43	2.07	0.83	1.20	0.87
2012	7.9000	6.5000	13.8000	2.2600	1.75	6.11	0.82	2.88	3.23
2013	7.8000	9.3000	13.6000	8.9500	1.74	1.52	1.19	1.04	0.48
2014	7.3000	3.2000	12.2000	4.8500	1.67	2.52	0.44	0.66	1.86
2015	6.9000	15.2000	13.3000	3.9200	1.93	3.39	2.20	3.88	-0.48
2016	6.7000	21.4000	11.3000	7.9100	1.69	1.43	3.19	2.71	-1.28

数据来源：国家统计网、中国人民银行官网。

附表 4 研究货币供给对区域性地价影响采用的数据

指标名称	M_2:期末值/亿元	东部城市平均地价：综合/元·米$^{-2}$	中部城市平均地价：综合/元·米$^{-2}$	西部城市平均地价：综合/元·米$^{-2}$	东部城市平均地价：商业/元·米$^{-2}$	中部城市平均地价：商业/元·米$^{-2}$	西部城市平均地价：商业/元·米$^{-2}$	东部城市平均地价：工业/元·米$^{-2}$	中部城市平均地价：工业/元·米$^{-2}$	西部城市平均地价：工业/元·米$^{-2}$	东部城市平均地价：居住/元·米$^{-2}$	中部城市平均地价：居住/元·米$^{-2}$	西部城市平均地价：居住/元·米$^{-2}$
2010Q1	649 947.46	5 366.00	1 833.00	2 460.00	11 040.00	2 826.00	4 415.00	879.00	541.00	536.00	8 783.00	2 122.00	3 030.00
2010Q2	673 921.72	5 474.00	1 869.00	2 497.00	11 446.00	2 869.00	4 476.00	894.00	549.00	542.00	8 973.00	2 175.00	3 084.00
2010Q3	696 471.50	5 611.00	1 902.00	2 548.00	11 769.00	2 922.00	4 560.00	921.00	552.00	545.00	9 102.00	2 227.00	3 172.00
2010Q4	725 851.79	5 735.00	1 949.00	2 705.00	12 349.00	2 979.00	4 815.00	926.00	563.00	551.00	9 374.00	2 296.00	3 455.00
2011Q1	758 130.88	5 931.00	1 971.00	2 773.00	13 057.00	3 028.00	4 961.00	952.00	566.00	558.00	9 681.00	2 326.00	3 560.00
2011Q2	780 820.85	6 048.00	2 004.00	2 838.00	13 568.00	3 059.00	5 116.00	964.00	576.00	566.00	9 885.00	2 371.00	3 652.00
2011Q3	787 406.20	6 133.00	2 027.00	2 885.00	13 807.00	3 126.00	5 236.00	972.00	575.00	573.00	10 075.00	2 406.00	3 715.00
2011Q4	851 590.90	6 129.00	2 052.00	2 902.00	13 900.00	3 149.00	5 392.00	973.00	583.00	576.00	10 026.00	2 439.00	3 714.00
2012Q1	895 565.50	6 144.00	2 069.00	2 905.00	13 858.00	3 243.00	5 464.00	980.00	582.00	577.00	10 019.00	2 452.00	3 703.00
2012Q2	924 991.20	6 185.00	2 090.00	2 905.00	14 034.00	3 229.00	5 508.00	991.00	588.00	580.00	10 013.00	2 489.00	3 686.00
2012Q3	943 688.75	6 259.00	2 103.00	2 934.00	14 163.00	3 297.00	5 570.00	1 001.00	583.00	583.00	10 160.00	2 509.00	3 731.00
2012Q4	974 148.80	6 364.00	2 131.00	2 967.00	14 281.00	3 294.00	5 701.00	1 020.00	599.00	586.00	10 338.00	2 541.00	3 770.00
2013Q1	1 035 858.37	6 491.00	2 160.00	3 017.00	14 509.00	3 414.00	5 817.00	1 038.00	595.00	589.00	10 579.00	2 576.00	3 855.00
2013Q2	1 054 403.69	6 626.00	2 213.00	3 057.00	14 790.00	3 413.00	5 894.00	1 053.00	616.00	595.00	10 875.00	2 656.00	3 912.00
2013Q3	1 077 379.16	6 812.00	2 259.00	3 096.00	15 143.00	3 580.00	5 992.00	1 073.00	615.00	599.00	11 298.00	2 711.00	3 971.00

（续表）

指标名称	M_2：期末值/亿元	东部城市平均地价：综合/元·米$^{-2}$	中部城市平均地价：综合/元·米$^{-2}$	西部城市平均地价：综合/元·米$^{-2}$	东部城市平均地价：商业/元·米$^{-2}$	中部城市平均地价：商业/元·米$^{-2}$	西部城市平均地价：商业/元·米$^{-2}$	东部城市平均地价：工业/元·米$^{-2}$	中部城市平均地价：工业/元·米$^{-2}$	西部城市平均地价：工业/元·米$^{-2}$	东部城市平均地价：居住/元·米$^{-2}$	中部城市平均地价：居住/元·米$^{-2}$	西部城市平均地价：居住/元·米$^{-2}$
2013Q4	1 106 524.98	6 998.00	2 336.00	3 139.00	15 496.00	3 688.00	6 137.00	1 095.00	625.00	603.00	11 706.00	2 839.00	4 029.00
2014Q1	1 160 687.38	7 236.00	2 404.00	3 169.00	15 670.00	3 890.00	6 235.00	1 140.00	624.00	608.00	12 110.00	2 942.00	4 061.00
2014Q2	1 209 587.20	7 418.00	2 444.00	3 182.00	15 907.00	3 896.00	6 302.00	1 171.00	640.00	610.00	12 430.00	2 993.00	4 074.00
2014Q3	1 202 051.41	7 541.00	2 456.00	3 192.00	16 034.00	3 966.00	6 354.00	1 207.00	637.00	612.00	12 487.00	3 010.00	4 081.00
2014Q4	1 228 374.81	7 686.00	2 474.00	3 216.00	16 145.00	3 941.00	6 389.00	1 245.00	642.00	621.00	12 594.00	3 049.00	4 097.00
2015Q1	1 275 332.78	7 767.00	2 482.00	3 226.00	16 326.00	3 961.00	6 405.00	1 262.00	644.00	624.00	12 699.00	3 059.00	4 108.00
2015Q2	1 333 375.36	7 900.00	2 509.00	3 243.00	16 535.00	4 024.00	6 436.00	1 286.00	648.00	627.00	12 919.00	3 096.00	4 132.00
2015Q3	1 359 824.06	8 037.00	2 533.00	3 257.00	16 737.00	4 057.00	6 464.00	1 305.00	651.00	628.00	13 186.00	3 137.00	4 155.00
2015Q4	1 392 278.11	8 163.00	2 542.00	3 266.00	16 955.00	4 054.00	6 478.00	1 311.00	652.00	629.00	13 507.00	3 158.00	4 167.00
2016Q1	1 446 198.03	8 348.00	2 560.00	3 270.00	17 196.00	4 080.00	6 501.00	1 333.00	653.00	630.00	13 910.00	3 194.00	4 171.00
2016Q2	1 490 491.83	8 578.00	2 592.00	3 289.00	17 414.00	4 118.00	6 523.00	1 355.00	655.00	636.00	14 476.00	3 262.00	4 191.00
2016Q3	1 516 360.50	8 803.00	2 635.00	3 311.00	17 701.00	4 168.00	6 552.00	1 375.00	657.00	639.00	15 020.00	3 355.00	4 226.00
2016Q4	1 550 066.67	9 038.00	2 670.00	3 336.00	18 028.00	4 228.00	6 577.00	1 392.00	659.00	640.00	15 584.00	3 421.00	4 270.00
2017Q1	1 599 600.00	9 221.00	2 725.00	3 368.00	18 304.00	4 355.00	6 609.00	1 411.00	660.00	642.00	16 000.00	3 526.00	4 327.00

数据来源：中国城市地价监测网与同花顺 ifind 客户终端。

注：指标名称 Q1 代表“第 1 季度”，Q2、Q3、Q4 依此类推。

专题研究二　中国城市土地政策的演变历程和发展趋势

一、绪论

（一）研究背景

1. 特殊的土地制度结构：国有和集体二元所有制

土地有广义和狭义之分。土地的广义说认为土地是一种自然资源，这里“土地”概念并不局限于紧贴土地表面的部分，还应该包含距离土地一定范围内的所有东西，包含地表上的植被和地表下的水层。在经济学者的观点中，土地被视为一种资本要素，即将土地资本要素投入生产可以获得一定产出，这一理论基础就是土地的广义概念。而狭义的土地仅仅指土地本身，一般是指可以用于生产的土壤覆盖之地。按照所有权分类，土地又可以分为国有土地和集体土地两大类。[①] 国有土地是社会主义公有制下归全民所有的土地，其所有权由国务院代表国家行使。集体土地是农民集体所有的土地，由集体经济组织或村民委员会代表农

---

① 根据《中华人民共和国土地管理法》，我国土地分为国有土地和集体土地两大类。

民行使所有权。需要注意，国有土地包括国家所有的土地和国家征用的原属于农民所有的土地。按照用途分类，我国土地可分为农业用地、建设用地和未利用地三种。[①] 农业用地包括耕地、园地、林地、牧草地、其他农业用地；建设用地包括商服用地、工矿仓储用地、公共设施用地、公共建筑用地、住宅用地、交通运输用地、水利设施用地、特殊用地；未利用地包括未利用土地和其他土地。

我国土地的使用权和所有权分离，土地市场事实上是土地使用权市场。《中华人民共和国土地管理法》中明确规定，“城市市区的土地属于国家所有”，我国城市土地的性质为国有土地，土地市场实行国有土地有偿使用制度，依法划拨国有土地使用权的情况除外。单位和个人可以依法承包经营国有土地，从事种植业、林业、畜牧业、渔业生产。建设单位需要使用国有土地的，可以通过出让等有偿使用方式取得土地，但是需按照国务院规定的标准和办法缴纳土地使用权出让金等土地有偿使用费。集体土地的所有者向所在地的县级人民政府土地行政主管部门提出土地登记申请，经人民政府登记造册后，可依法获得土地的所有权。集体土地经由所在地县级人民政府审批登记后，可用于非农业建设，但集体土地未经国家征收并转化为国有土地，不能进入土地市场自由流传。

2. 财政体制对土地市场具有深刻影响：地方政府土地财政依赖

改革开放之后，由于分税制的实施，加速了地方政府对基于土地使用权批租或租赁所获取的收入的依赖，此即所谓的“土地财政依赖”。这是我国现行土地制度或政策框架下无法根除的一种现象，也是我国土

---

① 根据国土资源部2001年8月发布的《土地分类（试行）》标准，《中华人民共和国土地管理法》第四条，我国土地分为农业用地、建设用地和未利用地。

地制度改革和土地政策创新应关注的重要现实问题之一。

所谓“土地财政依赖”，是指地方政府可支配财力中有很大比例来自土地财政收入。狭义的土地财政收入主要指城市国有土地有偿使用金，广义的土地财政收入包括国有土地有偿使用金、土地税收和土地收费。国有土地有偿使用金是政府财政收入的主要来源，包括国有土地使用权出让金、国有土地租赁金和国有土地使用权作价资金[①]，土地出让金收入是土地财政的主体部分。我国的土地出让实际上是一定年限的土地出租，土地受让人获得的是土地一定时期内的使用权，表现为对土地的开发利用。国有土地有偿使用金实质上是政府通过让渡国有土地的使用权收取的经济报酬。土地财政的形成和发展受多个驱动因素影响，稳固地方财政收入的两个主要激励因素是财政分权和政策考核体系。（王玉波，2016）

从财政分权的角度来看，1994 年我国开始施行以分税制改革为主的财政分权，对地方财政收入进行了重新划分，表现为地方的部分财政权利向中央政府集中。分税制改革后，中央的财政收入显著增加，地方政府的财政收入则明显缩减。财政权利向中央集中，但是教育、基础设施等公共项目建设却逐层下放至地方政府承担。财政权和政府事务之间的错配，使得地方政府的财政收支出现缺口，表现为财政赤字（见表 1）。分税制改革之后，土地出让金作为预算外收入全部划归地方政府所有。（王举等，2008）为了弥补财政缺口，地方政府通过扩张财政预算外的土地出让收入来实现财政增收，土地财政收入占地方财政收入的比重逐渐增大，同时地方政府的公共建设支出也不断增加，导致地方政府

---

① 根据 1998 年的《中华人民共和国土地管理法实施条例》第 29 条规定，国有土地有偿使用方式包括国有土地使用权出让、国有土地租赁和国有土地使用权作价出资。

愈加依赖土地财政收入。

财政收支缺口为负值表示政府财政不存在收支缺口，即财政收入可以承担全部财政支出；若财政收支缺口为正值，表示财政收支存在缺口，财政收入无法满足财政支出需求。财政收支缺口比重值越大，表示财政赤字越为显著，财政压力也更为沉重。由表 1 可见，1994 年是地方财政和中央财政收支缺口发生变动的转折点。自 1994 年实行财政分税制改革后，中央财政收支状况转好，财政收入出现盈余；地方财政缺口形成，财政收支缺口比重大幅增加，财政压力沉重。

表 1　地方/中央财政收支缺口比重表

年份	1992 年	1993 年	1994 年	1995 年	1996 年
中央财政收支缺口比重	0. 195	0. 370	-0. 396	-0. 387	-0. 412
地方财政收支缺口比重	0. 027	-0. 018	0. 747	0. 617	0. 544

说明：财政收支缺口比重 = （本级财政支出 - 本级财政收入） ÷ 本级财政收入。

数据来源：http：//data. stats. gov. cn。

从政绩考核体系来看，目前我国地方政府官员的政绩考核还是以地区生产总值为主要指标，房地产行业和建筑业是地方经济的主要贡献行业。地区的经济指标竞赛使得房地产、建筑业的发展可以得到地方政府支持，一般表现为土地供应方面给予的优惠政策。同时，土地征用以及房地产行业、建筑业的相关税费是地方政府预算内收入的重要组成部分，随着房地产和建筑业的繁荣发展，土地财政也保持了较为稳定的增长潜力。李勇刚、高波（2013）研究证实，政治晋升激励是导致土地财政规模持续扩大和经济增长的制度性因素。（李勇刚等，2013）

从土地出让方式角度看，竞价出让的方式加速了地方政府对土地财政收入的依赖。2002 年 4 月，国土资源部通过了《招标拍卖挂牌出让国有土地使用权规定》，要求经营性用地必须以招标、拍卖或者挂牌方式出让。其中，挂牌出让是我国地方政府出让国有土地采取的主要形式，土地公开拍卖有利于市场充分竞价，挖掘土地最大的使用价值。2003 年 6 月，国土资源部又通过了《协议出让国有土地使用权规定》，对国有土地使用权协议出让适应范围以及出让底价做了严格限制，规定以协议出让国有土地使用权的出让金不得低于新增建设用地的土地有偿使用费、征地（拆迁）补偿费用以及按国家规定应当缴纳的有关税费之和，有基准地价的地区不得低于出让地块所在级别基准地价的 70%，低于最低价的不得出让土地使用权。

（二）中国城市土地政策的特殊性

城市土地政策具有典型的转型经济特征。改革开放前，受计划经济体制的影响，我国城市的国有土地一直实行"无偿、无限期、无流动性"的土地使用制度。（陈方南，2006）由于政府采用行政手段计划分配的土地管理制度禁止土地使用权的转让，致使我国土地市场缺乏市场经济的活力，呈现一种固化的发展模式。党的十一届三中全会之后，我国开始了全面的经济体制改革和对外开放，社会经济领域的变革以适应社会主义市场经济的发展需求和城市经济发展为目标。经济改革的深入，推动了城市土地的建设需求，计划经济体制下严苛的土地产权管理制度，无法匹配经济发展的需求，土地的有偿转让制度应运而生。1988 年 9 月 27 日国务院颁布了《中华人民共和国城镇土地使用税暂行条例》，该条例将土地使用费改为土地使用税，体现了城镇土地有偿使用合法化理念。至此，我国的土地制度也进入了新一轮的改革。由此可见，我国城市土地政策一直处于转型之中，很多政策具有过渡性、临时性、应急性特征。

改革开放后城市土地政策的特点集中体现在以下几个方面：一是政策执行的谨慎性。与设立经济开发区类似，往往先选取试点城市执行土地政策，在地区施行可行后再向全国推广。如在土地有偿使用政策的推行中，1982 年选取深圳为我国征收土地使用费的试点城市，开始实施《深圳经济特区土地管理暂行规定》，首次尝试对不同的土地使用对象征收土地使用费，1984 年土地使用费在抚顺、广州等沿海地区推行，然后成为适用于全国的政策。土地使用权出让转让政策、土地登记政策、土地规划实施政策也都是先在个别城市试点，然后才向全国推广。二是学习和吸收。我国的土地政策制定模式一般是先向其他国家（地区）借鉴学习其土地政策及运作模式，再结合中国特色社会主义下的发展需求和具体国情加以修改，由此制定了相关政策，如土地有偿使用政策、土地批租政策、土地整理政策、土地用途管理政策等。举例来说，虽然我国幅员辽阔，但是人均土地利用面积不足，据此制定了珍惜和合理利用每寸土地的土地国策，并将这一理念融入土地整理、开发政策中去。三是渐进性。在试行政策的过程中，先对城镇国有土地进行试点，等到政策执行具有一定的成效后再对集体土地做类似的土地规定。土地政策的制定和执行本身是一个从试点到推广、不断完善的过程。四是合法性。在全国范围内执行土地政策时需要以政策文件的书面形式来落实，重要的土地政策往往最终以法律、法规的形式被确立。土地政策的合法化一方面可以保证土地政策执行的一致性，同时法律可以增强政策的执行力；另一方面也使得执行土地政策时有法可依，有利于我国法治进程的进一步推进。（陈方南，2006）

中国土地财政的特点导致了中国土地政策在执行时具有一定的矛盾性。一方面，由于财政收入对房地产的依赖度较高，地方政府需要维持房地产市场的繁荣来保证财政收入的稳定来源；另一方面，稳定房地产市场价格已经成为中央对地方政府政绩考核机制中的重要组成部分，地方政府需要采取一系列行政手段来压制房地产市场的增长势头，维持市场价格的稳定。对于房地产市场的政策调控，往往不是单一的打压或者推动，而是试图促进房地产行业在动态稳定的环境中健康发展。

二、中国城市土地政策体系

（一）城市土地政策的基本范畴

1. 城市土地政策的概念

美国经济学家伊利（R. T. Ely）和莫尔豪斯（E. W. Morehouse）撰写了《土地经济学原理》一书，首次从政策和经济学角度对美国土地产权、土地开发、土地价值评估、土地利用、土地课税等问题进行了系统性研究。他们认为政策是为了达到预期目标的一种具体的行动计划，而土地政策就是为达到土地利用的某些目标而制订的计划。（伊利等，1982）人为了谋求最大的纯收益而利用土地，其目标和社会利益往往不一致，需要国家参与干预，通过经济杠杆和行政、立法等手段，限制个人行为以实现土地利用的社会目标。因此，个人福利和社会福利是与土地政策的制定和实施紧密相关的。

土地政策是政府为达到一定的社会、经济发展目标，对土地的利用进行规划、限制而发布的一系列措施和指令的总称，包括土地供应政策、土地税收政策、土地征收政策、费用补偿政策、耕地保护政策等。城市土地政策的制定，需要密切关注城市化进程、城市经济的发展、土地的集约建设和可持续发展等问题。

2. 城市土地政策的主体及对象

城市土地政策的主体是国有土地以及待征用为国有土地的集体土地部分。城市土地政策主要围绕着国有土地的取得、规划、出让、审批、登记和利用，同时也包括农地征收补偿机制。城市土地政策的对象主要包括土地的使用方和土地的出让方、土地登记监管机构。根据《中华人民共和国土地管理法》，“单位和个人依法使用的国有土地，由县级以上人民政府登记造册，核发证书，确认使用权；其中，中央国家机关使用的国有土地的具体登记发证机关，由国务院确定”。我国国有土地的使用要求单位和个人依法取得土地，土地使用权可以依法转让，但不得侵占、买卖或者以其他形式非法转让土地。

3. 城市土地政策的调控手段、目标

自 2003 年以来，土地政策被确定为与传统的货币政策、财政政策并列的重要工具参与宏观调控。宏观调控的目标是促进经济增长、维持物价稳定、保障充分就业和国际收支平衡。传统意义上的国家宏观调控的政策工具为货币政策和财政政策，分别通过影响货币供应量和利率来达到经济调节的目的。土地政策的宏观调节主要是基于对土地建设面积的调整，通过土地储备政策来控制出让的土地建设面积数量，从而达到调控土地市场的目的。(尹锋，2007)

积极的土地政策是指政府增加建设用地供应量，同时放宽对于市场融资贷款的限制，鼓励市场资本进入土地市场；消极的土地政策是指政府减少建设用地供应量，相应提高有偿受让土地时融资、开发的资格审查标准，增加土地转让和使用过程中的相关税费，通过提高土地开发建设成本来抑制土地市场的投资。陈治国、李成有（2015）通过数据分析证明城市土地供给政策是影响城市发展的相关因素，合理的城市用地控制政策可以将房价控制在合理区间，有利于促进城市的健康发展。

(陈治国等，2015)

(二) 中国城市土地政策的制度依据

1. 集体土地国有化

中国城市土地制度在1956年初步确定了土地所有权的国有化之后，就开始了对土地使用权的界定。(陈方南，2006) 1982年颁布的《中华人民共和国宪法》中，“城市土地属于国家所有”被首次记入宪法，从此城市土地国有化成为国家意志的体现。土地国有化是我国土地政策的核心理念，我国的土地征收、土地出让、土地划拨都是基于土地国有化制度的确立和实施。土地国有化使得政府在土地市场具有垄断地位，可以有效控制土地市场上的建设用地数量。城市土地的所有权归属国家，国家通过出让土地的使用权获得土地出让金，并以此为基础建立了我国的土地财政制度。目前，我国对于城市国有土地使用权的处置，采用“无偿划拨”和“有偿出让”两种形式并存的土地使用制度。

2. 土地征收制度

宪法赋予国家征收土地的权利，规定国家可以基于公共利益的需求，依法对土地实行征收或者征用并给予补偿。土地征收是国家依法律规定的程序和授权，将农民集体所有的土地转化为国有土地，并依法给予被征地的农村集体经济组织合理的土地补偿费。

我国根据《中华人民共和国土地管理法》和《中华人民共和国土地管理法实施条例》①，制定了一系列土地征收管理规则。原国土资源部先后发布了《征收土地公告办法》(2001)、《关于切实维护被征地农

---

① 目前该条例已有4个版本，最早版本发布于1991年2月，第2个版本以〔1998〕第256号国务院令形式发布，2011年第3次修正，最新版于2014年7月修正完成。

民合法权益的通知》（2002）、《关于完善农用地转用和土地征收审查报批工作的意见》（2004）、《关于完善征地补偿安置制度的指导意见》以及《国土资源部关于进一步做好征地管理工作的通知》（2010）等多项文件，就土地征用过程中的各项行政程序（土地征收流程见图1）、审

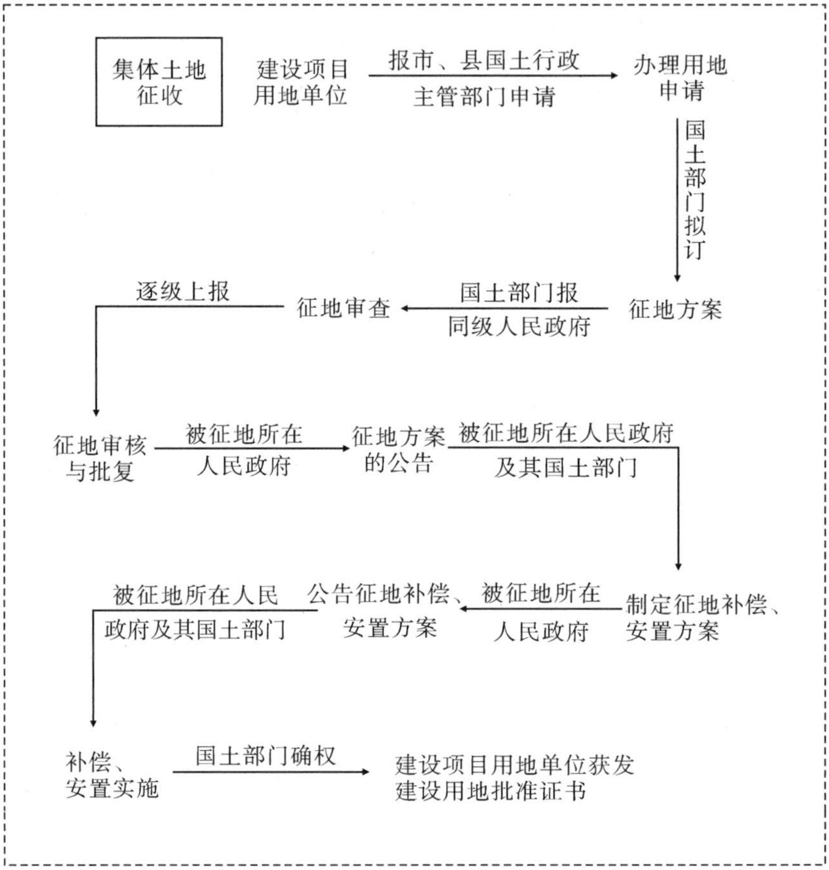

图1　土地征收流程

资料来源：《中国土地政策与法律实务应用工具箱》，法律出版社，2010。

查审批工作要求以及对被征地农民的补偿安置等事宜都做出了具体规定。土地征收是我国增加国有土地数量最为普遍的方法，认真、严格执行土地征收制度是规范我国土地市场的基础保障措施。

3. 土地储备制度

土地储备是指国土资源管理部门在依法取得国有土地，经过前期开发之后，暂时储存土地资源的行为。[①] 国务院在 2001 年 4 月 30 日发布的《关于加强国有土地资产管理的通知》中表明："为增强政府对土地市场的调控能力，有条件的地方政府要对建设用地试行收购储备制度。"城市土地储备制度的开展，一般需要依托专门设立的土地储备机构。土地储备制度的执行主要包含三个部分：一是土地取得。土地取得的方式主要有两种：征用新增的城市用地和依法拆迁、收回城市国有土地。二是土地储备。土地储备是对取得的土地进行整理和储存。一般土地市场上的储备土地可以分为生地、毛地和熟地三类。生地是指不具备城市基础设施、未经开发的原生土地；毛地是指城市基础设施不完善，地上尚有待拆迁房屋的土地；熟地是指具备完善的城市基础建设，且已经完成场地平整的可以直接用于开发建设的土地。三是土地供应。地方国土资源部门会定期发布供地计划，对下一阶段可供出让的土地情况、建设指标进行介绍。土地储备机构通过招标、拍卖或者挂牌方式向市场出让土地。

三、中国城市土地政策的发展历程

1949 年 10 月 1 日中华人民共和国正式成立，之后一段时期，中国的国民经济、土地经济都经历了几个相似的周期波动。中华人民共和国成立初始，百废待兴，全国上下各行各业均呈现欣欣向荣之态。随后的

① 资料来源：根据《土地储备管理办法》，土地储备，是指市、县人民政府国土资源管理部门为实现调控土地市场、促进土地资源合理利用目标，依法取得土地，进行前期开发、储存以备供应土地的行为。

计划经济阶段的土地政策表现为政府的无偿划拨。1978 年，党的十一届三中全会之后，改革的春风开始席卷中华大地，计划经济开始向市场经济转型，土地这一资本要素也开始逐渐活跃。这一时期的土地政策主要表现为政府对土地有偿使用制度的制定及贯彻落实，土地的市场化及法制化进程不断深化。1998 年，国务院结构重组分离成立了国土资源部。土地政策进入了一个新的时期，开始作为政府的宏观调控手段影响国民经济的发展。

（一）1949—1978 年：土地无偿划拨使用阶段的政策

1949 年中华人民共和国成立，国家对土地所有制进行改革，采取不同的方法、分阶段实现土地国有化。1949 年公布了《中国人民解放军布告》《中国人民政治协商会议共同纲领》，1951 年发布了《关于没收反革命罪犯财产的规定》等文件，文件指出需要区分对待民主资本、官僚买办资产、革命罪犯财产、华侨财产、农村非国有土地，但是其行为本质是通过赎买、没收和征用的方式将单位或私人的房地产物业收归国有，将非国有土地转变为国有土地。1953 年，政务院发布的《国家建设征用土地办法》强调土地国有化过程中土地产权移交国家，且土地使用权不得在市场上自由转让，不再使用土地时也需及时移交国家，但未就土地使用期限做出规定。（徐金礼，2006）1954 年 9 月颁布的《中华人民共和国宪法》中第 13 条明确规定国家可以基于公共利益的需要，依法对城乡土地实行征购、征用或者收归国有。[①]

20 世纪 60 年代中期，我国基本完成土地所有制改革任务。那时，中央人民政府内务部规定对于国家机关、企业、学校、团体及公私合营

① 《中华人民共和国宪法》第 13 条，1954 年 9 月 20 日颁布。

企业使用国有土地的情景，均由当地政府无偿划拨使用，不需要缴纳土地使用费和租金。1967 年 11 月，国家房管局、财政部税务局发布了《关于城镇土地国有化请示提纲的记录》，这一文件中就土地国有化、地产税改革和集体土地征用等问题做了详细说明。1966 年至 1976 年“文革”时期，国家陷入思想斗争的浪潮，政治、金融体制都呈现一片混乱，土地政策也陷入搁置状态。

这一时期的土地政策方针，主要可以概括为五个方面的主张，分别为：①城市土地一律收归国有；②土地使用需经由政府统一划拨；③划拨土地无偿使用；④土地可以无限期使用；⑤土地使用者不得转让土地。

（二）1978—1998 年：国有土地改革及土地交易市场化、法制化过程

1978 年党的十一届三中全会是中国历史上的一个转折点，改革开放促进了社会主义市场经济体制的改革，市场经济的活跃客观上也推动了城市土地制度的改革进程。随着改革开放的推进，国民经济发展迅速，市场投资涌现活力，企业开始大幅创建，非农建设用地的大量消耗使建设用地供应显现紧张状态。原有的土地划拨体制已经无法匹配市场经济下对土地资源的需求，也不利于土地要素在市场中发挥其资本活力，土地制度改革势在必行。

20 世纪 80 年代初至 90 年代初，国务院和各部委出台了许多城市土地政策，逐步建立完善我国土地市场机制。1980 年 7 月 26 日，国务院发布的《关于中外合营企业建设用地的暂行规定》特别规定：“中外合营企业用地，不论新征土地，还是利用原有企业场地，都应计收场地使用费。”征收城镇土地使用费可以被看作城市土地政策有偿使用改革的

试水政策。1983—1985 年，国务院、农牧渔业部、城乡建设环境保护部先后出台了多份文件，就城市用地场地费的征用、监督等具体问题做了说明（见表 2）。1988 年公布实施的《中华人民共和国宪法修正案》

表 2　1983—1985 年相关政策文件一览表

时间	机构	文件	相关内容
1983 年 9 月	国务院	《中华人民共和国中外合资经营企业法实施条例》	对场地使用权及其费用做了规定
1983 年 11 月	国务院	《国务院关于制止买卖、租赁土地的通知》	针对企业事业单位或个人的非法买卖租赁土地行为
1984 年 12 月	农牧渔业等三部委	《关于征用土地费实行包干使用暂行办法》	针对地方肆意克扣、挪用征用土地费用的问题
1985 年 10 月	城乡建设环境保护部	《集镇实行统一开发、综合建设的几点意见》	规定了集镇用地的相关政策

资料来源：根据姜爱林（2003）的《改革开放以来中国土地政策的发展变迁》一文整理。

第 2 条规定“任何组织或个人不得侵占、买卖或者以其他形式非法转让土地，土地的使用权可以依照法律的规定转让”。这从法律上解决了土地使用权的有偿转让问题，实现了土地的商品化转变。（陈方南，2006）1990 年 5 月，国务院发布了《中华人民共和国城镇国有土地使用权出让和转让暂行条例》，对划拨土地使用权的历史遗留问题做了说明，对城镇国有土地出让制定了新的规定，通过征收土地使用税代替土地使用费来实现土地有偿使用。1992 年国家土地管理局发布了《划拨土地使用权管理暂行办法》，指出符合一定条件的划拨土地，经市、县人民政府土地管理部门批准后，其土地使用权可以依法转让、出租、抵押。这一政策放宽了对划拨土地使用权的限制，土地资本得以更加充分地在市场经济中发挥效用。

20 世纪 90 年代，城市土地的法制化进程在不断推进中，城市国有土地利用的规范化法律文件也相继制定。1994 年 7 月第八届全国人大常委会第八次会议审议通过了《中华人民共和国城市房地产管理法》，对房地产开发过程中的土地出让、转让的方式和条件做了明确规定，这一法律的制定有利于规范城市土地的使用。之后颁布实施的《中华人民共和国土地管理法》第 2 条进一步规定："土地使用权可以依法转让"，"国家依法实施国有土地有偿使用制度"。与此同时，有关城市国有土地的管理、规划方面的法律和行政规章也在制定和完善的过程中，开始对城市土地的合理利用、计划以及土地资源的整合、储备等方面做出相应规定。与改革前城市土地无偿使用制度相比，城市土地使用权交易的市场化、法制化更有利于充分调动社会上资本活力，实现资源的优化配置，也正是基于这一体制改革，中国房地产市场得以建立并获得高速发展。

（三）1998 年至今：土地政策参与宏观调控阶段

随着改革开放的不断推进，原有的土地管理政策难以满足规划土地资源、监控建设用地的实际需求。在这一时期，既要改革已有的土地管理政策体制，又要切实提高土地政策的落实程度和执行力度。1998 年 3 月国务院机构改革重组后，国土资源部正式成立①，我国土地政策进入了一个新的发展阶段。国土资源部实现了土地管理部门的集权，其职能包括合理利用土地资源，规范国土资源管理顺序、市场秩序、权属管理以及优化国土资源配置等多个方面。此后，土地政策也逐渐上升为宏观

① 1998 年 3 月 10 日，九届人大一次会议第三次全体会议表决通过《关于国务院机构改革方案的决定》。根据这个决定，由地质矿产部、国家土地管理局、国家海洋局和国家测绘局共同组建国土资源部。

政策，并切实加强了对于土地资源的规划、审批和使用等多个过程的管理。本文将从土地资源规划用地控制、开发区调控以及房地产市场调控三个角度来论述这一时期内土地政策的发展历程。

1. 1998—2003 年，土地资源规划用地控制阶段的政策[①]

1998 年 9 月，国土资源部发布了《省级土地利用总体规划会审办法》，重视对土地资源的规划用地意识，强调省级土地利用规划需要符合国民经济发展和社会发展目标，城市总体规划需要与土地利用总体相协调。在政策落实的过程中，部分地方政府没有很好地执行中央政府关于土地利用规划的指令，国土资源部相继出台众多说明文件以规范土地利用规划。1999 年 8 月，国土资源部发布《关于土地利用总体规划审批和实施管理工作若干问题的通知》，明确指出当前土地规划尚存在管理制度落实不够、人员不足的问题，部分省市的规划工作仍存在与现行政策、法律脱节的现象，同时强调当前土地规划的主要目标之一为耕地保护。

城市化过程中，大量农地转化为城市用地，耕地锐减，城市用地弹性系数（城市用地增长率与城市人口增长率之比）过高（刘美平，2002），如果缺乏科学的用地规划，容易造成农业耕地不足的现象。1997—2000 年，通过土地开发整理，全国累计补充耕地 84.93 万公顷，平均每年 21.23 万公顷。2000 年全国已基本实现了建设占用与补充耕地平衡。[②]

随着我国城市城镇化进程持续且更加深入地推进，城市土地建设开发需求将进一步增大，如何提高城市土地的开发质量，成为这一阶段亟

---

① 根据尹峰（2007）的博士论文，他将这一时间段的经济政策划分为 1998 年至 2002 年，此期间政府实行了积极有限扩张的财政政策和货币政策。

② 数据来源于《全国土地开发整理规划（2001—2010 年）》。

待解决的问题。这一时期我国的土地政策出台十分密集，土地政策的制定主要涉及两个角度，既需要保护农地资源，又需要进一步约束城市土地建设，即在进一步加强农用土地开发管理的同时提高城市土地建设的限制条件。

自 1998 年起，国土资源部就规范土地开发工作出台了一系列政策文件。2003 年 3 月 7 日国土资源部发布《国土资源部关于印发〈全国土地开发整理规划〉的通知》，并特别附有 2001 年至 2010 年期间的《全国土地开发整理规划》（以下简称《规划》）。《规划》中强调土地资源是经济社会可持续发展的重要基础，在土地开发过程中需要贯彻“十分珍惜、合理利用土地和切实保护耕地”的基本国策，实施可持续发展战略。1998 年 7 月 20 日，国务院发布《城市房地产开发经营管理条例》，对房地产开发企业在城市国有土地上的建设、经营行为进行严格限制，并明确要求县级及以上地方人民政府相关机构需要负责监督行政区内的房地产开发经营活动。这一政策的实施旨在发挥地方政府对城市土地开发过程的监管作用，中央负责对地方行政人员的监督以及统筹规划。根据《中华人民共和国土地管理法》，国土资源部于 1998 年 9 月 29 日发布的《省级土地利用总体规划审查办法》指明，要对政府土地规划中的耕地总量动态平衡、土地集约利用优化配置，以及土地利用规划指标是否响应上级指导、符合社会和经济的发展要求进行重点考察。1999 年 1 月，《国土资源部关于进一步推行招标拍卖出让国有土地使用权的通知》发布，严格控制建设用地总量，整顿土地市场，并要求各省级土地行政主管部门要加强领导监督体制，确保落实国有土地的招标、拍卖工作。1999 年 2 月 24 日，国土资源部发布的《土地利用年度计划管理办法》和《建设用地审查报批管理办法》，对土地利用制定年度计划，建设用地审查报批做了严格规定。2003 年 2 月 18 日，国土资源部出台了《关于清理各类园区用地　加强土地供应调控的紧急通知》，严禁单位和个人违法开发农村集体用地，严禁政府机关下发地权、发生扰乱土地市场的行为，以维护城市规划和土地开发的严肃性（见表3）。

表3　1998—2003年相关政策文件一览表

时间	加强农地开发管理的政策文件	时间	限制城市土地开发的政策文件
1998年10月	《国土资源部关于进一步加强土地开发整理管理工作的通知》	1998年7月	《城市房地产开发经营管理条例》
1999年10月	《国土资源部关于土地开发整理工作有关问题的通知》	1998年9月	《省级土地利用总体规划审查办法》
2000年12月	《关于申报国家投资土地开发整理项目有关问题的通知》	1999年1月	《国土资源部关于进一步推行招标拍卖出让国有土地使用权的通知》
2002年5月	《国土资源部关于认真做好土地整理开发规划工作的通知》	1999年2月	《土地利用年度计划管理办法》《建设用地审查报批管理办法》
2003年3月	《国土资源部关于印发〈全国土地开发整理规划〉》的通知》	1999年8月	《关于土地利用总体规划审批和实施管理工作若干问题的通知》

2. 2003—2004年，城市土地政策对开发区的调控

改革开放以来，开发区在改善投资环境、吸引外资、带动地区产业和经济发展等方面起到了积极的示范作用。短期内，大量以不同产业经济为由新建的开发区，由于地方和部门疏于监管，政府机关越权给予政策优惠，开发区随意圈占耕地、非法转让土地现象严重。一方面，开发区质量良莠不齐，且建设数量超过实际需求，导致大量国家资源浪费；

另一方面，地方政府擅自批准建立开发区，并对开发区建设用地给予政策倾斜，严重损害农民利益和国家利益，不利于社会的和谐、稳定发展。

为了增强对开发区的调控，2003 年国务院办公厅先后下发了《关于暂停审批各类开发区的紧急通知》和《关于清理整顿各类开发区加强建设用地管理的通知》，其核心内容包含四个方面：①对各级人民政府及其相关部门批准设立的开发区全面清查。②在检查清理的基础上进行整顿规范，对未向国务院报备处理的开发区进行整改；对缺乏建设条件的开发区予以停办、收回土地处理；对整改后确需保留的开发区，按照程序进行审批。③加强对开发区建设用地的集中统一管理，依法严格执行土地征用、土地征用补偿的相关程序、标准。④严格控制需要成片土地的开发区设立，鼓励工业项目向依法设立的省级和国家级开发区集中。

3. 2003 年至今，城市土地政策对房地产市场的调控

自 1995 年《中华人民共和国城市房地产管理法》颁布以来，政府开始加强对房地产市场的管理。1995—2001 年，无论是地方政府还是中央政府，对于房地产业的发展都保持积极态度，频繁出台扶持政策，鼓励房地产业的投资与发展。这一时期，住房公积金开始全面推行，住房开始从分配制向市场化转变。1999 年至 2001 年实行了一系列税收优惠政策，包含减免购房个人税、减半契税、对用住房公积金贷款的个人及银行免征税费等。在利好政策支持下，房地产市场投资需求旺盛，房地产业发展繁荣。在部分城市，房地产市场出现市场过热现象，市场调节失灵，需要政府调控及时参与。2003 年开始，土地政策开始被确定为重要的政府调控工具，与传统的货币政策、财政政策一同参与国民经济的宏观调控中。

土地是房地产行业必须依靠的生产要素，而房地产行业也成为土地政策调控的主要作用对象之一。2002 年至 2003 年，我国商品房平均销售价格年涨幅达 4.2%，2004 年达到 14.4%，2005 年仅一个季度就增长了 12.5%。（徐金礼，2006）全国房地产市场投资热度持续高涨，商品房价格一路水涨船高，房地产市场投机现象严重，市场秩序混乱。为了稳定房地产市场的发展，政府进一步加强对房地产市场土地供应的宏观调控。2003 年，国土资源部发布了《关于加强土地供应管理 促进房地产市场持续健康发展的通知》：要求严格实行土地供应的集中统一管理，尤其是严格控制高档商品房的土地供应；要求加大对房地产开发用地的监管力度。2004 年出台了一系列土地调控政策，针对土地招拍挂制度、土地审批的各类规定做了明确说明。2005 年，继房地产首付比例、存款准备金率、基础利率上调之后，同年 3 月 26 日，发布了《国务院办公厅关于切实稳定住房价格的通知》（“国八条”），要求各地方高度重视房价，并通过推行地方政府负责制来加强地方政府对房地产市场监管的能动性。2006 年 9 月，《国务院关于加强土地调控有关问题的通知》发布，进一步强调禁止擅自将农用地转为建设用地，强化对土地管理行为的监督检查，严肃惩处土地违法违规行为。2007 年 9 月，国土资源部发布《关于加大闲置土地处置力度的通知》，要求各省、自治区、直辖市国土资源部切实加强本地闲置土地处置工作的监督、监察和指导。要求严格按照《关于加大闲置土地处置力度的通知》，即以土地价款的 20% 征收土地闲置费，期望可以借助这一举措遏制房地产企业的囤地现象，进一步提高土地市场的利用效率，规范房地产市场发展。通过落实闲置土地处理政策，广东省东莞市处置盘活闲置土地的工作取得了一定的成效，值得其他省市借鉴。2006 年至 2007 年 6 月，东莞市累计盘活、处理了闲置土地 1238 宗，面积 4.3 万亩，占应处置闲置土地的94.1%，有效改善了用地紧张局面，遏制了市场资本囤地炒卖土地的现象，通过对闲置土地的开发利用，优化了城市布局。（国土资源部，2007）

2009年6月，国土资源部公布《土地调查条例实施办法》，明确指出，土地调查包括全国土地调查、土地变更调查和土地专项调查，并从土地调查机构及人员等方面对《土地调查条例实施办法》的相关制度进行了细化。2009年8月出台了《国土资源部关于严格建设用地管理　促进批而未用土地利用的通知》，要求地方政府加强建设用地批后监管，切实预防和防止未批即用、批而未征、征而未供、供而未用等现象发生，严厉打击囤积土地行为。2009年12月，财政部、国土资源部、央行、监察部等五部委公布《关于进一步加强土地出让收支管理的通知》，将开发商拿地的首付款比例提高到了五成，相比此前各地执行的20%～30%的首付比例有大幅增加，且对还款期限也做了严格限制，原则上不可超过1年。同时，为了反馈房地产市场闲置土地的监察情况，国土资源部召开新闻发布会公示挂牌督办的闲置土地利用地块，再次强调严格土地供应和开发利用的监管。

事实上，2003年至2009年，土地调控政策频出，其主要目的是通过严格控制房地产市场的用地审批来调控房地产市场，同时严格打击房地产市场囤地现象。“十二五”前四年，单位国内生产总值建设用地下降20.7%；全国土地供应中存量建设用地比例比“十一五”时期提高了3.2个百分点；城镇用地年度增幅由2010年的4.7%降到2014年的3.7%。①

一系列的土地政策对于建设用地的控制取得了一定成效，中央政府

① 此处数据来源于国土资源部的《2015中国国土资源公报》。

对房地产市场的土地调控依然维持严格控制的政策方针，房地产市场发展显著放缓（见表4）。2005年，“国八条”出台，对房地产的调控上升至政治高度；2011年，“新国八条”出台，对房地产市场的土地供应调控更加严格，规定“城市保障性住房等用地不低于住房用地供应总量的70%；商品住房用地供应计划总量不得低于前2年年均实际供应量；对已供房地产用地，超过两年没有取得施工许可证进行开工建设的，收回土地使用权，并处以闲置1年以上罚款。对房地产开发建设投资达不到25%以上的（不含土地价款），不得以任何方式转让土地及合同约定的土地开发项目”。2012年2月，国土资源部明确发声要加强房地产调控政策不动摇，禁止地方“微调”楼市政策。

2013年，针对房地产市场的土地调控政策放松。2014年，央行出台房贷新政，居民购买二套住房可按照首套房贷政策执行，信贷政策的放松是房地产土地政策转变的预示。2015—2016年，中央出台多轮降准降息、减免税费等组合政策降低购房成本，鼓励房地产市场投资、消费，对于房地产的土地调控也趋于放缓。2015年前三季度，全国300个城市各类土地成交面积同比下降30.1%，各类土地成交出让金同比减少22.7%。全国土地市场逐渐降温，但热点城市土地资源仍然表现紧俏，土地市场持续火爆。2015年9月，包括北、上、广、深在内的十大热点城市土地出让金收入同比上涨63%，环比上涨89.7%。[①]

2015年第4季度，土地市场的区域分化和城市分化特征明显，珠三角地区楼面溢价率高达39.7%，房地产企业投资重心向中心城市和经济发展地区集聚，涌现了部分土地成交热点区域。[②] 这一时期的土地

① 数据来源于CREIS中指数据，fdc. fang. com。

② 资料来源于中国指数研究院的《2015年四季度百城住宅用地价格报告》。

政策特征主要表现为中央放松监管，热点城市地方政府加强土地市场的管控力度。

表4　2003—2011 年相关政策文件一览表

时间	土地政策文件	时间	房地产调控政策
2003 年 9 月	《关于加强土地供应管理促进房地产市场持续健康发展的通知》	2005 年	《国务院办公厅关于切实稳定住房价格的通知》（“国八条”）
2006 年 9 月	《国务院关于加强土地调控有关问题的通知》	2010 年 4 月	《国务院关于坚决遏制部分城市房价过快上涨的通知》
2007 年 9 月	《关于加大闲置土地处置力度的通知》	2011 年 1 月	《国务院办公厅关于进一步做好房地产市场调控工作有关问题的通知》（“新国八条”）
2009 年 6 月	《土地调查条例实施办法》		
2009 年 8 月	《国土资源部关于严格建设用地管理 促进批而未用土地利用的通知》		
2009 年12月	《关于进一步加强土地出让收支管理的通知》		

四、中国现行城市土地政策存在的问题分析

（一）城市土地出让制度不完善

中国土地出让过程存在寻租问题。随着我国土地市场、房地产业的迅速发展，土地作为重要的生产要素可以产生巨额利润，诱发了土地寻租行为的产生。土地寻租是指未增加土地的实际建设价值，土地持有人仅通过一定的权利干预，对土地注入资本来实现土地价格的增长，这种

寻租行为必然会造成社会福利的损失。产生土地寻租现象的主要原因是土地管理者监管不力以及公权力与资本交易形成的土地腐败，可见目前土地出让制度的监管和执行尚存在不完善的地方。此外，在实际生产生活中，存在较多非法圈地、非法占用农村集体用地以及非法转让土地等行为，这些行为的存在也说明目前我国的土地出让制度尚不完善。

（二）土地征用补偿评估额度不合理

虽然宪法赋予国家可以基于公共利益的需求征收、征用土地的权利，但是同时也要求国家依法对土地的征收、征用行为给予补偿。依照国际惯例，土地权利人应当得到包含土地征用费和土地赔偿额在内的两部分补偿。（刘美平，2002）

2004 年 8 月修订的《中华人民共和国土地管理法》中关于土地征用补偿有以下规定，包含土地补偿费和安置补助费两部分，“征用耕地的土地补偿费，为该耕地被征用前三年平均年产值的六至十倍”，“土地补偿费和安置补助费的总和不得超过土地被征用前三年平均年产值的三十倍”。在征用土地时，对农村集体组织或土地所有人的补偿金额的计算只是基于其若干年内的产值评估，显著低于土地的实际使用价值。

2013 年修订的《中华人民共和国土地管理法》中删除了上述对于土地征用补偿费和安置补助费的最高限值，但是土地征用补偿额度低估的现象仍然较为普遍。2017 年，国家对于农村耕地的征收补偿标准为：①旱田平均每亩补偿 5. 3 万元；②水田平均每亩补偿 9 万元；③菜田平均每亩补偿 15 万元。[①]

---

① 数据来源于华律网，www. 66law. cn。

（三）地方融资平台问题

近年来，地方政府抵押土地使用权获得的借款数额日益庞大，“土地财政”和“土地银行”的双格局已经形成。（何怡瑶等，2015）地方政府依赖以土地出让金为主的土地财政收入，一旦中央政府严格控制建设用地的审批数量，地方政府转而以土地资本为抵押进行融资，随着财政压力的增加，政府违约风险也逐渐增加。土地资本对于政府来说是一种低获取成本、低投资风险、高保值的资产，但是如果大量的土地资本进入抵押市场，无疑会扰乱正常的土地市场的竞争机制，导致竞争不充分、优质资本和资源的流失。

（四）城市土地政策本身的局限性

城市土地政策的多变、分散的特点比较突出。多变主要体现在政策的更新频率较快，例如：2002 年前后的土地政策对待房地产行业的态度大相径庭，前期土地政策为鼓励房地产开发；后期土地政策则要求严格控制对商品房的土地供应，大力倡导经济适用房建设。土地政策的剧烈反差是政府基于市场经济现状做出的调整，但是高频率的土地政策变动显然不利于土地市场的稳定。新政策的出台往往使得市场默认旧政策的失效，会致使部分合理制定的政策提前失效，是对智力成果的一种浪费。同时由于市场的认知具有时滞性，政策的频频变动容易造成土地市场的混乱，对新旧政策交替阶段内产生的非法获取、转让、囤积土地等行为的认定和处罚造成困难。土地政策的分散主要体现为政策的不统一和非系统化。即使是相似的土地管理内容，不同的部门也可能会分别出台相应的政策文件。缺少具有系统性、纲领性特征的土地政策指导文件，会导致土地管理部门的政策效力在实际操作中相互削弱，也会造成市场认知的困难，阻碍政策的推广和应用。

五、中国城市土地政策的发展趋势

（一）政府部门会继续强化土地管理和控制，治理“地王”频出问题

近年来重点城市房地产市场不断涌现“地王”，土地成交价款纪录也频频被刷新。2016 年上半年，全国 50 个主要城市的“地王”多达 219 宗。“地王”地块的大幅增加无疑会推动豪宅市场的发展。2015 年 1 月深圳的千万级豪宅在房地产市场的成交占比为 1. 3%，至 2016 年 6 月这一比例就大幅拉升至 13. 1%。（闻之，2016）

2016 年 8 月 17 日，上海静安中兴社区的一块住宅用地拍出了 110. 1 亿元的土地价款，土地溢价率为 139%，楼面价高达 10 万元，刷新了当时全国单个地块的土地成交价款纪录。“地王”的出现，是房地产开发企业对房地产市场发展预期看好的一个信号，同时也会直接影响其他购房者和投资者对房地产市场的预期，容易诱发市场投资心理；就“地王”地块本身而言，畸高的楼面单价导致对相应地块的开发定价只能是高端豪宅。

“地王”现象容易引发房地产价格的异常增长，房地产市场豪宅产品的集中供应无法匹配城市居民的刚性住房需求，豪宅本身存在去化周期长的特点也不利于资本的充分流动。为了打击“地王”现象，各地

政府也出台了一些严格的土地管理政策。[①] 南京实行过土地市场的“熔断机制”，一旦地价竞价后超过最高限价，即自动流拍。合肥市在2016年下半年推出了一系列土地政策规范土地出让行为，要求在出让经营性建设用地时，土地出让款首次缴纳比例不得低于50%，规定未缴清土地出让款或存有闲置未开发土地的房地产企业不得参与受让其他地块。2012年，国土资源部颁布了与国家发展改革委员会共同制定的《限制用地目录》，对别墅用地的审批做了限制，2016年对别墅用地的控制更加严格，上升到禁止对别墅用地的审批，同时辅以对闲置土地的严格监管。但是“禁墅令”实施以来，“楼王”现象仍然存在。为了引导房地产市场的健康、稳定发展，预期地方政府将继续强化土地管理控制，辅以限购、限贷政策，以打击拍卖地价畸高和土地的投资炒作现象。

（二）土地政策借由差别化土地政策调控工具进一步完善

区域间的城镇化程度、工业化程度和经济发展水平往往有所不同，不同规模的城市，其土地建设数量、人口数量和产业规模作用于土地财政产生的影响也不同，导致了不同城市的土地财政形成机制存在差异。（张耀宇等，2015）在执行土地政策时忽略地方的这种差异性容易导致土地资源要素的配比失衡，在进行土地规划和利用时应该考虑到地方的土地需求和土地利用方式、建设用地结构的差异性。目前，地方政府的土地供需矛盾十分明显，例如河北省、江苏省、浙江省2008年的实际建设用地面积分别达到了179.4公顷、193.4公顷、104.9公顷，均超出了国家规划的2010年的用地指标。（杨刚强等，2012）

① 但要特别注意，由于地方政府可以从高地价中获取巨额土地财政收入，我们不应高估其打击“地王”现象的积极性和主动性。因此，中央政府对地方政府土地出让行为的监督与管理就显得异常重要。

为了促进区域土地市场的协调发展，在制定土地政策时，需要辅以差别化调控工具，以完善土地政策，并增强政策的适用性和执行力。土地政策的调控工具包括行政手段、法律手段和市场手段。中央在制定政策时可以赋予地方行政干预和地方部门规章一定的自由空间，可以依据地区特点制定更加具有操作性的土地政策执行细部条例。同时，地方政府也要切实加强市场调节工具对资源配置的基础作用，借助土地税收、土地金融、市场资格审查机制来增强土地政策的执行力，并以此为基础形成更有针对性的城市用地控制计划。

（三）土地政策改革将重点关注土地征用、征收中的补偿机制的完善

对被征用土地的权利人进行征用补偿时，不仅仅要对土地的实际产值进行评估，还应该对市场经济背景下土地的使用价值进行评估，综合两个因素做出合适的补充价格评估。对于征地的补偿标准，不应该严格限制，应该留有一定的自由额度，可供地方政府在实际操作中根据区域的房地产市场和土地市场的发展做出合理的调整。区域的经济发展水平和房地产市场、土地市场发展现状存在较大差异，忽略这些差异，会导致土地价格的错判，补充款额过低会打击农民的生产积极性；价格款额过高会增加本级财政压力，同时加大土地的开发建设成本投入，不利于资源的有效配置。

（四）关于土地管理的法律体系建设将逐渐完善

完善土地管理的法律体系建设可以为土地政策的执行提供更好的保障。例如，进一步完善法制化城市土地有偿使用制度，有利于进一步规范土地出让市场。今后我国土地政策的制定，需要保持土地政策中长期

的稳定性和系统性，同时也要兼顾土地政策，具有一定的弹性。提高土地政策的稳定性和系统性可以通过土地政策的立法来实现，借助相关法律、法规的制定形成较为稳定的政策体系，可以作为政府进行土地监管时可靠的法律指南。在制定相关法律、法规时留有政策的适当弹性，在保留政策方针一致的基础上，地方政府可以根据区域差异化制定更为细致、可行性较高的地方政府规章。

（五）以房地产税为主的土地税制改革有望实现

地方政府通过出让土地获得的“财政收入”为短期内的一次性收入，且受到土地利用规划和当期土地市场发展预期的限制，伴随房地产业、建筑业的周期性波动呈现不稳定性。地方政府过度依赖土地出让及相关建设活动获得的收入，加大了地方政策的赤字风险。地方政府可以进一步完善城市土地收益分配的相关政策，进行地方税制改革，增加诸如物业税形式的税种，实现稳定的房地产税常年性收入。中央政府可以选取个别城市试点推行房地产税，检验房地产税可行度和市场接受度之后再调整相应税额并逐步向其他省市、直辖市推广。（陈方南，2006）征收房地产税可以降低地方财政对土地出让金一类收入的依赖，同时通过增加不动产的持有成本，实现打击房地产市场的投机炒作行为、推动房地产市场稳定健康发展的目的。

2013 年 11 月发布的《中共中央关于全面深化改革若干重大问题的决定》中，党中央将房地产税改革提上了财税改革的议程，文件指出将“加快房地产税立法并适时推进改革”。2015 年 6 月公布的《十二届全国人大常委会立法规划》中的法律草案条目中就囊括了房地产税，全国人大常委会预算工作委员会、财政部为提议和牵头起草机关。全国人大常委会公布的 2016 年、2017 年《立法工作计划》中也都包含了房地产税项目。2016 年 3 月，财政部部长楼继伟在接受新华社采访的时候曾表示，税制改革未达到预期进度，但地方税体系正在建立当中，房地产税目前处于立法阶段。[①] 虽然我国的土地税制改革进程较为缓慢，但改革的立法工作正在稳步推进当中，2016 年 5 月 1 日已经全面实现营业税改征增值税，房地产税改革也有望实现。

① 此处资料来源于中国人大网，www. npc. gov. cn。

参考文献

［1］曹振良，高晓慧．中国房地产业发展与管理研究［M］．北京：北京大学出版社，2002．

［2］昌菖．货币供应量、地价对房价的影响研究：基于35个大中城市统计数据的实证分析［J］．江苏社会科学，2016（6）．

［3］陈博．为遏制地价深圳市土地出让频频玩新招［N］．南方都市报，2016－11－18．

［4］陈多长．浙江省房地产业健康发展研究：产业定位的角度［M］．北京：中国社会科学出版社，2008．

［5］陈多长．地方政府土地财政依赖：形成机理与转型对策［M］．杭州：浙江大学出版社，2014．

［6］陈方南．新中国城市土地政策评析［J］．东北师大学报（哲学社会科学版），2006（6）．

［7］陈继勇，袁威，肖卫国．流动性、资产价格波动的隐含信息和货币政策选择：基于中国股票市场与房地产市场的实证分析［J］．经济研究，2013（11）．

［8］陈清云，苏小亚，黄广华，等．基于土地利用的生态系统服务价值时空变化：以杭州市为例．攀枝花学院学报，2017（2）．

［9］陈洋林，陈立刚．房地产价格、流动性关系的实证分析与中

央银行政策选择 [J]．安徽农业大学学报（社会科学版），2014（1）．

[10] 程瑶．制度经济学视角下的土地财政 [J]．经济体制改革，2009（1）．

[11] 陈治国，李成友，刘志有．中国城市土地供给政策对住房价格和城市发展影响研究 [J]．现代财经（天津财经大学学报），2015（9）．

[12] 陈中．深圳去年土地出让金仅占财收 10%　土地财政转型 [N]．每日经济新闻，2011－1－14.

[13] 大卫·李嘉图．政治经济学及赋税原理 [M]．郭大力，王亚南，译．南京：译林出版社，2014.

[14] 第一财经．2016 年杭州楼市多项指标创历史新高 [EB/OL]．(2017－1－7) [2017－1－9]. http://kns.cnki.net/KCMS/detail/detail.aspx?dbcode=CDFD&dbname=CDFD9908&filename=2008045952.nh&v=MDg0MTBqSnJaRWJQSVI4ZVgxTHV4WVM3RGgxVDNxVHJXTTFGckNVUkxPZmIrZHRGaURnVnJ2UFYxMjdGck84Rzk=.

[15] 范恒山．中国经济体制改革的历史进程和基本方向 [J]．中国改革，2006（8）．

[16] 冯绍霆．解放初期上海郊区土地改革实证研究 [J]．上海行政学院学报，2000（2）．

[17] 公云龙，张绍良，赵松，等．金融发展对城市地价的影响效应分析 [J]．中国土地科学，2012（3）．

[18] 郭贯成，熊强，汪勋杰．土地供应政策对房价影响的 GWR 模型分析 [J]．南京农业大学学报（社会科学版），2014（5）．

[19] 国土资源部．经验推广：广东省东莞市处置盘活闲置土地取得成效 [EB/OL]．(2007－09－15) [2007－09－27]. http://news.zh51home.com/artical/22523.html.

［20］郭忠诚. 经营性土地储备规划体系构建：以上海市为例［J］. 上海国土资源，2013（1）.

［21］杭州本地宝. 杭州楼市新规最新消息［EB/OL］(2016－11－10)［2016－11－11］. http://hz.bendibao.com/news/20161110/67303.shtm.

［22］何谨. “地王潮”再次来袭，政府呼吁降温［J］. 科学智囊，2016（7）.

［23］贺超. 德国土地管理制度及对我国的启示［J］. 中国土地，2015（10）.

［24］何鑫，朱宏泉. 货币政策、住房需求与地价的动态关系研究［J］. 经济体制改革，2012（6）.

［25］何怡瑶，潘士远. 土地政策与中国经济波动：基于土地供应量的视角［J］. 中国土地科学，2015（12）.

［26］胡庆康. 现代货币银行学教程［M］. 上海：复旦大学出版社，2014.

［27］黄郭城，吴冬梅. 杭州市土地储备工作的实践与思考［J］. 浙江国土资源，2016（7）.

［28］季朗超. 土地储备制度对房地产市场的影响［J］. 中国房地产，2003（7）.

［29］姜爱林. 西方学者对土地政策的研究述评［J］. 中国房地产金融，2000（4）.

［30］姜林. 美国次贷危机对中国房地产市场的启示［J］. 消费导刊，2009（14）.

［31］焦振华. 我国货币超发的成因及其对房地产价格的影响［J］. 湖北社会科学，2015（6）.

［32］《今日浙江》编辑部. 龙港：中国农村城市化的典范［J］.

今日浙江，2004（18）.

［33］况伟大，李涛．土地出让方式、地价与房价［J］．金融研究，2012（8）．

［34］李建建，戴双兴．中国城市土地使用制度改革60年回顾与展望［J］．经济研究参考，2009（63）.

［35］李梁．中国政坛出现苏州现象：地级市成为省长摇篮［N］．南方周末，2004-11-18.

［36］李其铁．龙港“农民城”的建设和发展［M］．北京：学苑出版社，1994.

［37］李文君．中国土地资源价格扭曲：影响、成因及对策［J］．北方经济，2013（14）．

［38］李宪坡．我国现阶段城市土地储备制度的状况与问题［J］．城市，2003（6）．

［39］李勇刚，高波．政治激励机制下的土地财政与经济增长：基于市级面板数据的空间计量分析［J］．南京社会科学，2013（12）．

［40］梁东擎．流动性的度量及其与资产价格的关系［J］．金融研究，2008（9）．

［41］刘芳，邹霞，姜仁荣．深圳市城市化统征（转）地制度演变历程和解析［J］．国土资源导刊，2014（5）.

［42］刘建民．“中国第一农民城”温州龙港诞生的幕后故事［EB/OL］．（2011-10-24）［2011-10-27］．http://www.ocn.com.cn/hongguan/201609/wodxv30104551.shtml.

［43］刘美平．城市土地制度的改革与优化［J］．当代经济研究，2002（10）．

［44］刘伟江，丁一，隋建利．货币政策外溢性对我国房地产价格

影响研究——以美国为例［J］. 经济问题探索，2015 (8).

［45］龙港网. 龙港新型城镇化进行时［N］. 浙江日报，2016－5－13.

［46］马克思. 资本论：第3卷［M］. 北京：人民出版社，1975.

［47］毛镇林，王诗宗，赵相如. 以制度创新推动城市发展：杭州土地收购储备制度述评［J］. 浙江经济，2001 (2).

［48］孟俊红. 论我国国有土地与集体土地的界分问题［J］. 江苏师范大学学报（哲学社会科学版），2011，37 (2).

［49］倪鹏飞. 住房绿皮书：中国住房发展报告（2014—2015）［M］. 北京：社会科学文献出版社，2013.

［50］倪鹏飞. 中国住房发展报告（2016—2017）［M］. 广州：广东经济出版社，2017.

［51］彭飞，朱道林，谢保鹏，等. 货币政策对住宅地价影响的区域异质性研究［J］. 干旱区资源与环境，2016，30 (8).

［52］彭文甫，周介铭，李世强，等. 改革和完善现行土地征用制度的思考［J］. 四川师范大学学报（社会科学版），2004，31 (6).

［53］钱海滨，薛永森，田彦军. 土地资源合理利用评价研究综述［J］. 中国土地科学，2001，15 (2).

［54］慎海雄. 中国农民第一城［N］. 中外房地产导报，1994 (7).

［55］沈锡权，段羡菊，薛凯. 问症土地财政“恶疾”［J］. 瞭望，2011 (5).

［56］沈正超，杨华凯. 推进上海土地储备制度建设的思考［J］. 上海房地，2006 (1).

［57］盛松成，施兵超，陈建安. 现代货币经济学：西方货币经济

理论研究［M］．北京：中国金融出版社，2001.

［58］时鹏，余劲．货币供应量、地价与房价关系的再检验：以陕西为例［J］．西北农林科技大学学报（社会科学版），2012（6）.

［59］宋中权．货币供给对我国房地产价格影响研究［J］．安徽大学，2010（1）.

［60］孙斌艺．地价和房价的决定因素及行政干预政策的效应分析［J］．上海房地，2016（3）.

［61］谭企坤．进一步改革用地制度活跃上海土地市场［J］．城市，1991（2）.

［62］唐骏垚．9.5%！杭州GDP高增速意味着什么？［EB/OL］．(2017－1－25)［2017－2－10］．http://hangzhou.zjol.com.cn/system/2017/01/25/021429838.shtml.

［63］唐云松，张洁如．土地寻租治理的制度困境与路径选择［J］．求索，2011（2）.

［64］王举，吕春梅，戴双兴．土地财政与房地产业发展［J］．地方财政研究，2008（10）.

［65］王青，陈志刚，叶依广，等．土地市场发展的经济驱动机制：理论与实证分析［J］．中国人口（资源与环境），2007，17（3）.

［66］王汝亮．中国农民第一城［M］．北京：当代中国出版社，1994.

［67］王熙喜．上海2010年国有土地使用权出让收入579亿元［EB/OL］．(2011－1－19)［2012－2－15］．http://hz.bendibao.com/news/20161110/67303.shtm.

［68］王永红．不平凡的进与退：解读我国土地市场发展历程［J］．中国土地，2003（6）.

［69］王玉波．土地财政研究述评、启示及展望［J］．西北农林科技大学学报（社会科学版），2016，16（1）．

［70］威廉·配第．赋税论［M］．武汉：武汉大学出版社，2011.

［71］闻之．“地王”在推动中小户型住房豪宅化［J］．上海房地，2016（9）．

［72］吴焕军．土地政策在房地产调控中的政策效果评价［J］．中南财经政法大学学报，2011（6）．

［73］吴鸿根．供给侧改革对上海房地产企业发展的影响［J］．上海房地，2016（5）．

［74］吴家明．深圳土地也疯狂：房价豪宅化成必然趋势［EB/OL］．［2016－7－29］．http://www.sohu.com/a/108146891_124764.

［75］吴敬琏．房价上涨的根本原因是货币超发［EB/OL］．（2014－2－16）［2015－3－2］．http://house.people.com.cn/n/2015/0302/c164220－26622897.html.

［76］吴旭冉．工业化对地方政府土地财政依赖的影响研究：基于浙江的实证分析［D/OL］．浙江工业大学硕士论文，2013.

［77］肖经栋．王珉吉林履新　官员升迁背后的苏州之路［N］．中国经营报，2004－10－30.

［78］谢经荣，吕萍，乔志敏．房地产经济学［M］．北京：中国人民大学出版社，2008.

［79］谢太峰，路伟．中国货币供应量、贷款利率、国民收入对房地产价格影响的实证分析［J］．首都经济贸易大学学报，2013（5）．

［80］徐金礼．我国城市化进程中的城市土地政策研究［J］．华中科技大学，2006（3）．

［81］徐天琪，叶振东．中国农村人口城市化的新模式：温州龙港

农民城外来人口剖析［J］. 中国人口科学，1994（3）.

［82］薛慧光，石晓平，唐鹏．中国式分权与城市土地出让价格的偏离：以长三角地区城市为例［J］. 资源科学，2013，35（6）.

［83］亚当·斯密．国民财富的性质和原因的研究：上卷［M］．北京：商务印书馆，2011.

［84］杨刚强，张建清，江洪．差别化土地政策促进区域协调发展的机制与对策研究［J］．中国软科学，2012（10）.

［85］杨庆媛．中国城镇土地市场发展问题研究［M］．重庆：西南师范大学出版社，2002.

［86］杨雄. 2020 年上海将基本建成国际金融中心［EB/OL］.（2017－7－1）［2017－8－17］. http://hangzhou.zjol.com.cn/system/2017/01/25/021429838.shtml.

［87］野口悠纪雄. 土地经济学［M］. 北京：商务印书馆，1997.

［88］叶艳姝，吴次芳，蒋钏．试论城市地价运作管理与土地资源的优化配置［J］. 经济与管理研究，1997（3）.

［89］伊利，莫尔豪斯．土地经济学原理［M］. 北京：商务印书馆，1982.

［90］尹锋. 土地政策的宏观调控绩效研究：基于 1999—2005 年中国省际面板数据的证明［D/OL］. 上海：复旦大学，2007. http://kns.cnki.net/KCMS/detail/detail.aspx?dbcode=CDFD&dbname=CDFD9908&filename=2008045952.nh&v=MDg0MTBqSnJaRWJQSVI4ZVgxTHV4WVM3RGgxVDNxVHJXTTFGckNVUkxPZmIrZHRGaURnVnJ2UFYxMjdGck84Rzk=.

［91］岳桂宁，滕莉莉，王春花. 我国地方政府“土地财政”问题研究［J］. 开放导报，2009（3）.

[92] 岳晓武. 我国土地市场建设回顾与展望 [J]. 国土资源科技管理, 2004 (6).

[93] 翟阳. 建国以来我国土地政策的演变及评估 [J]. 西安建筑科技大学, 2010 (5).

[94] 张淳. 日本地价的变动特点及政府的调控手段 [J]. 现代日本经济, 1991 (1).

[95] 张慧芳. 土地征用问题研究: 基于效率与公平框架下的解释与制度设计 [M]. 北京: 经济科学出版社, 2005.

[96] 张杰, 杨重光, 等. 土地市场发展指数: 指标体系构建与测算验证分析 [J]. 开发研究, 2013 (3).

[97] 张明进. 我国城镇化对地方政府土地财政依赖影响研究 [D/OL]. 杭州: 浙江工业大学硕士论文, 2013 [2014-12-1]. http://www.sohu.com/a/108146891_124764.

[98] 章岚. 杭州土地市场分化明显不少开发商拿地"兴趣"增强 [N]. 杭州日报, 2015-7-9.

[99] 张立群. 2016 年我国经济稳中向好 [N]. 上海金融报, 2017-1-25.

[100] 张耀宇, 陈会广, 宋璐怡, 等. 基于城市规模的地方政府土地财政行为差异研究 [J]. 自然资源学报, 2015 (10).

[101] 曾伟. 城镇国有土地制度、土地投资与城镇经济发展 [J]. 中国土地科学, 2014, 28 (6).

[102] 中国土地编辑部. 前进中的杭州市国土资源工作 [J]. 中国土地, 2002 (9).

[103] 中国土地勘测规划院. 2016 年第 4 季度全国主要城市地价监测报告 [R/OL]. (2016-12-10) [2017-1-17]. http://news.

zh51home. com/artical/22523. html.

[104] 中国土地勘测规划院城市地价动态监测组. 中国城市地价动态监测报告（2015）[R/OL]（2016 - 1 - 15）[2016 - 1 - 20]. http://hangzhou. zjol. com. cn/system/2017/01/25/021429838. shtml.

[105] 中国土地勘测规划院城市地价动态监测组. 中国城市地价动态监测报告（2016）[R/OL]（2017 - 1 - 17）[2017 - 2 - 25]. http://kns. cnki. net/KCMS/detail/detail. aspx? dbcode = CDFD&dbname = CDFD9908&filename = 2008045952. nh&v = MDg0MTBqSnJaRWJQSVI4ZVgxTHV4WVM3RGgxVDNxVHJXTTFGckNVUkxPZmIrZHRGaURnVnJ2UFYxMjdGck84Rzk = .

[106] 中国土地勘测规划院城市地价动态监测组. 2017 年第一季度全国主要城市地价监测报告 [R/OL].（2017 - 4 - 30）[2017 - 10 - 18]. http://kns. cnki. net/KCMS/detail/detail. aspx? dbcode = CDFD&dbname = CDFD9908&filename = 2008045952. nh&v = MDg0MTBqSnJaRWJQSVI4ZVgxTHV4WVM3RGgxVDNxVHJXTTFGckNVUkxPZmIrZHRGaURnVnJ2UFYxMjdGck84Rzk = .

[107] 中国社会科学院课题组. 论中国特色经济体制改革道路（上）[J]. 经济研究，2008（9）.

[108] 中国银行国际金融研究所. 2016 年四季度经济金融展望报告 [R/OL].（2016 - 9 - 29）[2016 - 10 - 20]. http://www. ocn. com. cn/hongguan/201609/wodxv30104551. shtml.

[109] 中国指数研究院. 中国房地产指数系统 2016 年三季度市场总结与四季度趋势展望 [EB/OL].（2016 - 10 - 8）[2016 - 10 - 15]. http://kns. cnki. net/KCMS/detail/detail. aspx? dbcode = CMFD&dbname = CMFD2008&filename = 2008025814. nh&v = MjA0Nzk4ZVgxTHV4WVM3R

GgxVDNxVHJXTTFGckNVUkxPZmIrZHRGaURnV3IzT1YxMjdGck82RzluTnE1RWJQSVI=.

[110] 周辉莉．马克思与现代西方地租理论综述与启示［J］．金融经济（理论版），2008（6）．

[111] 周其仁．通胀没有那么多的类别［EB/OL］．（2011－5－10）［2011－5－16］http://finance.ifeng.com/opinion/zjgc/20111227/5348265.shtml.

[112] 朱健宁，吴群，干玲．我国城市地价指数理论和应用研究综述［J］．国土资源科技管理，2006，23（4）．

[113] 朱林兴．国有土地使用制度改革20年反思：以上海为例［J］．探索与争鸣，2009（12）．

[114] 朱跃，杨兴柱，杨周．国内城市地价时空演变研究进展［J］．云南地理环境研究，2016，28（4）．

[115] Du Jinfeng，CLAUDE THILL J，Changchun Feng. Wealth redistribution in urban land development under a dual land system：A case study of Beijing［J］．Papers in Regional Science，2014，93（2）．

[116] Du Jinfeng，RICHARD B. Peiser. Land supply，pricing and local governments' land hoarding in China［J］．Regional Science and Urban Economics，2014（48）．

[117] Tao Ran，Su Fubing，Liu Mingxing. Land leasing and local public finance in China's regional development：Evidence from prefecture－level cities［J］．2010，47（10）．

[118] Tuuli Koivu. Monetary policy，asset prices and consumption in China［J］．Economic Systems，2010，36（2）．

后　记

应广东经济出版社的邀请，编著了这本《中国城市土地市场：发展历程与未来趋势》。全书正文共有八章，另有两个专题研究。其中：第一、第二、第三、第四、第七章由陈多长负责撰写；第五、第六、第八章的三个城市案例由浙江工业大学经贸管理学院工程管理系谢静同学提供初稿，由陈多长负责修改完成；专题研究一由浙江工业大学经贸管理学院工程管理系骆靖宇同学提供初稿，由陈多长负责修改完成；专题研究二由浙江工业大学经贸管理学院工程管理系张盼同学提供初稿，由陈多长负责修改完成。

本书写作过程中参阅了不少国内外同行专家的相关论著，书中以页末注的形式进行了说明，主要章节也单独列出了参考文献。对于这些专家提供的文献支持，本书作者在此深表感谢！由于写作时间十分紧迫，书中的疏漏之处在所难免。诚望各位专家、学者予以批评指正。

浙江工业大学经贸管理学院　陈多长

于杭州